NBA,
도시를 입다

KB053042

시소 seesaw

NBA, 도시를 입다.

2023년 9월 14일   초판 1쇄

지은이 | 이형빈
발행인 | 이윤정

발행처 | 시소
출판신고 | 2013년 4월 16일 제 2012-000347호
주소 | 서울시 용산구 두텁바위로 60길 52 2층
전화 | 070-8771-0633
email | seesawbook@naver.com
ISBN

표지 그림 | 김수미

NBA,
도시를 입다

이형빈

시소 seesaw

'언젠가는 한번 하고 말거야 덩크슛~'이라는 노래가사처럼 농구는 뭔가 색다른 매력을 지닌 스포츠다. 인류가 즐기는 스포츠는 사냥 활동과 관련이 있다는 게 많은 학자들의 의견이다. 그래서인지 인기 있는 스포츠는 대부분 사냥돌을 대신할 그 무엇인 공을 던져 사냥의 목표물을 맞히는 방식, 즉 골을 넣는 방식의 룰을 가지고 있다. 그중에서 농구는 목표물인 골대를 눈높이보다 아주 위쪽에 두고 있어 눈앞에 보이지만 내가 닿을 수 없는 목표물을 향해 끊임없이 도전하는 스포츠인 셈이다.

이룰 수 없는 목표인 덩크슛을 언젠가는 하고 말겠다는 꿈을 눈앞에 매달고 그 꿈을 결국은 이뤄내는 과정, 그 성취감은 덩크슛을 성공시킨 사람만이 온전히 누릴 수 있을 테지만 우리는 덩크슛을 성공시키는 스타플레이어에 감정 이입해서 열광하게 된다. 농구가 매력적인 이유다. 이 책은 농구가 가진 스포츠로서의 매력은 물론 농구와 관련된 다양한 분야의 새로운 이야기를 접하고 싶어 하는 독자들에게 추천하고 싶은 책이다. 농구와 관련된 흥미로운 이야기부터 농구 밖 도시의 역사, 그리고 그 속에서 살아가는 사람들의 모습까지 모두 담고 있어 농구를 좋아하는 사람도, 그렇지 않은 사람도 한꺼번에 사로잡을 수 있는 힘을 가진 책이다. 몸의 빛깔을 자유자재로 바꿀 수 있는 카멜레온 같은 매력을 가진 신선하고 새로운 책이다.

한 수(대한민국역사박물관장)

농구는 전세계적으로 사랑받고 있는 스포츠지만 특히 미국의 프로농구 리그 NBA는 2m를 훌쩍 넘는 거한들이 현란한 몸동작으로 화려한 플레이를 보여주는 그야말로 넘사벽 프로들의 세계다. 미국뿐만 아니라 전 세계의 프로스포츠들은 모두 지역을 연고로 하고 있다. 상업적 성공을 목적으로 하는 프로스포츠에서 지역 간의 경쟁은 매우 중요한 마케팅 요소이기 때문이다. 그래서 이 책의 제목 'NBA, 도시를 입다'라는 제목이 상징하는 바가 크다. NBA가 리그의 활성화와 수익증대를 위해 자신들의 구단이 뿌리박고 있는 도시와 어떤 관계를 맺고 있고 또 어떤 지향점을 가지고 그 도시의 문화를 만들어 가는지 다양하고도 구체적인 전략이 각 구단의 유니폼 중 'City Edition'이라는 특별한 유니폼 속에 담겨 있었다. 그 유니폼들이 탄생하기까지의 과정과 그 유니폼이 품고 있는 다양한 이야기들을 만나는 과정은 흥미로웠다. 유니폼 속에 담긴 다양한 상징들은 결국 지역을 연고로 하는 구단의 정체성을 확실히 해주고 있었으며 그것을 가능하게 해주는 것은 인문학의 배경이 된 문화의 힘이었다. 이 책은 농구를 포함한 스포츠부터 문화, 예술, 역사까지 넓은 범주의 내용을 커버하는 유틸리티 플레이어 같은 책이다. NBA는 물론 농구에 문외한인 분이라도 저자가 해박한 NBA지식을 바탕으로 간결하고 쉽게 풀어낸 덕분에 조금 낯선 내용도 쉽게 이해할 수 있다. 이 책은 농구 마니아층만을 위한 책은 결코 아니다. 23가지의 서로 다른 이야기를 유니폼이라는 하나의 매개로 묶어 완성한 지금까지 본 적 없는 새로운 이야기보따리다.

오영찬(이화여대 사회과교육과 교수)

목차

3부. NBA, 사회를 입다

보통 우리가 스포츠 유니폼을 머릿속에 떠올리면 그 종류는 크게 두 가지에서 세 가지로 나뉜다. 이때 한 팀의 유니폼을 구별하는 가장 보편적인 형태는 유니폼을 착용하는 장소에 판단 기준을 둔다. 홈구장에서 입는 '홈 유니폼'과 원정 경기장에서 입는 '어웨이 유니폼', 여기에 경기를 치르는 두 팀의 유니폼 색깔이 비슷해 유니폼의 존재 이유이자 핵심인 피아식별의 기능을 수행하지 못할 때 한쪽이 착용하는 '서드Third 유니폼(얼터너티브Alternative 유니폼으로 불리는 경우도 있다)'까지 총 세 종류의 구성이 한 시즌에 걸쳐 입게 되는 유니폼의 가장 기본적인 틀이라 볼 수 있다.

2017-2018시즌부터 NBA의 공식 스폰서가 된 나이키는 새롭게 공개한 유니폼 포맷으로 이 틀을 깼다. 우리에게 익숙한 홈과 어웨이, 서드라는 이름은 지워지고 유니폼 자체가 가지는 의미에 집중한 아이콘 에디션Icon Edition, 어소시에이션 에디션Association Edition, 그리고 스테이트먼트 에디션Statement Edition이라는 신선한 이름이 그 자리를 채웠다. 나이키가 새롭게 발표한 유니폼 분류를 간단히 설명하자면 각 팀과 함께 가장 먼저 떠오르는 색깔로 제작된 유니폼은 아이콘 에디션, 팀의 특징을 담을 수 있는 무늬나 폰트, 로고에 초점을 맞춘 유니폼은 어소시에이션 에디션, 그리고 아이콘 에디션과 비슷하게 각 구단의 대표적인 특징을 녹여낸 뒤 약간의 의미를 추가해 차별성을 부여함으로써 일반적인 경기들보다 조금 더 중요도가 높은 경기에 착용하는 유니폼이 스테이트먼트 에디션이다.

이 책에서 다룰 시티 에디션City Edition 유니폼도 나이키의 새로운 시도의 연장선에서 탄생했다. 2017년이 끝나갈 무렵 나이키가 깜짝 발표를 통해 공개한 시티 에디션 유니폼은 기존 유니폼과의 차별점이 확실했다. 바로 유니폼 제작 과정에서 연고지 또는 구단의 특징과 색채를 디자인에 고스란히 담아낸다는 것이었다. 팀이나 도시와 관련된 포인트라면 무엇이든지 유니폼의 주제가 될 수 있다는 아이디어는 '시티 에디션'이라는 이름이 붙은 근본적인 이유다. 또한 시즌이 바뀌어도 구단을 상징하는 색깔을 계속 사용한다는 점 때문에 디자인 변화의 폭이 그리 넓지 않은 아이콘 에디션과는 달리, 시티 에디션 유니폼은 과연 같은 팀의 유니폼인가 싶을 정도로 한 시즌 만에 그 모습이 180도 달라질 수도 있는 카멜레온 같은 시즌 한정 유니폼이었다. 지금까지 이런 유니폼은 없었다.

각 지역의 아이덴티티를 담은 시티 에디션 유니폼은 매력적인 옷을 뽑아내기 위해 디자이너들이 머리를 싸맨 결과물임과 동시에 구단의 고유한 가치와 정신을 나타내는 도구다. 이는 각종 스포츠에 도입된 지 100년도 채 되지 않은 스포츠 유니폼이 단순히 팀을 구별하는 수단을 넘어 지금은 미적 가치 창출과 메시지 전달이라는 또 다른 기능까지 함께 수행한다는 사실을 증명해준다.

이 책은 2017-2018시즌부터 2022-2023시즌까지 발표된 시티 에디션 유니폼 속 수많은 이야기 중 22개의 에피소드를 품고 있다. 무궁한 역사와 다양한 매력을 자랑하는 NBA는 물론 농구 밖 다양한 스포츠 세계와 누군가의 인생, 그리고 우리 사회의 내면까지 다양한 차원의 희로애락이 담긴 이야기보따리다. 이 책을 통해 새로운 세상과 조우하기를 바라는 마음을 담아 보따리의 매듭을 풀어보겠다.

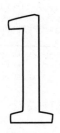

NBA, 스포츠를 입다

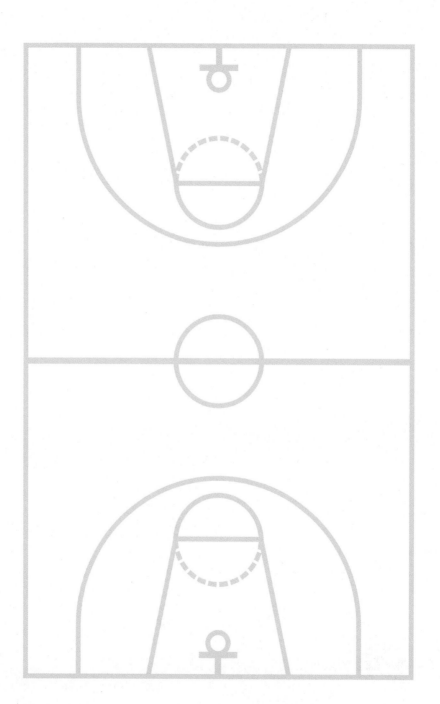

2020-2021
댈러스 매버릭스 시티 에디션

금색은 예로부터 아주 고귀하고 특별하기로 유명한 색깔이다. 서양에서 부와 재물, 화려함을 상징하는 색깔인 금색은 그 가치가 높아한국의 전통 색상 체계인 오방색에서도 만물의 중심과 우주를 상징하는 중앙에 위치한다. 왕이 입는 의복을 주로 금색으로 만든 이유도우리 민족이 금색을 오방색 중 가장 으뜸으로 여겼기 때문이다. 그래서 조선 시대 후기까지는 왕족이 아닌 일반 백성이 금색을 사용하는행위를 금지하기도 했다. 금색은 그만큼 특권을 가진 소수에게만 허락된 색깔이었다.

댈러스 매버릭스Dallas Mavericks의 2020-2021시즌 시티 에디션유니폼에서 가장 눈에 띄는 색깔이 바로 이 금색이다. 이 디자인은 목과 소매 부분에 금색으로 칠해진 테두리가 가장 큰 특징이다. 상의 중앙에 쓰여 있는 'DALLAS' 역시 금빛을 띤다. 댈러스 매버릭스가 이유니폼의 주된 색상으로 금색을 선택한 이유는 2021년이 구단 역사상 처음으로 NBA 우승을 차지한 지 10주년이 되는 해라서다. 과거의영광을 추억하는 마음을 담아 제작된 이번 유니폼은 금색 포인트와흰 바탕, 그리고 등번호나 선수 이름과 같은 다른 글씨들에 사용된 은색이 잘 어우러져 고급스러운 느낌을 준다.

댈러스 매버릭스의 하나뿐인 2011년 우승을 이야기하려면 하나의 목표를 향해 코트 안팎에서 20년 넘는 시간 동안 함께 내달린 두남자의 우정을 빼고는 설명이 불가능하다. 이 이야기는 독일에서 온이방인과 농구를 사랑하는 사업가의 위대한 여정이다. 그리고 갈수록 냉정해지는 스포츠 비즈니스 세계에서 이제는 쉽게 찾아볼 수 없는 금빛 브로맨스다.

먼저 독일에서 온 이방인을 소개하겠다. NBA 선수가 되겠다는 꿈을 안고 독일에서 미국으로 넘어온 금빛 머리 청년의 이름은 덕 노비츠키Dirk Nowitzki였다. 핸드볼 선수 아버지와 농구선수 어머니 사이에서 태어난 노비츠키는 16살의 나이로 독일 2부 리그에서 프로 농구선수 생활을 시작했다. 남들보다 일찍 큰 무대를 경험한 노비츠키는 물 만난 물고기처럼 빠르게 성장했다. 그의 실력은 이미 팀 내 최고 수준이었고 키도 계속 자라 18살 때 210cm를 넘었다. 노비츠키라는 큰 물고기를 담기에 독일 리그라는 연못은 너무나도 작았고 결국 더 큰 무대에 대한 열망이 마음 한구석에 자리한 노비츠키는 세계 최고의 농구선수들이 모여 있는 NBA를 향해 도전장을 내밀었다. 그리고 1998년 NBA 드래프트에서 전체 9순위로 밀워키 벅스Milwaukee Bucks에 지명된 뒤 트레이드를 통해 댈러스 매버릭스에 합류했다.

노비츠키는 다른 장신 선수들과는 플레이스타일이 완전히 달랐다. 노비츠키가 막 NBA 커리어의 초창기를 보냈던 1990년대 후반과 2000년대 초반까지만 해도 210cm 이상의 빅맨은 대부분 압도적인 힘을 바탕으로 골밑을 장악하는 유형의 선수들이었다. 이런 스타일의 선수들은 대부분 발이 느리다는 약점이 있었지만 지금과 비교하면 당시 경기 템포가 빠르지도 않았고 각 팀의 전술도 이들의 강점을 살리는 데에 집중했기 때문에 약점이 잘 드러나지 않아 입지를 탄탄히 다질 수 있었다. 반면 노비츠키는 힘과 점프력이 평균 이상이라고 볼 수 없었다. 오히려 다소 마른 체형 때문에 피지컬이 약점이라는 평가가 줄을 이었다. 그런데도 노비츠키가 NBA 데뷔 전부터 많은 기대를 받았던 이유는 그가 다른 장신 선수들에게는 없었던 최고의 슈팅 능력을 보유하고 있었기 때문이다. 노비츠키는 키가 큰 만큼 공을 던지는 타점이 높아서 웬만하면 상대 수비수에게 블록슛을 당할 일이 없었다. 특히 공을 잡고 림과 상대 수비수를 등진 채 드리블하다가 림과 먼 쪽으로 기울어지면서 한쪽 다리로 중심을 잡고 던지는 페이드어웨이Fadeaway는 아무도 막지 못하는 노비츠키의 시그니처 무브였다. 이 숏 동작을 현지에서는 '외발 페이드어웨이One-legged Fadeaway'라고 부르고 우리나라에서는 이른바 '학다리 점퍼'로 통한다.

하지만 누구에게나 처음은 어렵듯 노비츠키의 NBA 데뷔 시즌은 고난의 연속이었다. 리그에 난다 긴다 하는 선수들이 워낙 많다 보니 수비에서 계속 애를 먹었다. 그러다 보니 수비에서 너무 많은 집중력과 에너지를 쓰느라 장점인 슈팅까지 흔들리면서 노비츠키는 점점 자신감을 잃기 시작했다. 그렇게 꿈에 그리던 도전을 포기하고 조국인 독일로 돌아갈까도 고민했던 노비츠키는 마음을 다잡고 21세기에는 기필코 반등하리라 다짐하며 2000년을 맞이했다.

이제 농구를 사랑하는 사업가를 소개할 차례다. 스포츠에 대한 열정으로 가득했던 괴짜 비즈니스맨의 이름은 마크 큐반Mark Cuban이다. 어렸을 때부터 그의 삶에 가장 중요했던 두 가지는 돈과 스포츠였다. 피츠버그 외곽에서 유년 생활을 보낸 큐반은 NFL 팀인 피츠버그 스틸러스Pittsburgh Steelers의 열렬한 팬이었다. 그렇다고 현생을 제쳐놓고 스포츠에만 매달리지는 않았다. 피츠버그 대학교에서 1년을 보낸 뒤 켈리 경영 대학에 진학하기 위해 인디애나 대학으로 전학을 간 큐반은 대학 생활을 마친 이후 돈을 많이 벌겠다는 의지 하나만 들고 곧바로 비즈니스 시장에 뛰어들었다. 큐반이 세운 첫 회사는 시스템 통합망을 관리하는 회사인 마이크로솔루션스MicroSolutions였다. 회사는 큐반의 뛰어난 경영수완 덕분에 빠르게 성장했고, 그가 1990년 컴퓨서브CompuServe라는 기업에 마이크로솔루션스를 매각했을 때 큐반은 200만 달러의 순이익을 거머쥐었다.

비즈니스맨 큐반의 인생은 갈수록 더 빛났다. 인디애나 대학 시절 농구 덕분에 친해진 토드 바그너Todd Wagner와 함께 인터넷 라디오 회사인 오디오넷AudioNet에 들어간 큐반은 1998년 회사의 이름을 브로드캐스트닷컴Broadcast.com으로 바꾼 뒤 그 몸집을 계속해서 키워나갔다. 인터넷 붐이 일자 회사의 가치가 하늘을 찌를 듯 높아지면서 1999년 큐반은 무려 57억 달러를 받고 브로드캐스트닷컴을 야후에 매각해 어마어마한 이익을 남겼다. 그렇게 자수성가 스토리를 쓰며 꿈에 그리던 부자가 된 큐반은 자신이 좋아하는 일로 비즈니스를 해보겠다는 즐거운 상상과 함께 새천년의 출발을 맞이했다.

노비츠키와 큐반의 인연은 2000년 1월에 큐반이 댈러스 매버릭스를 2억 8,500만 달러에 인수하면서 시작됐다. 그런데 큐반의 행보를 좋게 보는 사람은 많지 않았다. 가장 큰 이유는 1990년대 후반 댈러스 매버릭스의 이미지가 썩 좋지 않아서였다. 당시 댈러스 매버릭스는 리그에서 동네북 신세였다. 이들은 1989-1990시즌 이후 큐반이 구단주로 오기 전까지 9시즌 연속 플레이오프 진출에 실패했다. 시즌 승률이 5할을 넘긴 적도 없었다. 심지어 1992-1993시즌에 기록한 13.4%의 시즌 승률은 지금까지도 창단 후 가장 나쁜 성적으로 남아있다. 팀 성적은 스포츠 구단의 이미지를 좌우하는 가장 중요한 지표 중 하나였기에 팬들도 등을 돌린 지 오래였다. 이렇게 암흑기에 빠져 있을 때 팀을 인수하겠다고 큐반이 팔을 걷어붙이고 나섰으니 주변의 반응이 호의적일 리 없었다.

그러나 남들의 시선은 큐반에게 아무런 걸림돌이 되지 않았다. 그는 자신만의 스타일로 댈러스에 긍정적인 힘을 불어넣기 시작했다. 보통 구단주들은 경기장을 매일 찾기보다는 한 걸음 뒤에서 팀을 운영하는 데 집중하는 경우가 많은데, 큐반은 그렇지 않았다. 농구를 워낙 좋아했던 큐반은 항상 댈러스 유니폼을 입고 코트 가장 가까운 곳에 앉아 팬들 사이에 섞여 큰 목소리로 댈러스 선수들을 응원했다. 경기가 어디서 열리는지는 중요하지 않았다. 큐반은 전용기를 타고 어느 곳이든 날아가 원정 경기도 빠짐없이 관람했다. 중요한 득점이 나오면 바로 자리에서 일어나 누구보다 기뻐했고 석연치 않은 판정이 나오면 주저하지 않고 심판에게 삿대질하며 항의했다. 가끔은 선수보다도 더 열정적으로 목소리를 냈다. 물론 관객이 경기 도중 심판 판정에 대해 불만을 느꼈다고 경기 진행에 방해가 될 정도로 항의하면 안 되지만 큐반은 이마저도 아랑곳하지 않았다. 돈이야 차고 넘쳤던 그가 벌금을 감수하면서까지 목에 핏대를 세운 덕에 큐반은 여전히 NBA에서 벌금을 가장 많이 낸 구단주로 알려져 있다. 큐반의 이러한 모습은 팬들의 마음을 얻는 데 결정적인 역할을 했다. 구단주이기 전에 댈러스 매버릭스라는 한 구단을 사랑하는 팬의 진정성이 사람들의 마음을 움직인 것이다.

선수들을 향한 전폭적인 지원 역시 큐반이 좋은 이미지를 형성하는 데 한 몫 거들었다. 그는 라커룸부터 전용기까지 작은 부분까지도 업그레이드해 선수들이 매일 최상의 경기력을 낼 수 있도록 도왔다. 큐반의 진심이 선수들의 마음에 닿았던 것일까? 댈러스 매버릭스는 큐반이 오고 나서 첫 풀타임 시즌이었던 2000-2001시즌에 53승 29패로 64.6%의 승률을 기록하며 11년 만에 플레이오프 무대를 밟았다. 기다리고 기다리던 댈러스의 새로운 시대가 열리는 순간이었다.

코트 밖에서 큐반이 팀을 밀었다면, 코트 안에서는 이 이야기의 또 다른 주인공인 노비츠키가 팀을 당겼다. 노비츠키가 잠재력을 터뜨리기 시작한 시점은 공교롭게도 큐반이 구단주로 온 시점과 거의 일치했다. 루키 때보다 훨씬 나아진 모습을 보이며 기대에 부응하기 시작한 노비츠키는 2000-2001시즌 팀의 새로운 에이스로 떠올랐다. 올스타에는 뽑히지 못했지만 시즌이 끝난 후 올-NBA 서드 팀All-NBA Third Team에 선정되며 댈러스 매버릭스 소속 선수로는 처음으로 올-NBA 팀에 이름을 올리는 업적도 달성했다. 올-NBA 팀은 퍼스트 팀First Team 5명, 세컨드 팀Second Team 5명, 그리고 서드 팀Third Team 5명까지 매 시즌 최고의 선수 15명만이 영광을 누릴 수 있는 업적이다. 당시 29개의 NBA 구단에 팀당 13명의 선수만 있었다고 가정해도 NBA 선수 전체의 단 4%만 올-NBA 팀에 선정될 수 있었으니, 쉽게 말해 수능 상대평가 과목에서 1등급을 받은 것이나 다름없었다.

이후에도 댈러스 매버릭스와 노비츠키는 승승장구했다. 2009-2010시즌까지 댈러스가 10년 연속 플레이오프 무대로 향하는 동안, 노비츠키는 빠지지 않고 올-NBA 팀 명단에 이름을 올렸다. 올스타전 티켓도 붙박이로 한 장씩 가져가는 단골손님이었다. 2006-2007시즌에는 유럽 국가 출신 선수로는 처음으로 정규 시즌 MVP에 선정되며 위상을 드높였다. 하지만 노비츠키와 큐반도 이루지 못한 마지막 목표가 있었다. 바로 NBA 파이널 우승이었다. 물론 기회가 아예 없었던 것은 아니었다. 2005-2006시즌 프랜차이즈 역사상 처음으로 결승에 진출하며 우승 트로피 코앞까지 다가갔지만 마지막 문턱에서 마이애미 히트Miami Heat에 막혀 좌절하고 말았다. 그렇게 서부 콘퍼런스의 강호 이미지는 굳혔지만 우승이라는 마지막 단추만 끼지 못한 채 댈러스 매버릭스의 2010-2011시즌이 막을 올렸다.

댈러스 매버릭스는 서부 콘퍼런스 15개 팀 중 3위를 마크하며 가볍게 정규 시즌을 통과했다. 노비츠키는 언제나 그랬듯 공격의 중심을 잡으며 팀을 훌륭하게 이끌었다. 그렇다고 마냥 안심할 수는 없었다. 우선 이들이 속해 있는 서부 콘퍼런스의 전력 수준이 옆 동네인 동부 콘퍼런스보다 훨씬 높았다. 당시 NBA는 각 콘퍼런스 1위에서 8위까지 플레이오프에 진출할 수 있었는데 동부에서 8위를 차지하

며 턱걸이로 플레이오프에 진출한 인디애나 페이서스Indiana Pacers
의 승률 45.1%는 서부에서 11위를 기록하는 데 그쳐 플레이오프 근
처에도 가지 못한 유타 재즈Utah Jazz의 승률 47.6%보다 낮을 정도였
다. 우리나라는 동쪽에 산맥이 많고 서쪽에 평야가 발달한 대한민국
의 지형을 표현하는 말 '동고서저'를 비틀어 이와 같은 흐름을 '서고
동저'라고 불렀으며 현지에서는 서부 콘퍼런스의 빡빡한 플레이오프
경쟁을 동명의 영화에 빗대어 '와일드 와일드 웨스트Wild Wild West'
라고 표현했다. 일각에서는 각 콘퍼런스에서 8팀씩 플레이오프에 진
출하는 기존의 방식이 형평성에 어긋난다고 설명하며 콘퍼런스에 상
관없이 승률이 높은 상위 16개 팀이 플레이오프에 진출하는 방식을
채택해야 한다고 주장했다.

　문제는 이뿐만이 아니었다. 댈러스 매버릭스 내부의 가장 큰 약점
도 시한폭탄처럼 째깍거리고 있었다. 바로 선수단의 노쇠화였다. 당
시 댈러스 매버릭스의 선수단 평균 나이는 32.8세로 리그 전체 평균
나이가 25.4세였다는 점을 고려하면 베테랑들이 즐비했던 댈러스 매
버릭스는 말 그대로 형님 군단이었다. 이는 단기전 승부가 연속해서
펼쳐지는 플레이오프에서 부상 없이 체력과 컨디션을 꾸준히 유지하
는 데 있어 상대적으로 불리하게 작용할 수밖에 없었다. 심지어 16강
토너먼트 방식으로 플레이오프가 치러지는 NBA는 모든 라운드가 7
전 4선승제로 진행되기 때문에 우승팀을 가리기까지 두 달 가까운
시간이 소요될 정도로 미국 프로스포츠 중 플레이오프 기간이 가장
긴 리그였다. 이는 상대를 꺾는 일도 중요했지만 자신과의 싸움에서
무너지지 않고 버티는 것도 신경 써야 했던 댈러스 매버릭스에는 결
코 유리한 부분이 아니었다.

　하지만 간절한 마음으로 똘똘 뭉친 베테랑 군단은 생각보다 강했
다. 1라운드에서 포틀랜드 트레일블레이저스Portland Trail Blazers를

집으로 돌려보낸 댈러스 매버릭스는 2라운드에서 직전 두 시즌 연속 우승을 차지한 디펜딩 챔피언 LA 레이커스Los Angeles Lakers에 무려 4연승을 기록하며 한 발 더 앞으로 나아갔다. 서부 콘퍼런스 파이널에서도 좋은 흐름을 유지한 이들은 신흥 강호 오클라호마시티 썬더Oklahoma City Thunder마저 4-1로 물리치며 파죽지세로 결승 무대에 안착했다. 그렇게 댈러스 매버릭스가 파이널에서 만난 상대는 5년 전 댈러스에 쓰디쓴 패배를 안긴 장본인 마이애미 히트였다. 2006년 결승에서 댈러스 매버릭스를 쓰러뜨렸을 때도 팀의 에이스였던 프랜차이즈 스타 드웨인 웨이드Dwyane Wade, 마이클 조던Michael Jordan 이후 최고의 선수라 불렸던 르브론 제임스LeBron James, 이 둘과 절친한 사이였던 다재다능한 빅맨 크리스 보쉬Chris Bosh가 삼각편대를 구축하는 마이애미 히트는 당대 최고의 팀으로 불릴 만큼 강력했다. 대부분의 전문가 예측도 마이애미 히트를 우승팀으로 지목했다.

노비츠키와 댈러스 매버릭스 선수들은 포기하지 않겠다는 신념을 품고 다시 한번 코트로 향했다. 그러나 마이애미 히트와의 파이널은 호락호락하지 않았다. 댈러스 매버릭스는 원정에서 치러진 1차전에서 아쉽게 무릎을 꿇었는데 이날 격렬한 몸싸움 과정에서 노비츠키의 왼쪽 중지 힘줄이 끊어지는 악재를 마주하고 말았다. 신발 끈을 동여매고 투혼을 발휘한 노비츠키의 활약에 힘입어 2차전 승리를 손에 넣었지만 그 후에도 무심한 하늘은 계속 댈러스를 괴롭혔다. 3차전 패배로 다시 한 발 밀려난 데 이어 4차전을 앞두고 독감에 걸린 노비츠키가 줄곧 고열과 어지럼증에 시달려 컨디션 조절에 어려움을 겪게 되면서 댈러스의 하늘에 먹구름이 드리웠다.

하지만 언더독은 기대가 줄어들고 악재가 많아질수록 강해지는 법. 바이러스도 노비츠키의 열정을 막을 수는 없었다. 믿을 수 없는 정신력으로 경기력을 끌어올린 노비츠키는 4차전 경기 막판 중요한 득점을 만들어내며 팀에 승리를 안기고 기어코 시리즈를 원점으로 되돌렸다. 홈에서 어렵게 일궈낸 4차전 승리는 분위기를 바꾸는 모멘텀이 됐다. 주도권을 잡은 댈러스 매버릭스는 5차전과 6차전에서도 상대를 제압하며 꿈에 그리던 파이널 우승에 마침내 입을 맞췄다. 파이널 MVP는 당연히 노비츠키의 몫이었다.

6차전이 끝난 후 노비츠키가 인터뷰에서 입을 열 때 가장 많이 등장한 첫 단어는 'We', 우리였다. 리더로서 팀을 이끈 베테랑 제이슨 키드Jason Kidd에 대한 감사도, 수비에서 엄청난 헌신을 선보인 타이슨 챈들러Tyson Chandler에 대한 칭찬도 잊지 않았다. 그렇게 혼자가 아니라 하나의 팀으로 만들어낸 댈러스 매버릭스의 2011년 파이널 우승은 지금까지도 농구 팬들 사이에서 가장 높게 평가받는 우승 중 하나로 남아 있다.

우승 후에도 노비츠키는 자기 자리에서 항상 최선을 다했다. 2012-2013시즌 노비츠키가 무릎 수술을 받아 시즌의 첫 3분의 1을 결장하면서 팀 성적이 곤두박질쳤는데 댈러스 매버릭스의 승률을 50% 이상으로 끌어올리기 전까지는 면도를 하지 않겠다고 공약을 내건 노비츠키가 정규 시즌 종료 2경기를 남겨 놓고 40승 40패로 5할 승률을 맞춘 뒤 경기 종료 후 라커룸에 들어가 곧바로 산신령처럼 덥수룩해진 수염을 자르는 장면은 그가 얼마나 팀에 진심이었는지를 보여주는 일화다.

노비츠키의 미담은 또 있다. 바로 구단을 위해 자신의 연봉을 깎는 결정을 내린 일이었다. 2014년까지만 해도 리그에서 두 번째로 많은 약 2,270만 달러의 연봉을 받고 있던 노비츠키는 팀 전력이 약해지자 구단주인 큐반에게 더 좋은 선수를 영입하라는 의미로 자신의 연봉을 약 800만 달러 선까지 스스로 삭감했다. 심지어 댈러스 매버릭스가 자유 계약 시장에서 선수 영입을 어느 정도 마칠 때까지 기다린 후 구단의 상황에 맞게 이러한 결정을 내렸다. 물론 큐반도 노비츠키의 제안을 그저 바라만 보고 있지 않았다. 노비츠키의 헌신에 보답하기 위한 나름의 계획을 세웠다. 지난 2021년 6월 큐반은 한 언론과의 인터뷰에서 2016년 여름에 벌어졌던 노비츠키와의 연봉 협상 과정을 직접 설명했다.

"FA 시장이 열리자 노비츠키는 잠적했습니다. 심지어 미국에도 없어서 연락할 방법이 없더라고요. 계속 기다리다가 결국 연락이 닿았을 때 저는 노비츠키에게 원하는 액수를 편하게 말하라고 이야기했습니다. 예상은 했는데 아니나 다를까 노비츠키의 에이전트가 제 생각보다 터무니없이 낮은 금액을 처음에 제시하더라고요. 그래서 저는 그거보다 더 불러보라고 대답했습니다. 그렇게 숫자는 조금씩 계속 커졌습니다. 그의 답이 저희가 노비츠키에게 주고 싶은 액수에 도달할 때까지 질문은 끝없이 이어졌습니다. 그리고 마침내 저희 목표 수치에 도달한 순간 빨리 도장을 찍으라고 기쁘게 이야기했습니다."

그렇게 큐반이 올리고 올려 결정한 노비츠키의 연봉은 무려 2,500만 달러. 팀을 위해 농구 인생을 바친 베테랑을 향한 존경심의 표시였다. 물론 여기서도 어느 정도의 타협은 있었다. 노비츠키의 요청에 따라 그가 2016-2017시즌이 끝나고 FA 자격을 발동시킬 수 있는 권리를 계약 조항에 추가했다. 다시 한번 팀을 위해 연봉을 삭감하고 싶다는 노비츠키의 진심이었다. 예상대로 노비츠키는 2016-2017시즌이 끝나자마자 곧바로 FA를 선언했다. 그리고 2년 1,000만 달러라는 훨씬 낮은 금액에 재계약을 맺은 뒤 해당 계약을 끝으로 프로 선수 생활을 마감했다.

2019년 4월 9일. 노비츠키가 댈러스 매버릭스의 홈구장인 아메리칸 에어라인스 센터American Airlines Center에서 치르는 마지막 홈 경기가 열리는 날이었다. 경기 전 구단이 내건 슬로건은 '41.21.1'. 등번호 41번을 달고 21년 동안 댈러스에서만 뛰며 프랜차이즈의 유일한 우승을 견인한 노비츠키를 상징하는 숫자들이었다. 이날 경기에서 이미 플레이오프 탈락이 확정된 댈러스 매버릭스 선수들이 가장 중요하게 생각한 것은 승리가 아니라 노비츠키에게 얼마나 많은 득점 기회를 제공하느냐였다. 그의 동료들은 공을 잡을 때마다 노비츠키를 찾았다. 후배들의 마음을 알았는지 노비츠키는 공을 잡을 때마다 주저하지 않고 슈팅을 던졌다. 캐스터와 해설위원도 노비츠키가 공을 던질 때마다 슛을 던지라고 외쳤다. 노비츠키의 손을 떠난 공이 림을 통과할 때마다 동료들은 함박웃음을 지었다. 팬들도 일어나 두 팔 벌려 소리를 질렀다. 특히 경기 시작과 함께 그가 팀의 첫 10득점을 혼자서 책임지는 순간 이미 팬들의 눈앞에는 황홀경이 펼쳐졌다. 펄쩍 뛰며 아이처럼 좋아하는 큐반의 모습 역시 중계 화면에 잡혔다. 그렇게 30득점을 올린 채 이날 경기를 마친 노비츠키는 마지막 순간까지 40세 294일의 나이로 한 경기 30득점을 기록한 NBA 역사상 최고령 선수가 되며 NBA 역사책에 자신의 이름을 하나 더 남겼다. NBA 통산 득점 랭킹 6위라는 타이틀과 딱 어울리는 홈 고별전이었다.

이날 경기가 끝난 후 댈러스 매버릭스는 노비츠키의 성대한 은퇴식을 준비했다. 노비츠키는 선수 신분으로는 마지막으로 마이크를 잡고 홈 팬들 앞에 섰다.

"아시겠지만 이 경기는 제가 아메리칸 에어라인스 센터에서 뛰는 마지막 홈 경기였습니다. 정말 감정이 북받치는 순간입니다. 요가 수업 때 배운 호흡법도 지금은 전혀 도움이 되지 않네요. 감사 인사를 전해야 할 사람들이 너무나도 많아요. 마크 큐반과 코칭스태프, 모든 댈러스 매버릭스 구단 직원들은 물론 좋을 때나 힘들 때나 지난 21년 동안 저를 사랑해주신 팬 여러분께 진심으로 감사드립니다. 이번 시즌 몸 상태가 썩 좋지 않아서 힘들었는데 그래도 동료들 덕분에 이렇게 마지막까지 코트를 밟을 수 있었습니다. 정말 놀라운 여정이었습니다. 오늘 이 자리에 와주셔서 감사합니다."

노비츠키의 말이 끝나자마자 그를 비추는 스포트라이트로 걸어들어온 인물이 있었다. 큐반이었다. 등번호 41번 유니폼을 입은 큐반은 노비츠키와 뜨거운 포옹을 나눴다. 코트 안팎에서 셀 수 없을 만큼 많은 추억을 쌓은 두 사람의 수많은 감정이 교차하는 순간이었다. 마이크를 이어받은 큐반이 헌사를 시작하기 전까지 '고마워요, 덕 노비츠키(Thank you, Dirk!)'를 외치는 팬들의 함성이 경기장을 가득 메웠다.

"나와 내 가족, 이 구단 전체와 팬들이 널 얼마나 사랑했는지는 너도 잘 알 거야. 그래서 몇 가지를 이 자리에서 약속하려고 해. 우선 네가 이곳에서 우리에게 준 교훈을 평생 마음에 새길 거야. 그리고 네 직업을 평생 내가 보장할 거야. 무슨 자리에서 어떤 일을 하는지는 상관없어. 굶어 죽을 걱정은 안 해도 돼. 또 당연한 결정이겠지만 너의 등번호를 영구결번할 생각이야. 그리고 이 경기장 근처에 네 모습을 담은 제일 크고 멋진 동상을 세울 거야. 많은 사람이 우리의 여정에 함께 했지만 너만큼 멋진 사람은 없었어. 정말 고마워, 나의 친구."

큐반의 말대로 노비츠키의 등번호 41번은 지난 2022년 1월 6일에 열린 영구결번식을 통해 노비츠키만의 등번호로 남았다. 이날 큐반이 미니어처 버전으로 선보였던 노비츠키 동상은 2022년 크리스마스 이브날 아침 아메리칸 에어라인스 센터 남쪽 광장에서 베일을 벗었다. 특유의 학다리 점퍼 자세로 공을 던지는 노비츠키의 손에 공이 쥐어져 있고 동상 옆에는 'Loyalty never fades away(충성심은 절대 사라지지 않는다)'라는 글귀가 마치 노비츠키의 21년 커리어를 상징하듯 21개의 알파벳으로 적혀 있었다. 무려 7m나 넘는 크기의 대형 동상이 공개되는 순간 팬들의 환호가 쏟아졌다. 이제는 선수와 구단주가 아니라 농구를 사랑하는 두 남자로 우정을 다지는 노비츠키와 큐반의 얼굴에도 따뜻한 미소가 번졌다.

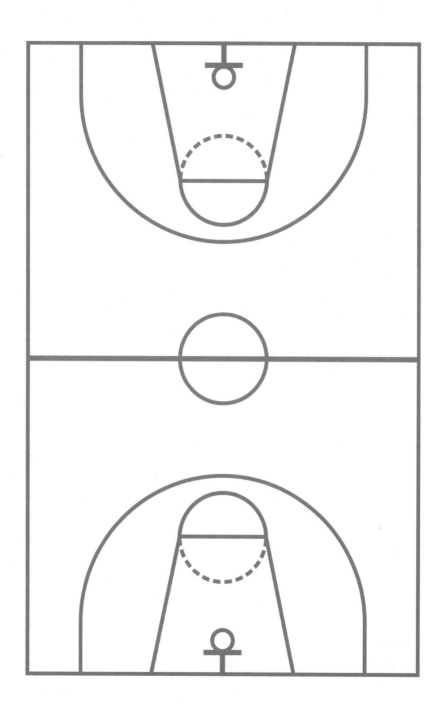

2018-2019
멤피스 그리즐리스 시티 에디션

스포츠와 엔터테인먼트, 그 사이 어딘가

　갈수록 인기가 높아지는 슈퍼히어로 영화 시장에는 양대 산맥이 있다. 엄밀히 따지면, 현재 상황은 한라산 백록담과 금오름 정도의 높이 차이가 날 만큼 양대 산맥이라는 단어를 사용해 이 둘을 비교하는 것 자체가 아이러니할 정도로 간격이 크게 벌어져 있다. 하지만 새로운 장르를 개척하고 꽃피웠다는 사실만은 부정할 수 없기에 그래도 양대 산맥이라고 표현하겠다. 하나는 아이언맨이나 헐크 등으로 잘 알려진 마블 코믹스를 기반으로 MCU(Marvel Cinematic Universe)라는 전무후무한 세계관을 만들어내며 남녀노소의 마음을 사로잡은 마블 스튜디오고, 다른 하나는 슈퍼맨과 배트맨 같은 DC 코믹스의 캐릭터를 중심으로 DC 확장 유니버스DC Extended Universe를 런칭했으나 부진한 흥행 성적으로 기대가 바닥까지 떨어져 이를 만회하기 위해 구슬땀을 흘리며 노력 중인 DC 필름스다.

　과거에는 'SF영화'라는 말을 들으면 <백 투 더 퓨처>나 <매트릭스>, <아바타>를 떠올리는 사람들이 많았다면 지금은 <어벤져스>나 <닥터 스트레인지>, <스파이더맨>을 떠올리는 사람들 투성이일 정도로 슈퍼히어로 영화 전성시대. 기다리던 영화 개봉 당일이 되면 곳곳에 떠다니는 스포일러를 피하기 위해 영화를 보고 나오기 전까지는 아예 인터넷에 들어가지 않는 사람들도 흔히 볼 수 있다. 갈수록 따라잡아야 하는 세계관의 양이 많아지면서 진입 장벽이 높아지기는 했어도 새로운 세계를 경험하게 해주는 화면과 웅장한 음향효과, 사람들을 매료시키는 거대하고 다채로운 서사는 여전히 관객들을 영화관으로 끌어오기에 충분한 힘을 가졌다.

여기 그런 슈퍼히어로 영화와 이미 연을 맺었거나 새로운 슈퍼히어로 배역을 만나 조만간 인생의 또 다른 페이지를 써 내려갈 세 명의 근육질 배우가 있다. 2014년 <가디언즈 오브 갤럭시>의 '드랙스' 역할로 MCU에 합류해 이름을 알린 데이브 바티스타Dave Bautista, 2021년 <더 수어사이드 스쿼드>의 '피스메이커'로 DCEU에 합류한 뒤 2022년에는 캐릭터의 이름과 동명인 DC 확장 유니버스의 첫 드라마 시리즈 <피스메이커>의 주연을 맡게 된 존 시나John Cena, DC 확장 유니버스가 3년 만에 선보이는 새로운 캐릭터의 솔로 무비 <블랙 아담>에서 주인공 역할을 맡아 처음으로 슈퍼히어로 영화에 등장하게 된 드웨인 존슨Dwayne Johnson. 이 세 명의 배우들은 공교롭게도 엔터테인먼트 사업에 뛰어든 계기가 같다는 공통점이 있다. 바로 프로레슬링이다.

지금처럼 IPTV가 널리 보급되기 전이었던 초등학교 시절, 리모컨을 잡고 마구 채널을 돌리다가 우연히 발견한 이름 모를 채널에서 프로레슬링을 처음 봤던 기억이 아직도 생생하다. 펀치와 킥, 수플렉스가 정신없이 오간 끝에 한 선수가 상대를 바닥에 완전히 쓰러뜨렸고, 이를 본 심판이 링 바닥을 치며 셋을 세자 경기장 안 팬들이 자리에서 일어나 승자를 향해 환호하는 장면은 이전까지 봤던 스포츠 경기나 TV 프로그램과는 전혀 다른 카타르시스를 내게 선사했다. 프로레슬링의 팬이 된 것도 그때부터였다. 언제 방송되는지를 몰라 운이 좋아야 볼 수 있었고 설령 본다고 해도 지역 유선 채널이라 화질이 나빴지만 프로레슬링을 볼 수만 있다면 그러한 부수적인 조건들은 중요하지 않았다. TV를 켜 내가 가장 좋아하던 그 채널 화면에 도착했을 때 운 좋게 프로레슬링이 나오고 있었다면 프로그램이 끝날 때까지

TV 앞을 떠나지 않았다. 빅 쇼Big Show와 언더테이커Undertaker, 케인 Kane처럼 2m가 넘는 거구들이 초크슬램으로 상대를 번쩍 들어 링 위에 내다 꽂는 장면에서는 압도적인 힘을 느낄 수 있었고, 에디 게레로 Eddie Guerrero와 제프 하디Jeff Hardy, 레이 미스테리오Rey Mysterio와 같은 하이 플라이어들이 링의 3단 로프 맨 위에서 보여주는 테크닉은 마치 TV 안에서 불꽃놀이가 터지는 듯한 짜릿함을 제공했다. 그렇게 한 시대를 풍미했던 스포츠의 탈을 쓴 엔터테인먼트, 프로레슬링이 이번에 소개할 시티 에디션 유니폼 속 이야기의 주인공이다.

프로레슬링 세계가 녹아 있는 멤피스 그리즐리스Memphis Grizzlies의 2018-2019시즌 시티 에디션 유니폼은 주된 배경을 담당하는 회색, 눈에 잘 띄어 이목을 사로잡는 밝은 노란색, 그리고 목과 소매 라인은 물론 유니폼 측면까지 윤곽을 잡아주는 어두운 남색으로 이뤄져 있다. 유니폼의 핵심이 되는 세 가지 색 모두 프로레슬링에서 빼놓을 수 없는 요소를 표현하기 위해 사용됐다. 먼저 회색은 일반 경기에서는 거의 등장하지 않았지만 스페셜 매치에서 주로 사용됐던 무자비한 공격의 상징인 철제 의자와 철창을 의미한다. 그리고 상의에서 출발해 하의까지 쭉 이어지는 남색 면 안에 금색 사각형으로 포인트를 준 디자인은 프로레슬링 챔피언이 들고 다니는 챔피언 벨트를 상징한다. 또한 자세히 보면 목 라인을 따라 한 줄, 하의 밴드 부분에 두 줄까지 총 세 줄이 하늘색으로 얇게 그어져 있는데, 이는 프로레슬링 경기가 펼쳐지는 사각 링을 감싸는 3단 로프를 뜻한다. 이 유니폼에 메인이벤트Main Event라는 별칭이 붙은 것도 가장 주목도가 높은 경기를 의미하는 프로레슬링 용어에서 따온 것이다. 여기에 구단의 전통적인 포인트와 새로운 디자인 요소의 결합도 잊지 않았다. 앞서 언급된 챔피언 벨트의 노란색 네모 안에는 'GNG'의 알파벳이 하나씩 따로 새겨져 있는데, 이는 물불 가리지 않고 승리를 위해 최선을 다하는 멤피스 그리즐리스만의 정신을 대표하는 슬로건 'Grit & Grind'의 약어다.

현재 멤피스 그리즐리스의 단장이자 유니폼이 출시됐을 당시 구단 비즈니스 활동 담당자였던 제이슨 웩슬러Jason Wexler는 이러한 디자인을 구상한 이유에 대해 아래와 같이 답했다.

"매년 우리는 시티 에디션 유니폼 디자인을 통해서 멤피스라는 도시의 문화와 정체성을 알릴 기회를 얻습니다. 이 구단이 캐나다 밴쿠버에서 연고지를 옮기기 전까지만 해도 이곳 멤피스에서 가장 인기 있는 스포츠는 바로 프로레슬링이었습니다. 그래서 이번 기회에 저희는 오랫동안 프로레슬링이라는 매개를 통해 멤피스 사람들에게 즐거움을 준 분들을 위한 깊은 애정을 표현하고 싶었습니다."

멤피스 그리즐리스가 프로레슬링을 유니폼에 녹여낸 이유는 간단하다. 멤피스라는 도시가 오래전부터 프로레슬링과 사랑에 빠져 있었기 때문이다. 도시를 기반으로 하는 프로레슬링 단체까지 존재했던 멤피스는 하나의 문화로 전 세대를 아우르는 허브 역할을 오랜 기간 소화했다. 멤피스 프로레슬링의 성지로 불리는 미드-사우스 콜리세움Mid-South Coliseum은 1970년부터 1991년까지 매주 프로레슬링의 세계로 팬들을 인도했으며 2000년부터 2001년까지는 MCW(Memphis Championship Wrestling), 2003년부터 2014년까지는 멤피스 레슬링Memphis Wrestling이라는 이름의 프로레슬링 프로그램이 전파를 타고 프로레슬링 팬들의 안방을 찾았다.

프로레슬링의 도시 멤피스가 배출한 최고의 스타도 있었다. 바로 선수와 해설가로 명성을 떨친 제리 롤러Jerry Lawler다. 1970년대 후반 미드-사우스 콜리세움에서 열렸던 CWA(Continental Wrestling Association) 경기에서 조금씩 이름을 알리기 시작한 롤러는 1980년대 초반 프랜차이즈의 간판으로 거듭났다. 당시 경기장을 찾은 사람들은 모두 롤러를 보기 위해 표를 샀다고 해도 과언이 아니었을 만큼 그 인기가 하늘을 찔렀다. 이후 1980년대 중반 AWA(American Wrestling Association)에서 활동하다가 1989년 다시 멤피스로 돌아온 롤러는 USWA(United States Wrestling Association)라는 새로운 프로레슬링 단체를 런칭해 멤피스 팬들이 보내온 사랑에 보답하기도 했다. 1990년대에는 현재 가장 잘 알려진 프로레슬링 단체인 WWE(World Wrestling Entertainment)의 전신 WWF(World Wrestling Federation)에서 잠시 선수로 뛰다가 해설자로 변신해 왕성하게 활동하며 프로레슬링 팬이라면 누구나 아는 목소리로 생생하게 현장 분위기를 전달한 롤러는 2000년대 초반 60대의 나이에도 선수로 간간이 활동하는 등 건재함을 과시하기도 했다.

이제는 프로레슬링의 전성기를 시대별로 짚어보겠다. 먼저 1980년대는 프로레슬링 붐이 본격적으로 일었던 때다. 지금도 이때를 프로레슬링의 황금기라고 부르는 사람들이 많다. 1980년대는 WWF가 등장하기 전이라 NWA(National Wrestling Alliance)가 가장 유명한 프로레슬링 단체였는데 이때 NWA의 얼굴이었던 선수들이 바로 40~50대 프로레슬링 팬들이 선명하게 기억하는 대표적인 스타들이다. 반짝이로 도배된 가운을 입고 등장했던 릭 플레어Ric Flair와 전갈처럼 강렬한 페이스 페인팅으로 많은 팬을 거느린 스팅Sting이 양대산맥 역할을 톡톡히 하고 있었고 개성 넘치는 스타일의 하얀 수염을 가진 헐크 호건Hulk Hogan, 223cm의 거인 앙드레 더 자이언트André the Giant, 가면을 쓰고 전력 질주를 통해 링에 들어와 로프를 찢을 듯이 흔들며 에너지를 아낌없이 뿜어낸 얼티밋 워리어The Ultimate Warrior 등 WWF의 1세대 슈퍼스타들도 모두 이때부터 링에 올랐다.

1980년대는 또한 매년 한 번씩 정해진 시기에 열리며 지금도 많은 사랑을 받는 대형 프로레슬링 이벤트가 처음 개최된 시기라는 점에서 그 역사적 의미가 풍부하다. 가장 대표적인 사례가 지금도 WWE와 프로레슬링을 대표하는 가장 큰 행사인 레슬매니아WrestleMania다. 아버지의 뒤를 이어 WWF의 수장이 된 빈스 맥맨Vince McMahon은 갈수록 심해지는 자금난을 극복하기 위해 프로레슬링을 대표하는 이벤트가 필요하다고 느꼈다. 마치 NFL의 슈퍼볼Super Bowl처럼 말이다. 그렇게 장장 5년간의 계획과 준비를 거쳐 1985년에 성대하게 열린 행사가 제1회 레슬매니아였고 이는 이후에도 계속 전통처럼 이어져 프로레슬링 세계를 대표하는 날이 됐다. 레슬매니아 말고도 시원한 플레이로 팬들의 더위를 한 방에 날려주는 섬머슬램SummerSlam과 30명의 선수가 일정한 간격을 두고 한 명씩 링에 등장해 가장 마지막까지 링 위에 남아 있는 선수가 레슬매니아에서 챔피언결정전에 출전할 수 있는 기회를 얻게 되는 로얄 럼블Royal Rumble이 각각 1988년과 1989년에 첫선을 보였다. 레슬매니아와 서머슬램, 그리고 로얄 럼블은 매년 11월에 열리는 서바이버 시리즈Survivor Series와 함께 지금도 WWE의 4대 페이퍼뷰Pay-per-view 이벤트로 불린다.

1990년대는 내로라하는 스타들이 쏟아져 나오면서 프로레슬링의 명성을 키운 시대였다. 지옥에서 살아 돌아온 장의사 컨셉으로 유명세를 떨치며 WWE라는 한 단체에서만 무려 30년 동안 현역 레슬러로 활동한 전설 중의 전설 언더테이커, 유리창이 깨지는 소리와 함께 등장해 강렬한 카리스마로 단숨에 분위기를 압도하고 캔맥주 두 개를 양손에 든 채 한 방에 시원하게 마시는 시그니처 포즈를 가진 터프가이의 표본 스톤 콜드 스티브 오스틴Stone Cold Steve Austin, 긴 머리를 뒤로 넘기며 물을 뿜는 동작으로 유명했던 야수 트리플 HTriple H, 스타일리쉬한 킥으로 짜릿한 전율을 일으켰던 숀 마이클스Shawn Michaels, 앙드레 더 자이언트의 뒤를 잇는 213cm의 거구 빅 쇼 등 추억의 이름들이 활발하게 활동했다. 서두에 언급된 드웨인 존슨도 '더 락The Rock'이라는 이름으로 이때 프로레슬링 무대에 데뷔해 순식간에 팬들의 마음을 훔쳤고 이밖에도 에지Edge와 케인, 크리스 제리코Chris Jericho 등 21세기까지 꾸준히 링에 오른 선수들이 레슬러 커리어의 출발을 알렸다. 또한 매트 하디Matt Hardy와 제프 하디로 이루어진 하디 보이즈나 버버레이 더들리와 디본 더들리의 더들리 보이즈Dudley Boyz처럼 합동 기술로 개인전에서는 볼 수 없었던 새로운 광경을 선사하는 태그팀 매치에 특화된 듀오들도 1990년대 후반 WWE 무대에 등장했다.

프로레슬링의 인기는 2000년대까지도 유지됐다. 새로운 얼굴들이 화려한 라인업을 수놓은 덕분이었다. 앞서 나온 존 시나와 바티스타를 비롯해 매서운 눈매와 날렵한 피니셔 'RKO' 덕분에 독사라고 불렸던 겁 없는 무법자 랜디 오튼Randy Orton, 가면을 쓰고 링 위를 여기저기 날아다니며 화려한 기술을 시전해 이따금 자신보다 30cm 이상 큰 선수들을 물리치기도 했던 어린이들의 우상 레이 미스테리오, 1996년 애틀랜타 올림픽 레슬링 자유형 100kg급 금메달리스트에서 프로레슬러로 변신한 커트 앵글Kurt Angle, 뜨거운 열정과 화끈한 플레이로 전성기를 구가하다 심근경색으로 갑작스레 세상을 떠나 많은 이들의 가슴을 아프게 한 에디 게레로가 2000년대를 수놓았다.

이렇게만 봐도 WWE가 1980년대부터 2000년대까지 꾸준히 잘나갈 수 있었던 이유를 명확하게 알 수 있다. 다양한 캐릭터를 가진 스타들이 쏟아져 나온 덕분이었다. 당시 프로레슬링에 빠져 있던 사람들의 심정은 아마 우리가 아끼는 슈퍼히어로 캐릭터들이 <어벤져스>에서 한 스크린 안에 모여 있는 걸 봤을 때 느낀 감정과 비슷했을 것이다.

하지만 2010년대부터 프로레슬링은 내리막길을 걷기 시작했다.

세대교체 실패가 가장 큰 원인이었다.

새로운 스타들의 등장이 한 종목의 인기도 유지에 얼마나 중요한 역할을 하는지는 다른 스포츠 리그들을 보면 쉽게 알 수 있다. NBA 만 봐도 세대교체가 자연스럽게 이뤄지면서 어린 팬들이 꾸준히 유입됐다. 마이클 조던의 뒤를 이어 앨런 아이버슨Allen Iverson과 코비 브라이언트Kobe Bryant가 등장했고 르브론 제임스라는 슈퍼스타가 20년 가까이 왕좌에 앉아있는 동안 스테픈 커리Stephen Curry와 케빈 듀란트Kevin Durant 등 수많은 별이 탄생했다. 여기에 야니스 아데토 쿤보Giannis Antetokounmpo와 니콜라 요키치Nikola Jokić, 자 모란트Ja Morant 등 최근 몇 년간 빠르게 성장한 새로운 얼굴들도 여럿 등장했다.

이는 북미 대륙 내 다른 프로 리그도 마찬가지다. NFL의 전설적인 쿼터백인 톰 브래디Tom Brady의 은퇴가 가까워지자 패트릭 마홈스Patrick Mahomes라는 신성이 등장했고 MLB는 마이크 트라웃Mike Trout과 클레이튼 커쇼Clayton Kershaw가 데릭 지터Derek Jeter와 랜디 존슨Randy Johnson에게서 바통을 이어받았다. NHL 역시 알렉산더 오베츠킨Alexander Ovechkin과 시드니 크로스비Sidney Crosby 같은 1980년대생 스타들 사이로 1997년생 코너 맥데이빗Connor McDavid 이 혜성처럼 나타나 자신만의 발자취를 남기는 중이다.

기량이 아무리 뛰어나도 시간의 흐름을 역행하면서까지 본인의 신체적 능력을 영원히 유지할 수 있는 선수는 없기에 한 종목이 오랜 시간 꾸준히 팬들의 사랑을 받기 위해서는 그 스포츠를 대표하는 선수들의 주기적인 세대교체가 꼭 필요하다. 특히 프로레슬링은 부상 위험도가 높고 몸에 무리가 많이 가서 20년 가까이 활동하는 일은 사실상 불가능에 가깝다. 그런데 WWE는 과거에 데뷔했던 레전드들만큼 강한 임팩트를 줄 수 있는 새로운 스타를 찾지 못했다. 지는 해만 있고 뜨는 해가 없어 프랜차이즈는 서서히 빛을 잃었다.

물론 후보가 아예 없던 것은 아니었다. 하지만 모두 팬들의 마음을 훔치지 못했다. WWE의 하위 리그 격인 NXT에서 데뷔해 WWE가 챔피언으로 밀어주며 작정하고 키운 세스 롤린스Seth Rollins와 로만 레인즈Roman Reigns가 기대만큼 대중들의 사랑을 받지 못한 점이 제일 아쉬웠다. 타 단체에서 활동하다가 WWE로 넘어온 AJ 스타일스AJ Styles, 나카무라 신스케Shinsuke Nakamura, 핀 밸러Finn Balor 등도 도전장을 내밀었지만 모두 기대만큼의 족적을 남기지는 못했다. 다시 말해 프로레슬링이 한창 전성기를 구가했던 1980~2000년대 스타들 사이에서 명함을 내밀 수 있는 현역 프로레슬러가 딱히 떠오르지 않는다는 것이다.

이는 결국 기존 스타들에게 의존하는 결과를 초래했다. WWE는 새로운 간판을 걸지 못하자 여러 이유로 잠시 링을 떠났던 선수들을 다시 링에 복귀시키며 팬들의 향수를 불러일으키는 전략을 꺼내 들었다. 1973년생인 에지는 2011년에 목 수술을 받고 은퇴를 선언했지만 2020년 로얄 럼블에서 깜짝 복귀해 지금도 선수로 활동하며 제2의 전성기를 맞이했고, 에지보다 한 살 어린 레이 미스테리오는 부상 때문에 2013년을 끝으로 WWE를 떠났다가 2018년 로얄 럼블을 통해 다시 돌아와 아들인 도미닉 미스테리오Dominik Mysterio와 태그팀으로 활동하기도 했다. 그러나 순간의 임팩트만 있었을 뿐 프로레슬링의 재부흥까지 이어지는 지속적인 효과는 나오지 않았다. 공백기를 뚫고 링에 돌아온 선수들 역시 세월의 무게 탓에 기량 하락을 피할 수 없었다. 결국 WWE는 몇 년 동안 제자리걸음만 걷고 있는 셈이다.

또한 종합격투기의 등장도 프로레슬링 산업에 큰 타격을 줬다. 프로레슬링이 많은 인기를 얻을 수 있었던 가장 큰 이유 중 하나는 다른 스포츠보다 한 단계 이상 거칠고 자극적이었기 때문이다. 선수 간의 접촉이 많은 컨택 스포츠인 NFL, 경기 중 싸움이 나도 한 선수가 넘어지거나 코피를 흘리기 전까지는 심판이 나서서 이를 말리지 않는 NHL도 다른 스포츠에 비해서는 거친 편이었으나 직접 상대를 가격하는 행위가 경기 내내 이어지는 프로레슬링을 따라올 수는 없었다. 그런데 어디까지나 짜고 치는 판이었던 프로레슬링 위로 대본 없는 진짜 주먹다짐으로 상대를 쓰러뜨리는 종합격투기가 등장하면서 크고 어두운 그림자가 지고 말았다. WWE에서 어느 정도 성공을 거둔 후 UFC(Ultimate Fighting Championship)에 도전장을 내밀었다가 다시 프로레슬링 세계로 돌아온 브록 레스너Brock Lesnar, 반대로 UFC를 지배하고 나서 WWE 세계에 새롭게 입문한 론다 로우지Ronda Rousey가 프로레슬링의 반격을 주도하기 위해 최선을 다하고는 있지만 이마저도 산업의 쇠퇴를 완전히 막기에는 역부족이다. 그렇게 WWE는 UFC에 제대로 어퍼컷을 맞고 여전히 휘청대는 중이다.

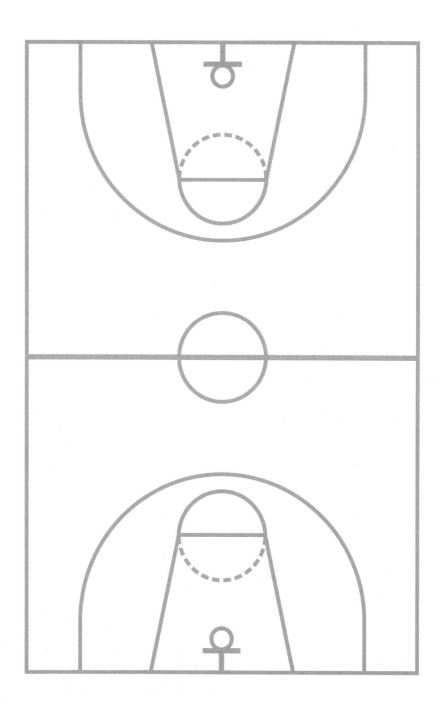

2020-2021
필라델피아 세븐티식서스 시티 에디션

어렸을 때부터 농구를 좋아했던 한 소년이 있었다. 이 아이는 최고의 무대인 NBA를 동경하며 자랐다. '농구는 신장이 아니라 심장으로 하는 것이다'라는 명언을 남기며 2000년대 초반 코트를 휩쓸고 다녔던 선수가 꼬마의 우상이었다. 자신의 롤모델을 보며 미래에 꼭 농구선수가 되어 NBA 무대를 밟겠다고 다짐한 소년은 부단한 노력 끝에 모두가 탐낼 만한 유망주로 성장했다. 그리고 운명처럼 본인이 가장 좋아했던 선수가 전성기를 보냈던 팀에 입단했다. NBA의 반짝이는 원석이 된 이 소년에게는 작은 소망이 하나 있었다. 바로 자신의 영웅이 잘나가던 시절, 그 팀의 상징과도 같았던 검은색 유니폼을 입고 코트에 나서는 일이었다. 팀 로고를 바꾼 이후 10년 넘게 검은색 유니폼을 착용한 적이 없었던 구단은 소년에게 한 가지 미션을 내주며 이를 달성하면 소원을 들어주겠다고 약속했다. 그 효과는 놀라웠다. 구단의 제안은 소년에게 확실한 동기부여로 작용했고, 그는 너무나도 가볍게 구단이 제시한 도전을 통과했다. 그 결과 팀은 이 소년과의 약속을 지키기 위해 검은색 유니폼을 출시했다.

이 스토리가 2020-2021시즌 필라델피아 세븐티식서스Philadelphia 76ers의 시티 에디션 유니폼 디자인이 탄생 뒤에 있는 간략한 배경이다. 주인공의 소원을 이뤄준 이 유니폼은 2009년 이후 11년 만에 나온 필라델피아 세븐티식서스의 검은색 유니폼이다. 과거 이 팀의 단장이었던 크리스 헥Chris Heck이 2013년 취임 당시 다시는 검은색 유니폼을 입지 않겠다고 못 박은지 7년 만에 일어난 일이었다.

검은색 배경이 눈에 확 들어오는 이 유니폼의 앞면 중앙에는 하얀색으로 'Philadelphia'가 쓰여 있고, 그 위로 몇몇 집들의 윤곽선이 아름답게 그려져 있다. 이는 필라델피아의 명소 중 하나이자 필라델피아에서 델라웨어로 흐르는 스쿨킬 강Schuylkill River과 얼굴을 맞대며 일렬로 옹기종기 모여 있는 15개의 보트 창고 행렬Boathouse Row의 모습을 본떠 만들어졌다. 미국 국립 역사 기념물이자 미국 국립 사적지로 선정된 이 보트 창고들은 적게는 100년에서 많게는 150년 넘게 변함없이 한 자리를 지켰다. 또한 밤이 되면 건물의 윤곽을 따라 설치된 조명이 황홀한 야경을 만들어낸다. 건축 조명 디자이너였던 레이 그레널드Ray Grenald가 1979년에 보트 창고들이 허물어질 수도 있다는 이야기를 듣고 이를 막기 위해 제안한 프로젝트가 지금처럼 반짝이는 결과물을 만들어냈는데 초창기 시절에는 아날로그 느낌이 나는 전구들이 많아 고전적이고 따뜻한 느낌을 줬다면 리모델링을 거쳐 2005년 LED 조명으로 교체된 이후에는 유니폼에서처럼 조금 더 현대적이고 깔끔한 모양의 빛을 낸다.

이제는 검은색과 흰색의 대비, 유니폼 외곽을 따라 흐르는 빨간색과 파란색의 선들이 조화를 이루는 이 유니폼이 세상에 나올 수 있었던 데에 결정적인 역할을 한 선수를 만나볼 차례다. 바로 호주 출신의 벤 시몬스Ben Simmons가 그 주인공이다. 농구선수였던 아버지의 영향을 받아 어렸을 때부터 농구를 배우기 시작한 시몬스는 곧바로 호주 최고의 재능으로 성장했다.

그런 시몬스가 농구선수의 꿈을 가지게 만든 장본인은 바로 앨런 아이버슨이다. 1996년부터 프로 선수 생활을 시작해 1996년생인 시몬스의 마음에 불을 지핀 아이버슨은 183cm로 농구선수치고는 키가 큰 편이 아니었지만 상대방의 혼을 쏙 빼놓는 드리블 스킬과 득점력을 앞세워 11번의 올스타 선정과 7번의 올-NBA 팀 선정은 물론 득점왕 트로피 4개와 정규 시즌 MVP 트로피 하나를 진열대에 올려놓은 필라델피아의 레전드다.

고등학교 시절부터 본격적으로 NBA의 주목을 받기 시작한 시몬스는 루이지애나 주립 대학에 입학해 1년을 보낸 뒤 공식적으로 NBA 도전을 선언했다. 그리고 2016년 신인 드래프트에서 1라운드 전체 1순위로 당당하게 필라델피아 세븐티식서스에 입단했다. 당시 시몬스의 별명 중 하나는 '제2의 르브론 제임스'였다. 르브론 제임스가 누구인가? 21세기에 데뷔한 선수 중 단연 최고라는 소리를 듣는 선수로 마이클 조던과 최고의 선수를 칭하는 'GOAT(Greatest Of All Time)' 자리를 놓고 치열한 경쟁을 벌이는 살아 있는 전설이다. 이것만 봐도 시몬스가 데뷔 전부터 얼마나 많은 주목을 받았는지를 알 수 있다.

시몬스가 그런 별명을 얻은 이유는 그가 르브론처럼 모든 플레이에 능한 다재다능한 선수였기 때문이다. 말 그대로 포지션 파괴자였다. 211cm의 큰 키만 보고 그의 플레이스타일을 다른 빅맨들과 유사할 것으로 예측했다면 큰 오산이다. 빠른 스피드와 넓은 시야, 천부적인 패싱 센스를 갖춘 시몬스는 무늬만 빅맨일 뿐 코트에 나서면 실질적으로는 공을 직접 몰고 다니며 팀 공격을 지휘하는 포인트가드처럼 뛰었다. 포인트가드와 포워드의 합성어인 '포인트 포워드'라는 스타일이 가장 잘 어울리는 선수 중 하나였다. 이는 공격뿐만 아니라 수비에서도 팀에 큰 도움이 됐다. 포인트가드 자리에서 출전하다 보니 자연스럽게 다른 가드들에 비해 압도적인 피지컬 우위를 점할 수 있었다. 그렇다고 스피드와 점프력마저 떨어지지 않으니 장점이란 장점은 다 갖춘 전천후 수비수 시몬스는 곧바로 모든 상대 선수들의 악몽이 됐다.

데뷔하기도 전에 많은 사람의 시선을 한 몸에 받았던 시몬스였지만 NBA 적응기는 순탄치 않았다. 개막 전 트레이닝 캠프에서 발목을 다친 시몬스는 정밀 검사 결과 제5 중족골 골절을 진단받아 단 한 경기도 뛰지 못한 채 2016-2017시즌을 통째로 날려버렸다. 하지만 필라델피아 세븐티식서스는 급하지 않았다. 당장의 성적보다는 오히려 우승에 도전할 수 있는 팀이 되기 전까지 하위권으로 시즌을 마치고 높은 순위의 신인 지명권을 손에 넣어 잠재력이 풍부한 어린 유망주들을 최대한 많이 수집하는 것이 길게 보면 팀에 이득이었던지라 굳이 무리할 필요가 없었다. 실제로 필라델피아 세븐티식서스는 2013-2014시즌부터 시몬스가 드래프트에서 뽑히기 직전인 2015-2016시즌까지 세 시즌 동안 고작 19.1%의 승률을 기록하는 데 그쳤다.

특히 2015-2016시즌에 기록한 12.2%(10승 72패)의 승률은 2012년 샬럿 밥캣츠(지금은 샬럿 호네츠Charlotte Hornets)가 기록한 10.6%(7승 59패) 이후 21세기 들어 리그에서 두 번째로 나쁜 정규 시즌 승률이었다. 시몬스가 뛰지 못했던 2016-2017시즌에도 이들의 최종 승률은 34.1%(28승 54패)로 여전히 저조했다. 그래도 필라델피아는 다 계획이 있었다. 건강하게 돌아올 시몬스가 있었고 그의 파트너도 미리 낙점해놓은 상태였기 때문이다. 바로 2016-2017시즌 압도적인 존재감을 과시하며 팀에 희망의 빛을 선사한 조엘 엠비드Joel Embiid였다.

카메룬 출신의 엠비드도 시몬스처럼 필라델피아 세븐티식서스가 최상급 유망주를 수집하는 과정에서 입단한 선수였다. 원래 배구를 하다가 15살의 다소 늦은 나이에 농구를 처음 접한 엠비드는 말 그대로 농구 천재였다. 하루가 다르게 실력이 늘어 어느덧 큰 무대에서도 통할 만한 잠재력의 소유자가 된 엠비드는 NBA 선수가 되겠다는 꿈을 이루기 위해 미국으로 건너와 2014년 신인 드래프트 전체 3순위로 필라델피아 세븐티식서스 유니폼을 입었다. 주상골 골절로 2년 가까이 재활에 임하면서 드래프트 동기들보다 데뷔가 늦어졌지만 오랜 기다림 끝에 NBA 무대를 밟자마자 출전 시간 대비 경이로운 퍼포먼스를 선보이며 팬들과 구단의 기대에 완벽하게 보답했다. 당시 엠비드의 스탯을 NBA에서 선발로 뛰는 선수의 대표적 평균 출전 시간 중 하나인 36분 단위로 환산하면, 그의 기록은 해당 시즌 리그 평균 득점 4위, 리그 평균 리바운드 2위, 리그 평균 블록슛 1위에 해당하는 수치로 진화했다. 이제 막 리그에 발을 들인 선수가 기라성같은 선배들을 조용히 제쳐버린 것이었다. 아직 프로 무대에서 진가를 발휘한 적은 없어도 팀의 기둥이 될 것만 같았던 시몬스와 자신이 얼마나 뛰어난지를 짧은 시간 안에 증명한 엠비드라는 두 유망주가 공존하는 그림을 상상만 해도 필라델피아 팬들의 심장은 분당 심박수 120을 너끈히 넘겼다.

필라델피아의 유니폼을 입고 코트를 밟을 날만을 기다리던 시몬스는 언젠가 검은색 유니폼을 입고 경기를 치르는 소망을 가슴 한편에 늘 간직했다. 개인 SNS에 해당 내용을 글로 써서 올린 적이 있을 정도로 시몬스는 검은색 유니폼에 진심이었다. 그가 자신의 소원을 현실로 만들기 위해서는 구단을 설득해야 했는데, 보통 어려운 일이 아니었다.

사실 필라델피아 세븐티식서스는 1946년 지금의 전신인 시라큐스 내셔널스Syracuse Nationals라는 이름으로 창단된 이후 지금까지 팀을 상징하는 색깔로 대부분 하얀색과 파란색, 빨간색을 사용했다. 지금 사용하는 로고도 1977년부터 1997년까지 사용했던 로고를 현대 스타일에 맞게 재구성한 디자인이었다. 팀 역사에 검은색 유니폼과 함께하는 시기는 딱 아이버슨이 팀의 중심이었던 시절을 포함한 1997년부터 2009년까지만이었다. 그때 당시의 로고도 지금과는 많이 달랐다. 그래서 주류인 하얀색을 버리고 그와 완전히 반대되는 비주류의 검은색을 유니폼에 쓰는 일이 쉽지 않았다. 하지만 시몬스의 오랜 꿈을 완전히 무시할 수는 없었던 필라델피아는 그에게 한 가지 제안을 던지는 것으로 타협점을 찾았다. 2016년 드래프트를 통해 팀에 입단하기는 했지만 직전 시즌에 단 한 경기도 뛰지 않아 신인왕 후보 자격이 있었던 시몬스가 2017-2018시즌 종료 후 신인왕 자리에 오르면 검은색 유니폼을 입고 코트에 나서는 그 소원을 들어주겠다고.

물론 전부는 아니었겠지만 구단의 달콤한 제안은 시몬스에게 큰 동기 부여가 됐다. NBA 무대에 등장하자마자 돌풍을 넘어 태풍처럼 강렬한 인상을 남긴 시몬스는 당당히 해당 시즌 신인왕 트로피를 품에 안았다. 그것도 101명의 투표단 중 무려 90명에게 1위 표를 받을 정도로 가볍게 말이다. 필라델피아는 시몬스와 엠비드의 활약에 힘입어 63.4%(52승 30패)의 승률로 6년 만에 플레이오프 진출에 성공했다. 과거 아이버슨과 함께 NBA 파이널에 올랐던 2000-2001시즌 이후 가장 좋은 정규 시즌 성적이었다. 플레이오프에서 파이널 진출 등 더 좋은 성과를 내지는 못했지만 불과 몇 년 전까지만 해도 최약체 이미지가 강했던 필라델피아는 순식간에 동부 콘퍼런스의 최강자 중 하나로 우뚝 섰다.

이때까지만 해도 필라델피아와 시몬스의 전성기는 꽤 오래 갈 것만 같았다. 하지만 계속 희극으로 전개될 줄 알았던 시몬스와 필라델피아 사이의 관계에 균열이 생기면서 비극이 시작됐다. 그런데 몇몇은 이러한 전개를 예상했다. 복선이 너무나도 뚜렷하게 보인다는 점이 이들의 근거였다. 모두가 알았지만 쉬쉬했던 아킬레스건은 바로 시몬스의 고질적인 약점, 평균 수준에도 턱없이 못 미치는 슈팅 능력이었다.

모름지기 농구에서 승리하기 위해서는 득점이 필요하다. 그리고 득점을 만들어내는 데에 있어 가장 중요한 능력이 바로 슈팅이다. 그래서 농구는 슈팅 싸움이다. 어떻게든 림 안쪽으로 공을 던지는 스포츠가 농구니까 말이다. 특히 현대 농구에서 슈팅이 가지는 중요성은 날이 갈수록 커졌다. 코트를 최대한 넓게 쓰기 위해 스페이싱Spacing이 대부분의 전술에 핵심처럼 자리 잡은 지 오래라 지금은 어느 포지션에서 뛰는지와는 관계없이 프로 선수라면 슈팅 능력이 필수적으로 요구되는 세상이다. 림과 먼 곳에서 슈팅을 잘 던지는 선수는 많으면 많을수록 팀 전술에 플러스가 되는 부분이 계속 늘어날 정도다.

그런데 다재다능함의 아이콘이었을 정도로 장점이 수도 없이 많았던 시몬스의 가장 큰 약점이 하필 슈팅이었다. 림 근처에서는 양손을 자유자재로 사용할 줄 아는 좋은 마무리 솜씨를 가졌지만 골밑에서 멀어지면 멀어질수록 득점원으로서 시몬스가 가지는 위력은 크게 반감됐다. 더 큰 문제는 아예 시도 자체가 거의 없었다는 점이다. 훈련 때는 다른 선수들처럼 슈팅을 곧잘 던졌지만 정작 경기 중에는 아예 마음속에서 점퍼라는 선택지를 없앤 것처럼 플레이했다. 이는 그의 기록으로도 고스란히 드러났다. 실제로 시몬스는 2020-2021시즌 총 583개의 야투를 시도했는데 그중 림과 9피트(약 2.74m) 이상 떨어진 곳에서 던진 슛은 단 52개로 시몬스가 던진 전체 야투의 8.9%에 불과했다. 이를 알아챈 현지 언론은 시몬스를 '슛 없는 선수'라고 부르며 계속 그를 흔들었다. 그렇게 시몬스는 쉬운 찬스에서도 슈팅을 던지지 않는 장면이 늘어나는 등 조금씩 자신감을 잃어 갔다.

갈수록 슛 시도를 주저하는 시몬스의 플레이스타일이 결정적으로 필라델피아의 발목을 잡은 사건도 있었다. 그것도 한 해 농사를 결정짓는 중요한 순간인 플레이오프에서 말이다. 플레이오프 2라운드에서 애틀랜타 호크스Atlanta Hawks를 상대하던 필라델피아는 시리즈 전적 3-3으로 외나무다리에서 팽팽한 줄다리기를 펼쳤다. 다음 라운드로 가기 위해서는 7차전 승리가 무조건 필요했던 절체절명의 순간. 경기 종료 3분 30초를 남겨 놓고 시몬스에게 완벽한 골밑 득점 기회가 찾아왔다. 그런데 하필 여기서 시몬스가 슛이 아닌 패스를 선택하고 말았다. 심지어 시몬스 앞에 있던 수비수가 그보다 20cm 이상 작아서 상당히 높은 확률로 득점을 올릴 수 있었음에도 시몬스는 슛을 던지지 않았다. 2점 차로 뒤지던 필라델피아는 시몬스가 득점을 올렸을 경우 동점을 만들며 분위기를 바꿀 수 있었지만 결국 해당 공격 기회에서 다른 선수가 자유투로 단 1점만 올리는 데 그쳐 동점 기회를 허무하게 날렸다. 결국 이 플레이 이후 계속해서 주도권을 잡지 못한 필라델피아는 접전 끝에 96-103으로 무릎을 꿇으며 쓸쓸하게 집으로 돌아갔다. 해당 시즌 동부 지구 1위로 플레이오프에 올랐던 만큼 뼈아픈 탈락이었다.

이날 경기가 끝나자마자 시몬스를 향해서 온갖 비난의 화살이 날아오기 시작했다. 시리즈 전체로 놓고 봐도 상당히 부진했던 시몬스였는데 결정적인 실수까지 나오자 숨을 돌릴 새도 없이 도마 위에 올랐다. 시몬스의 동료였던 엠비드도 실망감에 휩싸여 시몬스에게 공개적으로 아쉬움을 드러냈다. 경기가 끝난 후 인터뷰에서 분위기가 상대 쪽으로 넘어간 계기로 시몬스가 슛을 던지지 않고 패스를 선택했던 그 시점을 콕 집어 언급해 상당히 직접적으로 불만을 표출하면서 말이다. 시몬스도 같은 날 인터뷰에서 발전이 필요한 부분을 잘 알고 있다고 반성하며 본인의 잘못을 인정하고 동료들에게 미안함을 표했다.

그러나 시몬스를 향한 비난 여론은 사그라지지 않았다. 그러면서 결국 필라델피아와 시몬스의 관계는 조금씩 틀어지기 시작했다. 치명적인 단점이 수많은 장점을 완전히 덮지 못한다는 결론을 내린 필라델피아가 트레이드를 통해 시몬스를 내보내고 싶어 한다는 이야기들이 시즌 종료 후 한 달도 지나지 않아 리그 전체에 퍼졌다. 그러나 공개적인 협상 테이블이 깔렸음에도 필라델피아의 시몬스 트레이드 프로젝트는 원하는 방향으로 흘러가지 않았다. 필라델피아는 여전히 리그 최고의 수비수인 시몬스의 가치를 높게 평가했지만 다른 팀들은 생각이 조금 달랐다. 강점만큼 단점도 뚜렷하다는 사실이 이미 만천하에 드러나서 선뜻 손을 내밀기가 어려웠다.

2021-2022시즌이 개막하기 전까지 시몬스를 트레이드하는 데 실패한 필라델피아는 울며 겨자 먹기식으로 다시 그를 로테이션에 합류시켜야 했다. 그런데 진작 마음이 틀어진 시몬스는 더는 필라델피아 유니폼을 입고 코트에 나설 생각이 없었다. 구단에 느낀 배신감이 너무 커서였다. 아예 구단 관계자들과의 대화의 끈을 끊어버린 것은 물론 개막 전 함께 훈련하며 팀워크를 다지고 몸 상태를 끌어올리는 트레이닝 캠프에도 불참했다. 시몬스의 복귀를 바란다는 닥 리버스Doc Rivers 감독의 인터뷰로 그가 팀에 필요한 선수라며 당근을 주기도 하고 해당 시즌 시몬스가 받게 될 연봉의 25%였던 약 825만 달러를 미지급하며 채찍을 들기도 했지만 토라진 시몬스의 마음을 돌릴 수는 없었다. 개막을 목전에 두고 마지못해 팀에 돌아온 시몬스였지만 불성실한 훈련 태도를 보이며 급기야 리버스 감독의 지시에도 따르지 않는 등 팀에 녹아들 생각이 여전히 없어 보였다. 결국 시몬스는 2021-2022시즌 단 한 경기도 뛰지 않다가 지난 2022년 2월 마침내 트레이드를 통해 브루클린 네츠Brooklyn Nets로 이적하며 필라델피아 세븐티식서스와의 인연을 마무리 지었다. 2018년 신인왕으로 선정될 때까지만 해도 창창할 것만 같았던 시몬스와 필라델피아의 미래가 불과 4년 만에 파국으로 치달은 순간이었다.

공교롭게도 시몬스의 소원으로 만들어진 유니폼은 그가 필라델피아에서 입은 마지막 유니폼이 됐다. 이래서 운명이 때때로 잔인하다는 소리를 듣나 보다.

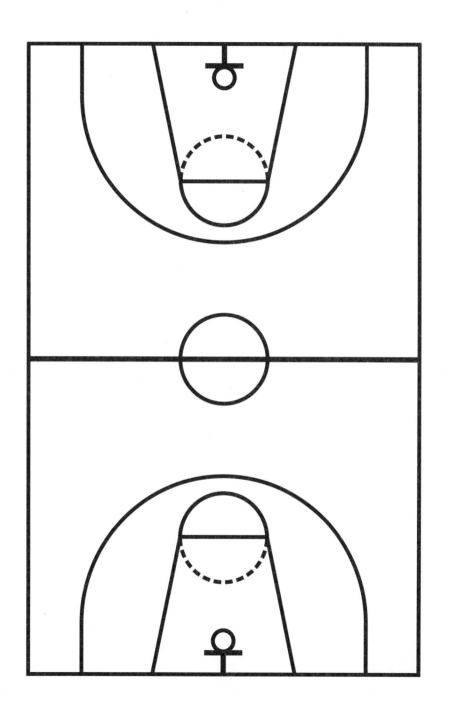

2018-2019
LA 클리퍼스 시티 에디션

응답하라 1984

　스포츠를 아끼고 사랑하는 사람들이 보름 동안 원 없이 스포츠를 즐길 수 있는 기간이 있다. 대본도 이렇게는 못 쓴다는 얘기가 나올 정도로 극적인 승부가 나오고 누구도 예상할 수 없는 방향으로 경기가 흘러가는 각본 없는 드라마의 집합체, 바로 세계 최고의 스포츠 축제 올림픽이다.

　근대 올림픽은 프랑스의 피에르 드 쿠베르탱Pierre de Coubertin 남작이 프랑스 청년들의 몸과 마음을 건강하게 만들고 나아가 프랑스 국민의 민족성을 고취하자는 차원에서 고안한 아이디어에 그 근간을 둔다. 쿠베르탱의 제안이 많은 사람의 성원을 등에 업고 판이 커지면서 1894년 국제 올림픽 위원회 IOC(International Olympic Committee)가 조직됐고 그로부터 2년이 흐른 1896년 그리스 아테네에서 스포츠로 소통하는 화합의 장이라는 이름 아래 올림픽이 처음으로 막을 올렸다. 그 후 올림픽은 4년에 한 번씩 세계 여러 도시에서 개최되며 승리를 향한 순수한 노력이라는 고결한 열매를 셀 수 없을 만큼 많이 맺었다. 성스러운 불꽃 아래 아름다운 도전의 하모니가 울려 퍼지고 진정한 땀의 가치가 큰 빛을 만들어 우리의 가슴을 뛰게 하는 올림픽 이야기도 시티 에디션 유니폼 속에 들어 있다.

　미국 LA에서 1984년에 열린 제23회 올림픽은 2018-2019시즌 LA 클리퍼스Los Angeles Clippers의 시티 에디션 유니폼 디자인에 영감을 줬다. 딱 보는 순간 레트로의 향기가 물씬 풍기는 이 유니폼은 전체적으로 어두운 남색 배경에 붉은색과 하얀색이 심플하게 잘 어우러져 있다. 상의 중앙에 배치된 로고가 마치 잔상을 남기며 왼쪽에서 오른쪽으로 빠르게 움직이는 듯한 느낌을 주고 양쪽 측면에는 빨간 별이 하얀색 배경 위로 다섯 개씩 세로로 나열되어 있다.

이 디자인이 올림픽 중에서도 가장 많은 모티브를 얻은 원천은 LA 올림픽 공식 엠블럼이다. 상의 옆면에 그려진 별부터 중앙에 있는 로고가 잔상을 남기며 이동하는 듯한 효과를 내는 점까지 모두 대회 공식 엠블럼과 유사하다. 제23회 LA 올림픽 준비 위원회가 과거 올림픽을 향한 찬사를 담아 제작한 대회 공식 엠블럼에는 파란색과 흰색, 그리고 빨간색 별이 겹친 채로 올림픽의 대표적 상징인 오륜 위에 자리한다. 별은 인류가 가슴에 품은 희망과 목표를 상징하고 세 개의 별이 나란히 움직이는 것처럼 보이게 배치한 이유는 올림픽에 참가하는 선수들의 역동적인 속도를 묘사함과 동시에 앞서거니 뒤서거니 경쟁하는 모습처럼 보이게 만들기 위함이다. 별의 색상으로 사용된 세 가지 색깔은 얼핏 보면 단순히 개최국인 미국 국기에서 가져온 듯한 느낌을 주지만 이는 사실 프랑스 출신인 근대 올림픽의 창시자 쿠베르탱 남작이 프랑스 국기의 삼색을 본떠 과거 대회 1등부터 3등에게 상을 수여할 때 사용했던 색상의 전통적인 의미를 내포한다.

LA 클리퍼스는 유독 1984년 LA 올림픽과 많은 교차점이 있다. 우선 제23회 LA 올림픽 공식 엠블럼에 사용된 세 가지 색상인 파란색과 흰색, 그리고 빨간색이 클리퍼스의 로고를 구성하는 세 가지 색깔과 정확히 일치한다. 그리고 1970년 버팔로 브레이브스Buffalo Braves라는 이름으로 창단한 후 1978년에 샌디에이고로 연고지를 옮기면서 프랜차이즈의 이름을 샌디에이고 클리퍼스San Diego Clippers로 바꿨던 이 팀이 그로부터 6년 후 현재 연고지인 LA로 다시 한번 이동한 때가 바로 올림픽이 열렸던 1984년이다.

LA는 근대 올림픽의 역사가 가장 깊게 뿌리 내린 도시 중 하나다. 고대 올림픽의 근원지이자 제1회 올림픽이 열려 근대 올림픽의 출발점이 된 그리스 아테네, 1908년과 1948년에 이어 2012년에도 올림픽을 개최해 가장 먼저 세 번의 올림픽을 성황리에 마친 영국 런던, 1900년과 1924년에 올림픽을 개최한 후 무려 100년 만인 오는 2024년에 세 번째 올림픽 개최를 앞둔 프랑스 파리 다음으로 올림픽과 가장 접점이 많은 도시가 LA다. 이미 1932년과 1984년에 올림픽을 개최했던 LA는 2024년 파리 올림픽 폐막식에서 오륜기를 넘겨받는 2028년 하계 올림픽 개최 예정지다.

LA는 1976년과 1980년 올림픽 개최지 후보에 이름을 올렸으나 각각 몬트리올과 모스크바에 밀려 두 번이나 고배를 마셨다. 하지만 1984년에 열릴 제23회 올림픽 준비과정만큼은 LA에 유리하게 흘러갔다. 올림픽 개최지 타이틀을 놓고 경쟁하던 이란의 수도 테헤란이 정치적인 이유로 빠지면서 단독 후보로 남게 된 LA는 최종 찬반 투표에서 선택을 받아 세 번의 도전 끝에 두 번째 올림픽 유치에 성공했다. 당시만 해도 평균적으로 3~4개 국가가 올림픽 유치 경쟁에 참전했는데 유난히 1984년 올림픽 개최지 선정 과정에서 희망국이 평소보다 적었던 이유는 크게 두 가지였다. 하나는 뮌헨 참사였다. 1972년 뮌헨 올림픽에서 팔레스타인 테러 단체가 당시 이스라엘 선수단이 묵던 선수촌에 침입해 선수 및 코칭스태프 9명과 심판 2명까지 총 11명을 인질로 잡고 이스라엘에 있던 200명 이상의 팔레스타인 포로 석방을 요구하는 사건이 있었는데 당시 범인들을 진압하는 과정에서 인질 전원과 경찰 한 명이 목숨을 잃는 끔찍한 일이 벌어져 테러에 대한 공포가 커졌다. 또 다른 하나는 경제적 손실이었다. 과거 올림픽은 도시 홍보 효과부터 관광객들의 대규모 유입 및 소비까지 다양한 측면에서 경제적인 이익을 볼 수 있다는 장점이 있었다. 그런데 하필

1984년 올림픽 개최지 선정 직전에 열린 1976년 제21회 몬트리올 올림픽이 역대 최악의 적자를 보면서 올림픽을 개최하는 일이 정말 경제적으로 이득인가에 대한 고민이 깊어져 다들 선뜻 도전장을 내밀지 못했다. 그래도 이미 다양한 스포츠 시설이 많아 경기장을 건설하는 데 드는 추가 비용이 필요하지 않았던 LA는 마케팅 전략과 보안을 강화하겠다며 개최 의사를 철회하지 않았다. 그렇게 위험 부담을 최대한 줄이는 전력을 발표한 점이 LA가 1932년 이후 52년 만에 두 번째 올림픽을 유치할 수 있었던 가장 큰 비결이었다.

물론 개최지 선정 이후 개막 전까지 모든 과정이 순조로웠던 건 아니다. 화합의 장이라는 올림픽의 취지와는 걸맞지 않게 소련과 동독, 북한을 비롯한 15개국이 올림픽 보이콧을 선언하면서 올림픽 본연의 의미가 살짝 퇴색된 점이 옥에 티로 남았다. 그런데 이들이 1984년 LA 올림픽에 선수단을 보내지 않은 이유는 1980년 제22회 모스크바 올림픽을 대했던 미국의 선택에 있다. 당시 미국은 소련이 아프가니스탄을 침공해 국제정세를 흔든 일에 대항하는 의미로 올림픽 보이콧을 선언했다. 다른 나라들도 미국의 뒤를 이어 해당 결정에 동참했는데 한국과 일본, 중국과 서독을 포함한 총 65개국이 올림픽에 불참하면서 일이 눈덩이처럼 커졌다. 결국 모스크바 올림픽은 동유럽 국가들이 메달을 쓸어 담은 반쪽짜리 올림픽으로 남았고, 이에 대한 보복의 의미로 소련을 비롯한 15개 나라의 보이콧 선언은 어찌 보면 당연한 일이었다.

그래도 7월 29일부터 8월 13일까지 진행된 제23회 LA 올림픽은 올림픽에 처음 출전한 18개 국가를 비롯해 당시 최고 기록이었던 총 140개국 6,829명의 선수가 참가해 대회를 빛냈다. 1932년 제10회 LA 올림픽에도 개회식을 했던 장소인 LA 메모리얼 콜리세움LA Memorial Coliseum에서 1960년 로마 올림픽 10종 경기 금메달리스트인 레이퍼 존슨Rafer Johnson이 마지막 성화 봉송 주자로 나섰는데 경사가 무려 50도에 달하는 96개의 계단을 올라 52년 전에 사용된 것과 동일한 성화대에 올림픽의 시작을 알리는 불꽃을 키우면서 23번째 올림픽이 막을 올렸다. 게다가 새로운 종목들도 많이 등장했다. 지금은 아티스틱 스위밍이라는 이름으로 불리는 싱크로나이즈드 스위밍을 비롯해 리듬체조와 여자 사이클 도로 경주가 올림픽 정식 종목으로 채택됐고 야구와 테니스는 시범 종목으로 채택되어 전 세계 스포츠 팬들에게 첫선을 보였다.

16일 동안 펼쳐진 올림픽은 말 그대로 미국의 메달 잔치였다. 개최국이었던 미국은 홈 어드밴티지를 등에 업고 금메달 83개와 은메달 61개, 동메달 30개를 손에 넣으며 압도적인 격차로 종합 1위를 차지했다. 당시 걸려 있던 221개의 금메달 중 무려 37.5%가 미국 선수들의 손에 들어갔다. 직전 대회였던 1980년 모스크바 올림픽 종합 순위에서 1위부터 5위에 이름을 올린 소련, 동독, 불가리아, 헝가리, 그리고 폴란드가 모두 불참했다고는 해도 미국의 독주는 상상을 초월하는 수준이었다. 체조와 조정, 역도와 육상 등에서 좋은 성적을 거두며 금메달 20개, 은메달 16개, 동메달 17개로 역대 최고 성적을 낸 루마니아가 종합 2위를 기록했고 서독과 중국, 이탈리아가 그 뒤를 이었다. 금메달 6개, 은메달 6개, 동메달 7개로 종합 10위에 오른 대한민국은 올림픽에 참가한 이래로 당시 가장 높은 순위를 기록하는 쾌거를 이뤘다. 1948년 런던 올림픽에서 대한민국 역사상 처음으로 동메달 2개를 따낸 후 1976년 몬트리올 올림픽에서 레슬링의 양정모가 대한민국 최초의 올림픽 금메달리스트에 등극하기 전까지 8번의 올림픽에서 거둔 종합 성적이 금메달 1개, 은메달 6개, 동메달 7개라는 점을 고려하면 1984년 LA 올림픽에서의 성과는 입을 떡 벌어지게 하는 성장 폭을 그렸다. 또 한 가지 고무적이었던 포인트는 전보다 훨씬 다양한 종목에서 메달 사냥에 성공했다는 점이었다. 이전까지는 1976년 여자 배구 대표팀의 동메달을 제외한 모든 메달이 복싱과 레슬링, 유도와 역도에서만 나왔다. 그런데 1984년 LA 올림픽에서는 양궁과 농구, 핸드볼이라는 새로운 세 종목에서 메달을 손에 넣었다. LA 올림픽 폐막식에서 오륜기를 넘겨받을 다음 올림픽 개최지가 서울이었던 만큼 본격적으로 다양한 종목들에 지원과 투자를 아끼지 않았던 게 1984년 LA 올림픽부터 결실을 봤다.

종합 순위에서 미국이 가장 빛나는 별이었다면, 1984년 LA 올림픽에서 가장 많은 메달을 목에 건 선수는 중국의 체조 왕자 리닝Li Ning이었다. 마루와 안마, 링에서 금메달을 딴 164cm의 작은 거인 리닝은 단체전과 도마에서 은메달을 추가하고 개인종합에서 동메달을 획득하며 금메달 3개, 은메달 2개, 동메달 1개로 대회를 마쳐 1984년 LA 올림픽에서 가장 많은 6개의 메달을 목에 걸었다. 남자 기계체조에서 리닝이 두각을 나타냈다면 루마니아의 에카테리나 사보 Ecaterina Szabo는 여자 기계체조에서 돋보이는 활약을 펼쳤다. 1983년 기계체조 세계 선수권 대회에서 금메달 1개와 은메달 3개, 동메달 1개를 목에 걸며 라이징 스타로 발돋움한 사보는 1984년 LA 올림픽에서 마루와 평균대, 도마와 단체전에서 금메달을 획득하며 4관왕을 달성했다. 여기에 개인 종합에서 따낸 은메달을 추가하며 금메달 4개와 은메달 1개라는 훌륭한 성적으로 대회를 마무리했다.

미국의 육상 황제 칼 루이스Carl Lewis도 배놓을 수 없는 1984년 LA 올림픽 최고의 스타다. 올림픽만 네 번이나 참가해 무려 9개의 금메달을 목에 건 루이스는 남자 100m 세계 신기록 보유자 우사인 볼트Usain Bolt보다도 금메달이 한 개 더 많다. 루이스보다 올림픽 금메달을 더 많이 보유한 선수는 올림픽에서만 무려 23개의 금메달을 싹쓸이한 전설적인 수영 선수 마이클 펠프스Michael Phelps가 유일하다.

그런 루이스가 전설의 서막을 알린 올림픽 무대 데뷔전이 바로 조국인 미국에서 열린 1984년 LA 올림픽이었다. 23살의 어린 나이에도 기죽지 않고 제 기량을 유감없이 발휘한 루이스는 100m와 200m, 남자 400m 계주에서 모두 금메달을 따내며 단거리를 제패한 뒤 멀리뛰기 경기에도 나서 1위를 차지하고 자신의 대회 네 번째 금메달을 손에 넣었다. 1984년 LA 올림픽에서 금메달 4관왕에 오른 것은 루이스와 앞에 나온 사보까지 단 두 명분이었다. 또한, 루이스가 1984년 LA 올림픽에서 만들어낸 업적은 그의 우상이었던 제시 오언스Jesse Owens가 1936년 제9회 베를린 올림픽에서 이뤄낸 성과와 정확하게 일치했다. 오언스처럼 단거리와 멀리뛰기를 겸업했기에 항상 오언스를 롤모델로 삼았던 루이스는 1984년 LA 올림픽에서 마침내 자신이 우러러보던 대상과 어깨를 나란히 했다. 이후에도 1988년 서울 올림픽 2관왕, 1992년 바르셀로나 올림픽 2관왕에 오른 루이스는 1996년 12년 만에 다시 미국에서 치러진 제26회 애틀랜타 올림픽에서 멀리뛰기 1위로 자신의 마지막 올림픽 금메달을 손에 넣었다. 특히 멀리뛰기에서는 1984년 LA 올림픽부터 1996년 애틀랜타 올림픽까지 4연패를 기록하며 10년이 넘는 시간 동안 왕좌를 지켰다.

　마지막으로 1984년 LA 올림픽과 관련된 선수 중 우리가 꼭 기억해야 할 선수를 한 명 소개하고 싶다. 바로 뉴질랜드의 여자 양궁 대표로 참가한 네롤리 페어홀Neroli Fairhall이다. 페어홀은 불의의 교통사고로 하반신 마비가 온 이후 휠체어에 탄 채로 일상생활을 해야만 했다. 하지만 이러한 시련도 양궁에 대한 그의 사랑을 막지는 못했다. 1980년 암스테르담에서 열린 제6회 하계 패럴림픽에서 육상과 양궁, 두 종목에 참가해 양궁에서 금메달리스트가 된 페어홀은 비장애인 선수들과 함께 치른 선발전을 거쳐 당당히 뉴질랜드 여자 양궁 국가대표에 선발됐다. 그리고 40살이라는 적지 않은 나이에 처음으로 올림픽 무대를 밟으며 하반신 마비를 겪고 있는 선수로는 처음으로 올림픽에 출전했다. 그리고 페어홀은 동시에 역사상 처음으로 올림픽과 패럴림픽 무대를 동시에 경험한 선수가 됐다.

페어홀은 당시 올림픽에 참가한 47명의 여자 양궁 선수 중 35위로 대회를 마무리했다. 하지만 성적은 중요하지 않았다. 페어홀의 여정은 그 자체만으로도 박수받을 자격이 있었다. 꼭 좋은 결과를 남기는 것만이 스포츠 역사에 새로운 발자국을 남길 수 있는 방법은 아니니 말이다. 페어홀의 도전은 다른 장애인 선수들에게 영감을 줬고 덕분에 지금까지 페어홀을 포함해 무려 15명의 선수가 올림픽과 패럴림픽을 모두 경험했다. 이는 올림픽의 모토가 '더 빨리, 더 높이, 더 힘차게(Faster, Higher, Stronger)'에서 끝나지 않는 이유를 잘 설명해준다. 그 뒤에는 항상 스포츠가 가장 중요하게 여기는 가치, '함께(Together)'가 있다.

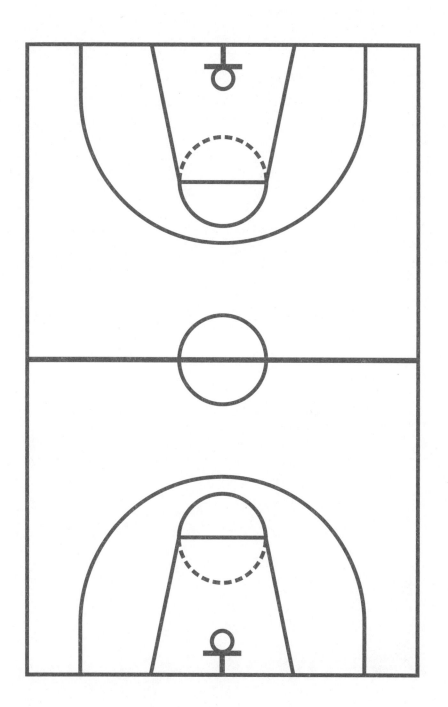

2017-2018 & 2018-2019
토론토 랩터스 시티 에디션

혼자 유럽 배낭여행을 갔을 때 일이다. 설레는 기분으로 런던 개트윅 공항에 내린 후 곧바로 호스텔로 향해 짐을 풀던 순간 한 백인 친구가 들어와 밝은 표정으로 내게 인사를 건넸다. 이런저런 대화를 주고받다가 가장 무난하고 보편적인 아이스-브레이킹 소재인 출신지에 관한 이야기가 나왔다. 나는 그걸 맞추겠다고 자신 있게 나섰다. 곧바로 영어 억양을 주된 단서 삼아 추리에 들어갔다. 빠르게 결론을 내린 나는 자신 있게 미국에서 왔냐고 물어봤다. 그런데 돌아오는 답변이 내 뒤통수를 쳤다.

"아니, 나 캐나다 사람이야!"

예상을 깨는 전개는 아직 끝나지 않았다. 이제는 캐나다 출신 탐정이 내 출신지를 추리할 차례였다. 사실 우리야 얼굴만 봐도 한국인과 일본인, 그리고 중국인을 어렵지 않게 구별할 수 있지만 이는 서양인들에게는 꽤 까다로운 난제였다. 오랜 고민 끝에 캐나다 친구가 답을 내놓았다.

"너 중국에서 왔지?"

"아니, 나 한국 사람이야!"

중국 인구 약 14억 4,800만 명, 일본 인구 약 1억 2,560만 명, 한국 인구 약 5,180만 명. 확률에 의거한 나름 일반적인 추리였다고 설명했지만 어쨌든 오답이었다. 그렇게 서로에 대해 조금씩 알아가면서 둘 사이의 장벽을 조금씩 허물던 와중에 또 다른 친구가 6인실에 자기 몸만 한 캐리어를 들고 입장했다. 이번에도 내 머릿속 추리 프로그램이 가동됐다. 이번에는 미국 억양과 영국 억양 그사이 어딘가에 있을법한 익숙하면서도 낯선 분위기가 느껴졌다. 그러던 중 고등학교 때 호주에서 살다 왔다는 친구의 영어 발음을 들었던 기억이 짧게 스쳐 지나갔다. 확신에 찬 나는 정답을 던졌다.

"너 호주에서 왔구나?"

"아니, 나 뉴질랜드에서 왔어."

이 이야기를 듣자마자 나와 캐나다 친구는 깔깔대며 웃었다. 어안이 벙벙한 표정을 짓는 뉴질랜드 친구에게도 자초지종을 설명하자 그 아이도 상황을 이해한 듯 밝게 웃어 보였다. 그리고 우리는 똑같은 실수를 반복하지 않기 위해 귀여운 약속 하나를 맺었다. 미국에서 온 것 같은 사람에게는 캐나다에서 왔냐고 물어보기로. 호주에서 온 것 같은 사람에게는 뉴질랜드에서 왔냐고 물어보기로. 동아시아에서 온 것 같은 사람에게는 한국 사람이냐고 물어보기로. 세 여행자는 마치 유비와 관우, 그리고 장비가 복숭아나무 밑에서 결의를 맺듯 새끼손가락을 함께 걸었다. 그날 저녁 우리는 런던 거리를 몇 시간 동안 누비며 평생 기억에 남을 추억을 쌓았다. 여행의 다음 계획에 맞춰 호스텔을 떠날 때 항상 건강히 지내라며 행복을 빌어주던 두 사람의 모습도 아직 눈앞에 생생하다.

이렇듯 누군가 우리를 중국인이나 일본인으로 혼동하는 것을 반기지 않는 것처럼, 캐나다 사람들은 미국인과는 엄연히 다른 정체성을 가진다. 이는 스포츠 세계에서도 드러난다. 미국 4대 프로스포츠 중 NFL을 제외한 MLB와 NHL, 그리고 NBA에는 캐나다 도시를 연고로 하는 구단이 있는데 그 프랜차이즈의 수가 많지 않아 마치 캐나다라는 한 나라를 대표하는 듯한 느낌을 주기 때문에 캐나다 국민들의 사랑을 독차지하는 경우가 대부분이다. 세 리그 중 캐나다를 연고로 하는 팀이 가장 많은 리그는 NHL이다. 총 32개 구단 중 7개 팀의 연고지가 캐나다에 있다. 아이스하키는 추운 날씨 덕분에 눈과 얼음이 많은 캐나다가 가장 사랑하는 프로스포츠로 NHL 팀이 있는 7개 도시 모두 2022년 기준 캐나다에서 가장 인구가 많은 도시 TOP 10 안에 이름을 올리고 있으니 웬만한 대도시에는 모두 NHL 팀이 있다고 봐도 될 정도다. 그러나 아이스하키만 이렇게 팀이 어느 정도 있을 뿐 야구와 농구에는 각각 캐나다 도시를 연고로 하는 팀이 딱 한 개씩만 남아 있다. MLB는 2005년 몬트리올 엑스포스가 워싱턴으로 연고지를 옮기면서 대한민국 최고의 좌완 투수 류현진의 소속팀인 토론토 블루제이스Toronto Blue Jays가 유일하고 NBA는 밴쿠버 그리즐리스가 2001년 멤피스로 이동하면서 토론토 랩터스Toronto Raptors만이 남아 있다.

　　캐나다 도시 중 유일하게 MLB와 NBA, NHL 팀이 모두 둥지를 튼 토론토는 캐나다에서 가장 큰 도시 중 하나다. 몇몇 사람들이 캐나다의 수도를 오타와가 아니라 토론토로 착각하는 가장 큰 이유 중 하나도 토론토가 캐나다에서 가장 인구가 많은 대도시라서다. 2022년 기준 약 560만 명이 사는 토론토에는 캐나다 전체 인구의 약 15%가 모여 있다. 이는 토론토에 많은 프로스포츠 팀이 모이게 된 이유이기도 하다. 결국 최대한 많은 관객을 경기장으로 이끌어야 하는 구단 입장에서는 대도시를 연고로 하는 것이 관중 유치에 유리하기에 이런 섭리에 따라 자연스럽게 토론토에 많은 팀이 터전을 잡았다고 생각하면 되겠다. 서울에 KBL 팀인 SK 나이츠와 삼성 썬더스를 비롯해 두산 베어스, LG 트윈스, 키움 히어로즈, FC 서울 등 국내 다른 어떤 도시보다도 많은 프로스포츠 구단이 자리하는 현상 역시 같은 맥락이다. 이번에는 NBA에서 캐나다를 대표하는 토론토 랩터스의 이야기를 알아보려 한다.

2017-2018시즌에 공개된 토론토 랩터스의 첫 시티 에디션 유니폼에서부터 토론토라는 한 도시뿐만 아니라 캐나다라는 국가 전체를 대표하겠다는 마음가짐이 잘 드러나 있다. 상의 중앙에는 V자 무늬가 거꾸로 그려져 있어 마치 위쪽을 가리키는 듯한 화살표 모양의 이미지 안에 북쪽을 의미하는 'NORTH'가 쓰여 있다. 이 문구는 지도상으로 미국 위에 자리하는 캐나다를 상징하며 동시에 토론토 랩터스가 NBA 30개 팀 중 최북단에 위치한 구단이라는 사실을 강하게 어필한다. 특히 하의 허리 밴드 중앙 부분에도 캐나다 국기에 들어가 있는 단풍잎을 그려 넣어 캐나다의 정체성을 더욱더 강화했다. 검은색과 금색이 조화를 이루는 이 유니폼 디자인의 반응은 상당히 뜨거웠다. 토론토 랩터스는 이에 대한 보답으로 검은색 배경을 하얀색으로 바꾸고 다른 포인트는 모두 동일하게 가져가면서 1년 전과 같은 듯 다른 느낌이 나는 2018-2019시즌 시티 에디션 유니폼을 발표했다.

유니폼에 '토론토'나 '랩터스', 심지어 '캐나다'도 아니고 'NORTH'를 적은 데에도 다 이유가 있었다. 바로 토론토 랩터스가 2014년부터 사용했던 슬로건, 'We the North' 때문이었다. 수많은 콘셉트와 아이디어가 등장하고 소멸하기를 짧게 반복하는 현대 사회 속에서도 'We the North'는 캐나다가 변방이자 하나의 아웃사이더라는 사실을 숨기지 않은 채 단순히 생명만 연장하는 것을 넘어 오히려 갈수록 그 위상을 키웠다. 미국에 연고를 두는 29개의 NBA 구단 사이에서 홀로 살아남은 캐나다 연고지 구단이라는 사실 때문이었는지 팬들도 다른 문구들과는 달리 이 슬로건을 빠르게 기억하고 경기장에서 외치기 시작했다. 하지만 이 슬로건이 성공 사례로 남을 수 있었던 원동력은 이게 전부가 아니었다. 팬들의 사랑이 좋은 성적이라는 결실을 만들어낸 덕분이었다.

스포츠 구단은 아무리 다른 부분에서 일을 잘해도 궁극적으로는 성적으로 말하는 단체다. 아무리 훌륭한 마케팅 전략으로 경기장에 많은 사람이 찾아온다고 해도 좋은 성적으로 팬들에게 보답하지 못하는 구단은 도태될 수밖에 없다. 토론토 랩터스도 1995년 창단 이후 약체라는 이미지를 오랜 시간 지우지 못하는 팀 중 하나였다.

NBA에서 특정 구단의 성적이 어땠는지를 파악할 때 가장 쉽게 가져올 수 있는 판단의 잣대는 플레이오프 진출 여부다. 지금의 30개 팀 체제에서 절반이 넘는 16개 구단이 플레이오프 무대를 밟을 수 있으니 플레이오프에 진출했다는 점만으로도 리그에서 중간은 갔다고 말할 수 있기 때문이다. 하지만 토론토 랩터스가 1995-1996시즌부터 2012-2013시즌까지 총 18시즌 동안 플레이오프에 진출했던 적은 단 5번이었다. 이마저도 네 번이나 1라운드에서 탈락의 고배를 마셨다. 간단히 말해 NBA 8강이라고 할 수 있는 플레이오프 2라운드에 진출했던 건 2001년 딱 한 번뿐이었다.

구단을 대표하는 이른바 프랜차이즈 스타도 그리 많지 않았다. 토론토가 2010년대 초반까지 이어진 암흑기에서 벗어나지 못했을 때는 빈스 카터Vince Carter와 크리스 보쉬 단 두 명만이 프랜차이즈 스타라고 불릴 만한 선수였다.

여전히 토론토 랩터스 하면 가장 먼저 떠오르는 선수 중 하나인 카터는 폭발적인 점프력을 바탕으로 한 호쾌한 덩크로 팬들의 사랑을 듬뿍 받았던 선수다. 카터는 1998년 토론토 유니폼을 입고 NBA 무대에 데뷔해 2004년까지 6시즌 동안 활약했는데 특히 1999-2000시즌에 많은 역사를 썼다. 지금까지도 회자하는 명품 덩크를 선보이며 2000년 슬램 덩크 컨테스트 우승을 차지한 것을 시작으로 프랜차이즈 역사상 처음으로 올스타와 올-NBA 팀에 선정되는 영광을 모두 혼자서 누렸다. 자동으로 눈이 커지게 만드는 압도적인 퍼포먼스 덕분에 'Half Man Half Amazing'이라는 별명을 얻었고 덩크를 하기 위해 날아오르는 모습이 비행기를 연상시킨다는 이유로 토론토의 홈 구장이었던 에어 캐나다 센터의 이름을 본떠 '에어 캐나다Air Canada' 라고 불리기도 했다.

보쉬는 카터에게 바통을 이어받은 주자였다. 2003년 신인 드래 프트 전체 4순위로 토론토 랩터스에 입단한 보쉬는 211cm의 빅맨으 로 카터와 포지션과 플레이스타일은 완전히 달랐지만 카터가 팀을 떠난 이후 곧바로 팀의 에이스 자리를 차지하며 없어서는 안 될 선수 가 됐다. 포효하는 모습도 팀의 상징인 공룡과 닮아 많은 인기를 얻었 다. 또한 보쉬가 토론토에서 만들어낸 업적이 모두 카터의 뒤를 이었 다는 점에서 그와 비슷한 부분이 많았다. 2006년 커리어 첫 올스타 선정과 2007년 커리어 첫 올-NBA 팀 입성 모두 토론토 소속 선수로 는 카터에 이어 두 번째였다. 2007년과 2008년 두 번의 플레이오프 진출이라는 성과를 만들어낸 것 역시 카터가 있을 때 플레이오프에 세 시즌 연속 올랐던 시절 이후 처음이었다. 더 큰 꿈을 위해 7시즌 동 안 토론토 랩터스에서 뛰고 마이애미 히트로 이적했던 마지막 순간 까지 팀과 더 오랜 시간 함께 하지 못했던 카터와 유사하다.

카터와 보쉬가 모두 떠난 후 힘없이 표류하던 2010년대 초반을 지나 다시 조금씩 기지개를 켜기 시작한 시점이 바로 2014년, 'We the North' 슬로건이 등장한 때다. 순서를 정확히 말하자면 토론토가 반등에 성공해서 이 슬로건이 세상 밖으로 나올 수 있었다. 당시 토론 토는 6년 만에 플레이오프 진출에 성공하며 오랜만에 우승이라는 꿈 을 작게나마 꿀 수 있는 위치에 섰다. 프로 구단들은 정규 시즌이 끝 나고 난 뒤 플레이오프에 돌입하면 보통 새로운 슬로건을 공개하는 데 플레이오프 일정이 시작되기 전인 2014년 4월 16일에 공개된 게 'We the North'였다. 당시 토론토 랩터스의 의뢰에 맞춰 슬로건 작 업을 진행하던 캐나다의 광고 회사 시드 리Sid Lee의 제프리 다 실바

Jeffrey Da Silva는 한 인터뷰에서 이 역사적인 슬로건이 탄생한 배경을 설명한 바 있다.

"우선 저희는 다른 NBA 팀들이 하지 않았던 방식으로 일종의 영역 표시를 하고 싶었습니다. 토론토 랩터스라는 팀을 대표하면서도 동시에 토론토라는 도시의 정체성에 대한 임팩트를 강하게 주고 싶었죠. 이런 발상이 캐나다라는 국가의 아이덴티티로 우연히 범위가 넓어졌고 언젠가부터는 마치 캐나다의 새로운 깃발을 만드는 기분이 들었습니다. 그리고 캐나다라는 지역과 관련된 이야기를 하는 것이 저희가 의도하는 바를 표현할 수 있는 유일한 방법이라고 생각했어요. 어쨌든 토론토 랩터스가 미국 밖에 있는 유일한 NBA 팀이라는 점은 부정할 수 없는 사실이니까요. 마지막으로 많은 미국인이 쉽게 떠올리는 캐나다의 이미지를 모두 빼고자 했습니다. 일반적으로 캐나다 하면 강이나 시냇물, 비버나 눈 덮인 산 같이 자연을 생각하는 경우가 많지만 그런 것들 대신 그라피티로 가득한 골목이나 도심 속 놀이터 등 조금 더 현대적인 이미지들과 어울리는 느낌을 주고 싶었습니다. 그게 많은 후보 중에서 'We the North'를 최종 선택한 이유였어요. '우리는 이런 팀이야'라고 당당히 선언하는 듯한 느낌이 들잖아요."

이 구호는 단순히 한 구단을 설명하는 표현에서 멈추지 않고 경기장에서 팬들이 응원할 때 쓰는 별칭이 됐다. 아팠던 과거를 뒤로 하고 자랑스러운 미래로 나아가겠다는 다짐 같았던 이 슬로건은 훗날 토론토가 써 내려간 새로운 역사의 전조가 됐다. 'We the North'를 등에 업고 마주한 첫 플레이오프에서는 7차전까지 가는 혈투 끝에 아쉽게 탈락했지만 이때부터 토론토는 달라지기 시작했다. 다른 팀에서는 빛을 보지 못하다가 토론토로 와서 전성기를 맞이한 포인트가드 카일 라우리Kyle Lowry, 카터를 떠올리게 만드는 운동능력을 바탕으로 빠르게 성장한 스윙맨 더마 드로잔DeMar DeRozan은 카터와 보쉬 이후 처음으로 올스타전 무대로 향하는 선수들이 됐다. 라우리와 드로잔이라는 두 명의 새로운 스타와 함께, 가뭄에 콩 나듯 가던 플레이오프도 이제 토론토에는 당연한 결과물이 됐다.

그러나 모든 아쉬움이 사라지지는 않았다. 아무리 정규 시즌을 잘 보내도 플레이오프의 높은 벽을 실감하며 계속 좌절했다. 특히 르브론 제임스와의 악연이 질겼다. 마이애미 히트에서 두 번의 우승을 차지한 후 고향 팀 클리블랜드 캐벌리어스Cleveland Cavaliers로 돌아온 르브론은 2016년 동부 콘퍼런스 파이널, 2017년과 2018년 플레이오프 2라운드에서 3년 연속 토론토 랩터스를 집으로 돌려보냈다. 특히 2017년과 2018년에는 단 한 번의 승리조차 허락하지 않고 치욕적인 4연패를 연달아 안기며 매번 이들의 앞길을 가로막았다.

이대로라면 우승이라는 과업을 달성하지 못한 채 한 세대를 떠나보낼 수도 있겠다는 생각이 커진 토론토는 2018-2019시즌을 앞두고 과감한 결단을 내린다. 터줏대감이었던 드로잔과 미완의 유망주였던 야콥 퍼들Jakob Poeltl을 샌안토니오에 보내고 검증된 에이스 카와이 레너드Kawhi Leonard와 알짜배기 베테랑 대니 그린Danny Green을 받는 2:2 트레이드를 단행했다. 특히 레너드의 합류는 토론토 팬들의 마음에 불을 지폈다. 엄청난 손 크기 덕분에 'The Claw'라는 별명을 얻은 레너드는 득점력도 뛰어날 뿐만 아니라 2015년과 2016년에 두 시즌 연속 올해의 수비수로 선정됐을 만큼 수비력도 발군이었다. 또한 2014년 샌안토니오 스퍼스San Antonio Spurs가 우승을 차지했을 때 결정적인 활약을 펼치며 파이널 MVP를 수상했을 정도로 큰 무대에서도 강했다.

레너드가 합류한 토론토 랩터스는 모두의 예상을 뛰어넘을 정도로 강했다. 카와이 레너드와 카일 라우리라는 올스타 듀오를 가파른 성장세를 보이며 2019년 기량발전상을 손에 넣은 카메룬 출신의 떠오르는 샛별 파스칼 시아캄Pascal Siakam이 보좌했고 베테랑 빅맨 듀오인 서지 이바카Serge Ibaka와 마크 가솔Marc Gasol도 골밑을 든든하게 지켰다. 여기에 레너드와 함께 건너온 대니 그린, 벤치의 활력소였던 프레드 밴블릿Fred VanVleet과 노먼 파월Norman Powell 모두 자기 자리에서 제 몫을 다했다. 그렇게 동부 2번 시드로 플레이오프에 진출한 토론토는 올랜도 매직Orlando Magic과 필라델피아 세븐티식서스, 밀워키 벅스를 차례대로 물리치며 프랜차이즈 역사상 처음으로 NBA 파이널 무대를 밟았다. 특히 필라델피아와의 2라운드 7차전 종료 직전에 레너드가 터뜨린 위닝샷은 NBA 역대 최고의 버저비터로 불리기에 손색이 없는 하이라이트였다.

그렇게 파이널에서 토론토 랩터스가 만난 팀은 2015년부터 2019년까지 5년 연속 결승에 올라 2015년, 2017년, 그리고 2018년에 우승을 차지한 뒤 해당 파이널에서 내친김에 3연속 우승까지 노리던 리그의 절대강자 골든스테이트 워리어스Golden State Warriors였다. 스테픈 커리와 클레이 톰슨Klay Thompson, 케빈 듀란트와 드레이먼드 그린Draymond Green이 버티던 골든스테이트는 당대 최고의 드림팀이었다. 당연히 토론토의 우승을 점치는 전문가들은 거의 없었다. 골든스테이트가 과연 몇 차전에서 시리즈를 끝낼 것인지가 더 중요한 화두였다.

하지만 가장 중요한 1차전부터 승리를 챙기더니 원정에서 열린 3차전과 4차전에서 모두 승리를 따내며 유리한 고지를 선점한 토론토 랩터스는 6차전에서 다시 한번 상대를 제압하며 시리즈 전적 4승 2패로 우승의 기쁨을 누렸다. NBA 역사상 캐나다를 연고로 하는 팀이 처음으로 우승 트로피를 들어 올리는 순간이었다. 미국 4대 프로 스포츠로 그 범위를 넓혀도 캐나다 연고 구단이 우승을 차지한 일은

1993년 토론토 블루제이스가 월드 시리즈 우승을 일궈낸 후 무려 26년 만이었다. 거리 응원을 나온 토론토 시민은 열광의 도가니에 빠졌다. 밤새 토론토가 들썩였다. 아니, 캐나다가 요동쳤다.

그리고 첫 우승으로부터 2년이 조금 더 지난 2021년 가을, 토론토 랩터스는 절대 잊을 수 없는 승리의 추억이 고스란히 담긴 2021-2022시즌 시티 에디션 유니폼을 공개했다. 상의 중앙에 용맹스럽게 서 있는 한 마리의 랩터가 앞발로 농구공을 잡은 채 포효하는데 이 랩터가 입은 유니폼의 등번호가 19번인 이유는 토론토의 우승 연도 2019년을 상징하기 위함이다. 그리고 랩터가 입고 있는 유니폼의 디자인은 앞서 소개된 2017-2018시즌 시티 에디션 유니폼과 똑같다.

토론토 랩터스를 향한 캐나다 국민의 사랑은 어떠한 상황에서도 변하지 않았다. 이는 세계를 뒤흔든 코로나19 팬데믹에서도 마찬가지였다. 캐나다 원정 경기를 떠날 때 자가격리 기간이 생긴다는 제약 때문에 2020년과 2021년에는 NBA를 포함한 많은 프로스포츠 리그가 평소와는 다른 방식으로 운영됐다. NHL은 임시로 각기 다른 디비전Division에 속해 있던 7개의 캐나다 팀을 한 디비전으로 묶었고, MLB 역시 원정 경기 간 평균 이동 거리를 줄이기 위해 아메리칸 리그와 내셔널 리그로 구성된 기존 양대 리그 체제 대신 30개 구단을 이스트 디비전과 센트럴 디비전, 웨스트 디비전까지 총 세 개의 지구로 10개씩 묶는 방법을 잠시 채택했다. NBA도 2020년 3월 리그를 중단한 뒤 경기장과 훈련 시설, 숙소가 한 곳에 몰려 있는 올랜도 디즈니월드에서 폐쇄적으로 플레이오프 일정을 진행해 우승팀을 가렸다.

그런데 토론토가 직면한 문제는 꽤 심각했다. 다른 NBA 구단들은 정규 시즌만 놓고 보면 한 시즌에 한 번에서 두 번 정도 캐나다로 원정을 나서는 것이 문제였지만 홈에서 정규 시즌의 절반인 41경기를 치러야 하는 토론토는 아예 홈구장이 미국 밖에 있어 정상적으로 시즌을 치르는 일이 사실상 불가능에 가까웠다. 그래서 토론토 랩터스는 어쩔 수 없이 2020-2021시즌에 잠시 사용할 홈구장을 찾아 나서야 했고 그렇게 NHL 팀인 탬파베이 라이트닝Tampa Bay Lightning이 사용하는 아말리 아레나Amalie Arena를 임시 홈구장으로 낙점했다. 물론 이때도 선수들에게 힘을 불어넣기 위해 코트 위에는 'We the North'가 진하고 큰 글씨로 쓰여 있었다. 최북단에서 미국 남부에 위치한 탬파까지 내려오면서 현실은 'We the South'가 됐지만 본질적인 정신은 그대로 'We the North'였다.

새로운 경기장이 낯설었는지 시즌 내내 부침을 겪은 토론토는 2020-2021시즌 기대 이하의 성적을 거두며 2013년 이후 8년 만에 플레이오프 탈락이라는 쓴맛을 봤다. 그러나 토론토 팬들이 기다리던 홈구장 스코샤뱅크 아레나Scotiabank Arena로 돌아와 치른 2021-2022시즌에는 동부 콘퍼런스 5위로 당당히 플레이오프에 복귀했다.

비가 오나 눈이 오나 토론토와 캐나다 팬들의 사랑을 먹고 자라 스스로 굳건함을 과시한 랩터는 또 한 번의 우승을 노리며 지금도 발톱을 다듬고 있다. 동부와는 엄연히 다르고 서부에서도 멀리 떨어져 있으며 남부와도 전혀 가깝지 않은 토론토 랩터스는, 누가 뭐래도 북방을 지키는 캐나다 국가대표다.

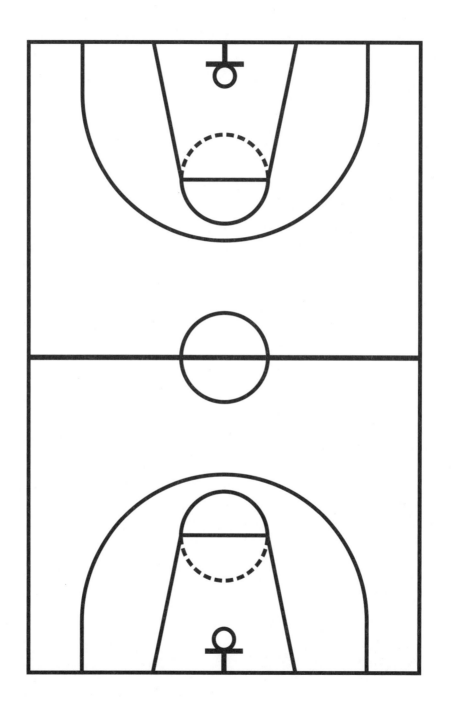

2017-2018 & 2018-2019 & 2019-2020
인디애나 페이서스 시티 에디션

체커기 휘날리며

엔진의 성능을 측정하는 단위에는 마력(馬力)이란 단위가 있다. 'Horse Power'의 줄임말인 HP를 그 기호로 삼는 마력은 간단히 말해 일의 양을 시간으로 나눈 값으로 영국에서 증기기관을 발명한 제임스 와트James Watt가 자신이 만들어낸 새로운 동력 에너지원의 성능을 당시 짐마차를 끌고 다니던 말이 1분에 할 수 있는 일에 비교하면서 처음 생겨난 기준이다. 그런데 엔진은 특별한 경우에 또 하나의 마력을 가진다. 바로 사람들의 마음을 빼앗는 마력(魔力)이다. 이 힘은 특히 자동차 경주 시작 직전 나란히 출발선에서 신호를 기다리는 차들이 뿜어낼 때 더 강렬하게 느낄 수 있는데 천둥처럼 우렁찬 엔진의 굉음을 들으면 갑자기 심장이 빨리 뛰고 가슴이 두근거린다.

엔진에서 나오는 이 두 가지의 마력을 생생하게 느낄 수 있는 현장이 있다. 바로 100년이 넘는 유구한 전통을 자랑하는 인디애나폴리스의 자동차 경주인 인디애나폴리스 500이다. 줄여서 '인디 500'이라고도 불리는 이 자동차 경주가 바로 인디애나폴리스를 연고지로 삼는 인디애나 페이서스의 시티 에디션 유니폼 디자인에 들어간 주제이자 이번 이야기의 주인공이다.

인디 500에서 영감을 받아 제작된 인디애나의 시티 에디션 유니폼은 하나도 아니고 무려 세 종이다. 그 시작은 2017-2018시즌 버전이다. 남색 유니폼 상의 우측에 세로로 선명하게 그려져 있는 체크무늬의 노란색 사각형 블록은 멀리서 봐도 카레이싱 결승선 모양임을 알 수 있다. 그 끝에 적힌 'Always Lead'라는 글귀는 맨 앞에서 레이스를 주도하는 자동차처럼 리그에서도 항상 선두에 서겠다는 구단의 바람을 담았다. 결승선 옆에는 선수들의 등번호가 동그라미 안에 적혀 있는데 이는 자동차 경주 차량에 번호를 붙이는 클래식한 방식에서 따왔다.

2018-2019시즌의 시티 에디션 유니폼도 1년 전 디자인과 분위기는 살짝 다르지만 모티브는 동일하다. 이번에는 자동차 경주가 이뤄지는 장소에 조금 더 집중했는데 회색 유니폼의 하단에서 출발해 사선으로 뻗어나가는 검은색과 노란색 선은 자동차들이 치열하게 속도 경쟁을 펼치는 트랙과 닮았다.

마지막으로 2019-2020시즌 버전에서는 2017-2018시즌에 입었던 유니폼과 거의 비슷한 디자인을 사용하되 배경색을 남색에서 흰색으로 바꾸고 팀을 대표하는 색깔인 파란색과 노란색을 결승선과 폰트에 조금씩 넣어 구단의 문화와 도시의 역사를 절묘하게 섞었다.

인디애나폴리스 500이 열리는 매년 5월 마지막 주말이 되면 최대 40만 명까지 수용할 수 있는 인디애나폴리스 모터 스피드웨이 Indianapolis Motor Speedway는 곳곳에서 몰려든 관람객들로 가득 찬다. 1911년 첫 대회를 시작으로 2016년 대망의 100번째 대회를 거쳐 지금까지도 그 명맥을 이어가는 인디 500은 인디카IndyCar 시리즈를 대표하는 경기다. 인디 500은 다른 인디카 레이스와는 달리 1위를 차지한 선수에게 위너(Winner) 대신 챔피언(Champion)이라는 호칭을 붙이는데 그래서인지 인디카 시즌 종합 우승자보다 인디 500 우승자가 더 많은 주목을 받을 때가 있을 정도로 그 위상이 훨씬 높다.

인디 500의 대회명은 약 4km 길이의 거대한 타원형 트랙을 평균 300km가 훨씬 넘는 속도로 무려 200바퀴나 돌아 총 500마일(약 800km)을 달린다는 이 레이스의 특징에서 유래했다. 이 자동차 경주는 F1(Formula 1)을 대표하는 대회 중 하나인 모나코 그랑프리, 13.48km의 트랙을 24시간 동안 달려 가장 많은 주행거리를 기록한 선수가 우승을 차지하는 르망 24시간 레이스와 더불어 세계 3대 모터스포츠 이벤트로 불린다. 그래서 카레이서들이 꿈의 무대로 여기는 이 세 대회에서 모두 우승을 차지하는 일을 '모터스포츠 트리플 크라운'이라고 불러 업적의 가치를 높인다. 상당히 오랜 역사를 가졌다는 공통점이 있는 이 세 가지 대회에서 모두 우승을 경험해본 선수는 지금까지 딱 한 명. 바로 1960년대 카레이싱의 전설 그레이엄 힐Graham Hill이다. 사실 힐이 카레이서로 왕성하게 활동할 때까지만 해도 1년에 인디 500과 모나코 그랑프리, 르망 24시간 레이스까지 세 레이스에 모두 출전하는 선수가 많았다. 하지만 지금은 대회마다 세부적인 결이 달라지고 전문화되면서 한 시즌 안에 세 대회의 출발선 앞에 모두 서는 것이 사실상 불가능해졌다. 인디 500 우승만을 남겨놓은 페르난도 알론소Fernando Alonso, 르망 24시간 레이스 우승만 남은 후안 파블로 몬토야Juan Pablo Montoya가 힐의 뒤를 이어 역대 두 번째 모터스포츠 트리플 크라운을 노리는 중이지만 두 선수 모두 레이서로서는 나이가 꽤 많은 백전노장이라 그 확률은 갈수록 떨어지는 중이다.

인디 500에는 우승자만이 누릴 수 있는 두 가지 특별한 전통이 있다. 하나는 트랙 위에 있는 벽돌에 입을 맞추는 일이다. 인디애나폴리스 모터 스피드웨이는 1909년에 건설된 백 살 넘은 트랙으로 처음에 대중들에게 문을 열었을 때는 자동차들이 속도 경쟁을 펼치던 트랙에 벽돌이 깔려 있어 벽돌이 자연스럽게 이 경기장의 상징이 됐다. 벽돌 공장을 의미하는 'The Brickyard'라는 별명이 붙은 이유도 이 때문이다. 하지만 시간이 지나면서 레이싱의 질을 높이기 위해 트랙을 구성하던 벽돌이 아스팔트로 대체됐는데 그래도 이 경기장의 역사를 조금은 간직하자는 의미에서 출발선 앞에 딱 1야드(약 0.91m)만 기존의 벽돌이 그대로 남아 있다.

또 다른 전통은 가장 먼저 결승선을 통과한 챔피언이 시상식에서 우유를 마시며 우승을 자축하는 세레모니다. 보통 자동차 경주에서 1위를 차지하면 샴페인을 터뜨리며 기쁨을 나누는 장면이 더 익숙하겠지만 인디 500에서는 샴페인의 역할을 흰 우유가 대신한다. 이 독특한 문화의 시작은 1933년까지 거슬러 올라간다. 당시 대회 우승자였던 루이스 마이어Louis Meyer가 샴페인을 마시지 않아 그 대신 우유를 마셨던 것이 시초가 됐고 이후 우유를 만드는 낙농업 회사들이 인디 500을 후원하면서 그 전통이 쭉 이어져 내려왔다. 지금도 인디 500 우승자는 우유를 마신 후 남은 우유를 머리 위에 부으면서 아드레날린이 솟구치는 감정을 만끽한다. 대회 시작 전 해설진의 단골 멘트로 '누가 우유를 마실까요?(Who drinks the milk?)'라는 표현이 '누가 이번 인디 500에서 우승을 차지할 것인가'라는 맥락으로 등장하는 이유도 이 때문이다.

인디카는 바퀴가 어느 정도 거리를 두고 차체와 떨어져 있어 완전히 겉으로 드러나는 차량을 경주에 사용하는 오픈 휠 레이스 형식으로 진행된다는 점에서 미국판 F1 시리즈라고도 불린다. 하지만 양쪽을 조금 더 자세히 뜯어보면 비슷한 점만큼 차이점도 많다.

우선 F1과 인디카 모두 경기가 열리는 곳에 따라 트랙의 모양이 다양하다는 공통점이 있지만 타원 모양의 오벌 트랙Oval Track은 인디카에서만 볼 수 있다. 오벌 트랙은 구불구불하지 않고 코너가 적어 위에서 트랙을 바라봤을 때 상당히 단순하게 생겼다. 인디 500이 열리는 인디애나폴리스 모터 스피드웨이도 코너가 단 4개뿐이라 꼭짓점이 뭉툭한 직사각형 내지는 타원의 모양과 닮았다. 2022년 F1 그랑프리가 열리는 23개의 서킷 중 코너 개수가 가장 적은 오스트리아의 레드불 링도 10개의 코너가 있는 점을 고려하면 인디카를 대표하는 오벌 트랙의 코너가 얼마나 적은지를 실감할 수 있다. 이러한 특징 때문에 오벌 트랙에서는 직진과 좌회전만 하다가 레이스가 끝나는 경우가 많다. 다양한 상황에서 나오는 드라이버의 테크닉을 엿볼 기회는 그리 많지 않지만 대신 코너가 기울어진 덕분에 속도를 줄이지 않고도 곡선 코스를 빠져나갈 수 있어 살아 숨 쉬는 속도감을 즐길 수 있다.

물론 빠르고 치열한 만큼 오벌 트랙 레이스는 상당히 위험하다. 특히 좁은 코너에 많은 차들이 몰렸을 때 충돌이 발생하면 연쇄적인 추가 피해로 번질 확률이 매우 높다는 것이 타원형 코스의 가장 큰 단점이다. 트랙의 형태가 워낙 단조로워서 드라이버가 큰 실수를 저지르지 않는 한 차량 간의 거리가 크게 벌어지지 않기 때문에 30~40대의 차량이 레이스가 끝날 때까지 좁은 간격을 두고 달리는 오벌 트랙 특성상 단 한 번의 사고 없이 경기가 무사히 끝나는 일은 거의 없다고 봐야 한다. 이때 드라이버를 위험에 빠뜨리는 힘이 바로 다운 포스 Down Force다. 차량을 노면으로 누르는 힘인 다운 포스는 원래 모터 스포츠에서 가장 중요한 요소다. 다운 포스가 강할수록 타이어의 접지력이 좋아져 코너를 빠른 속도로 돌아도 균형을 유지할 수 있다. 하지만 상상을 초월하는 스피드로 달리다가 차량 간의 충돌이 발생하면 다운 포스가 순간 반대로 작용해 접지력이 순간적으로 약해지면서 스핀을 돌거나 심할 경우 차체를 아예 노면에서 띄워 드라이버가 크게 다칠 수 있다. 다시 말해 다운 포스는 랩 타임을 앞당겨 남들보다 빨리 결승선을 통과하는 데 꼭 필요한 열쇠이면서도, 동시에 드라이버의 안전을 최우선으로 생각하며 자동차 경주에 사용되는 차량을 제작하도록 유도하는 가장 큰 위협인 양날의 검이다.

레이스에 사용되는 차량의 성능 차이도 F1과 인디카를 확실하게 구별할 수 있는 요소다. 차량을 구성하는 부품을 모두 자체적으로 제작하는 F1은 해당 과정에서 돈을 얼마나 썼느냐에 따라 출발선의 상대적인 위치가 결정된다. 물론 드라이버의 능력도 중요하기는 하나 자본을 많이 투입할 수 있는 컨스트럭터Constructor가 레이스에서 유리할 수밖에 없다는 이야기가 끊이지 않는다. 대표적인 예시가 엔진이다. 자동차의 심장이라고도 할 수 있는 엔진을 제작할 수 있는 기술력과 자본을 동시에 겸비한 컨스트럭터는 메르세데스Mercedes와 페라리Ferrari, 레드불Red Bull과 르노Renault 정도다. 그래서 하스나 맥라렌, 알파타우리와 같은 중소형 팀들은 이 네 팀 중 하나와 계약을 맺은 뒤 엔진을 구매해서 사용할 수밖에 없다. 그러나 아무리 분점이 나고 기어도 본점의 오리지널리티를 따라잡기란 쉽지 않은 법. 결국 엔진을 개발할 수 있는 팀이 드라이버의 엔진 적응 시간을 더 많이 확보하고 다양한 변수 통제 능력도 기를 수 있다는 점에서 엔진을 사야 하는 팀들보다 유리하기 때문에 몸집이 작은 팀들에 비해 더 좋은 성적을 내는 경향이 있다.

하지만 인디카는 F1의 상황과 정반대다. 최대한 공평한 경쟁을 지향하는 인디카는 정해진 외부 업체가 제작한 부품을 사용해야 한다. 이를테면 엔진은 혼다와 쉐보레가 제작한 것 중 하나를 골라야 하고 섀시는 모두 달라라에서 제작한다. 출발선상에 위치하는 모두가 거의 동일한 성능의 차량에 탑승해 레이스를 펼쳐나간다고 봐야 하므로 드라이버 개인의 능력이 F1에 비해 더 중요해지는 편이다.

장기 레이스에서 가장 중요한 순간 중 하나인 피트 스톱과 관련된 세부 규칙도 다르다. 피트 스톱은 드라이버가 타이어를 교체하고 고장이 난 부분을 수리하는 등 차량을 정비하기 위해 차를 몰고 와 멈추는 정해진 구역을 뜻한다. 이곳에서 피트 크루는 자신이 맡은 임무에 대한 만반의 준비를 마친 채 드라이버를 기다린다. 누군가는 나사를 풀거나 조이고 다른 누군가는 타이어와 같은 부품을 옮긴다. 또 누군가는 너무 많지도 너무 적지도 않을 정도로 딱 적당하게 연료를 채운다. 가장 놀라운 사실은 이 모든 게 눈 깜짝할 사이에 이뤄진다는 점이다. 자동차 경주는 미세한 시간 차이로 승부가 갈리는 스포츠고 0.001초 차이로 운명이 엇갈리는 싸움이라 모든 게 정확하면서도 최대한 빠르게 이뤄져야 한다. 그래서 자기 팀 드라이버를 최대한 빨리 트랙으로 돌려보내기 위해 피트 크루도 연습에 연습을 거듭한다. F1은 3초가 채 안 되는 시간에 드라이버가 피트 스톱을 떠나 다시 출발한다. 그런데 인디카는 드라이버가 피트 스톱에 평균적으로 10초 정도 머무른다. 소요 시간에서 이렇게 꽤 유의미한 차이가 나는 이유가 바로 세부 규정의 차이다. F1은 팀마다 피트 크루가 거의 20명 안팎으로 구성되어있지만 인디카는 피트 크루원 숫자를 최대 6명으로 제한한다. 그래서 F1은 나사를 만지는 역할과 타이어를 교체하는 등 작은 역할까지 여러 명에게 분배되어있지만 인디카는 그만큼 사람이 없어서 아예 한 명이 특정 타이어를 잡고 나사를 풀고 타이어를 교체한 뒤 다시 나사를 조이는 경우가 일반적이다.

이 밖에도 F1은 경기 도중 다시 연료를 채우는 행위가 금지되어있지만 인디카는 재급유가 가능하다는 점, F1은 레이스 참가자들이 출발선 뒤에 정지해있다가 출발 신호가 떨어지면 그때 동시에 액셀을 밟고 출발하지만 인디카는 몸을 푸는 워밍업 랩 이후 곧바로 다음 바퀴부터 기록을 재기 시작하는 롤링 스타트 방법을 채택한다는 점 등이 다르다.

자동차 경주하면 가장 먼저 떠오르는 시리즈인 F1과 유서 깊은 인디카 얘기도 했으니, 인디카와 미국 자동차 레이스의 양대 산맥을 이루는 나스카NASCAR 얘기도 안 할 수가 없다. 나스카의 풀네임은 '전미 개조 자동차 경주(National Association of Stock Car Auto

Racing)'이다. 여기서 알 수 있듯이 F1과 인디카 차량이 경주를 위해 태어난 것이라면 나스카 차량은 일반 자동차를 개조한 것이다. 굳이 개조 차량으로 레이스를 하는 데에는 그만한 이유가 있다. 금주법이 시행되던 1920년대에 불법으로 술을 유통하던 마피아들이 경찰의 추격에서 벗어나기 위해 차량을 개조해서 속도를 높였고 이 차량을 가지고 주말마다 벌인 시합의 위상이 높아져서 지금의 나스카가 탄생했기 때문이다. 한 시즌이 36번의 레이스로 이뤄진 나스카는 트랙의 길이와 형태에 따라 쇼트 트랙과 중급 트랙, 슈퍼 스피드웨이와 로드 코스로 나뉜다. 인디카 시리즈에 포함된 인디 500뿐만 아니라 나스카 경기도 매년 개최하는 인디애나폴리스 모터 스피드웨이는 오벌 트랙이면서도 길이가 2마일(약 3.2km)이 넘어 슈퍼 스피드웨이로 분류된다.

일반 차량을 개조한다고 하더라도 사용할 수 있는 부품에 제한이 있어 모든 차량의 성능이 거의 똑같다는 점은 인디 500과 나스카의 가장 큰 공통점. 특히 트랙의 크기와 특징에 따라 리스트릭터 플레이트Restrictor plate를 설치해 엔진의 출력을 제한한다. 또한 오벌 트랙이 많다 보니 사고도 자주 일어난다는 것도 인디 500과 닮았다. 나스카에서는 차량간 충돌 시 다운 포스가 반대로 작용해서 차량이 완전히 떠오르는 것을 방지하기 위해 루프 플랩Roof Flap을 필수적으로 설치하도록 하고 짧은 트랙에서 계속 레이스를 이어나가는 차량을 피해 수습하기가 어려운 유리 파편이 생기는 것을 막고자 깨지기 쉬운 전조등이나 후미등을 스티커로 대체하는 등 드라이버의 안전을 확보하기 위해 최선을 다한다.

차량 두 대가 나란히 붙어서 서로의 공기 저항을 줄이는 드래프팅, 앞 차 측후방에 가까이 붙어서 차량 사이의 공간을 줄이고 공기가 그 사이로 더 빨리 지나가게 만들어 상대 차를 느리게 만드는 사이드 드래프팅, 앞에 가던 차의 범퍼를 살짝 건드려 중심을 잃게 만든 다음 상대가 액셀 대신 브레이크를 밟는 사이 추월하는 범프 앤 런 등 다양한 기술까지 확인할 수 있다는 점은 나스카의 가장 특별한 볼거리다. 이는 시청률만 놓고 봤을 때 나스카가 NFL에 이어 미국에서 두 번째로 인기가 많은 스포츠인 이유다.

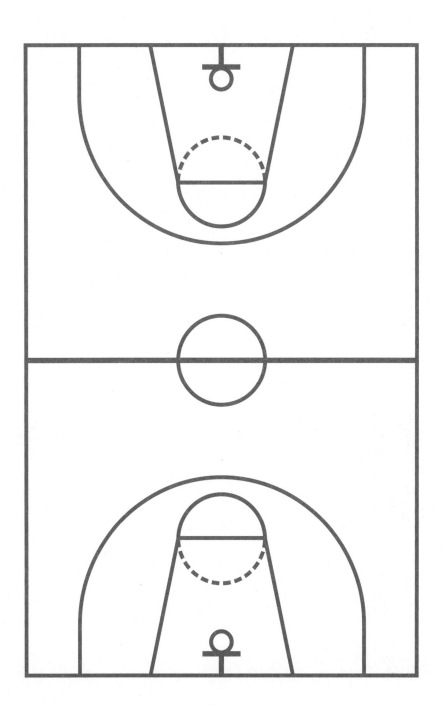

2017-2018 & 2018-2019
디트로이트 피스톤스 시티 에디션

2019-2020 & 2020-2021
디트로이트 피스톤스 시티 에디션

꺼져버린 엔진, 조용해진 도시

여기 '모터 시티Motor City'라는 별명으로 유명한 도시가 있다. 한때 세계 자동차 산업을 쥐락펴락하는 자동차 공업의 메카였던 이곳은 1900년대 중반까지만 해도 미국 최대 도시 다섯 손가락 안에 들었을 정도로 꽤 잘나가는 도시였다. 그리고 1959년 베리 고디Berry Gordy가 모터 시티라는 말에서 영감을 얻어 설립해 마이클 잭슨Michael Jackson과 스티비 원더Stevie Wonder라는 거물을 탄생시킨 동명의 레이블이자 흑인 음악과 백인 음악을 적절히 융합해 모두의 귀를 사로잡은 음악 스타일인 모타운Motown으로도 유명한 지역. 이곳은 바로 미국 중부에 위치한 디트로이트다.

하지만 화무십일홍(花無十日紅)이라는 말처럼 영원히 피는 꽃은 없다고 했던가? 핸들이 고장 난 8톤 트럭처럼 앞만 바라보고 질주하며 화려하게 번영했던 디트로이트는 전성기를 누린 지 100년도 지나지 않아 가파른 쇠락의 길을 걸었다. 그리고 더는 내려갈 곳도 없어 보일 만큼 밑바닥을 쳤다. 그런데 공교롭게도 이 모습은 디트로이트를 연고로 하는 NBA 구단 디트로이트 피스톤스Detroit Pistons의 상황과 너무나도 닮았다. 이번에는 연고지의 흥망성쇠를 닮은 디트로이트 피스톤스의 과거를 살펴보겠다.

디트로이트 피스톤스의 시티 에디션 유니폼에는 '모터 시티'라는 말이 참 많이 들어간다. 2017-2018시즌에 공개된 디자인부터 2020-2021시즌에 모습을 드러낸 시티 에디션 유니폼까지 무려 네 시즌 연속 모터 시티라는 문구를 상의 중앙에 새겼다. 도시 전체가 오래 힘든 시기를 겪은 만큼 지역 팬들과 항상 함께하겠다는 마음을 유니폼에 담았다 볼 수 있겠다.

2017-2018시즌에 맞춰 나온 첫 시티 에디션 유니폼은 자동차의 뼈대에서 아이디어를 얻어 금속과 기계를 떠올리게 하는 현대적이면서도 다소 차가운 느낌이 나는 디자인을 채택했다. 디트로이트 피스톤스가 로고나 유니폼에 쓰지 않았던 색깔인 남색 배경 위에 회색 폰트를 더했고 상의 옆면에 회색으로 나이키의 경쟁사인 아디다스의 것과 비슷한 세로줄 세 개를 그렸다. 두 번째인 2018-2019시즌 버전은 무채색만 사용해 도시적인 느낌을 조금 더 강조했다. 소매 라인과 글씨에 사용된 하얀색은 검은색 배경과 확연한 대조를 이루고 끝에 손으로 재봉한 느낌이 추가되어 유니폼 중앙에 세로로 그어진 두 개의 굵은 줄무늬는 디트로이트의 철제 건물과 도시의 근면함을 함께 상징한다.

2019년 여름에 공개된 세 번째 시티 에디션 유니폼은 전체적인 디자인이 직전 시즌의 것과 거의 똑같다. 상의 중앙에 늘어진 두 줄무늬가 탄소섬유의 외형과 흡사한 모습으로 살짝 변했고 검은색과 회색을 사용했던 부분에 구단을 대표하는 컬러인 빨간색과 파란색을 칠했다. 모터 시티 에디션의 마지막 주자인 2020-2021시즌 버전에는 유니폼 가운데 등번호 주위로 'MOTOR CITY'와 'DETROIT, MICHIGAN(미시간주 디트로이트시)'이라는 두 문구가 원을 그리며 자리한다. 이는 과거 디트로이트를 기반으로 성장했던 무수한 자동차 회사들의 로고를 떠올리게 한다.

유니폼을 봤으니 본격적으로 운명 공동체 같은 도시와 구단의 역사를 알아볼 차례다. 먼저 디트로이트라는 도시의 흥망성쇠를 알아보겠다. 1900년대 초 제조업으로 유명했던 디트로이트는 자동차 산업이 발달하면서 본격적으로 전성기를 누리기 시작했다. 이때 디트로이트를 자동차 세상으로 만든 데 가장 크게 이바지한 인물이 미국에서 가장 큰 회사 중 하나인 포드Ford의 설립자 헨리 포드Henry Ford다. 디트로이트와 가까운 디어본이라는 지역에서 태어난 포드는 평범한 사람도 세상을 바꿀 수 있다는 신념 아래 5%의 소수가 아닌 95%의 다수를 위한 자동차 개발에 매달렸다. 하지만 포드의 꿈이 처음부터 환영받은 것은 아니었다. 20세기 초까지만 해도 부유층의 대표적인 사치품이었던 자동차는 소비자의 입맛에 맞게 색상과 성능이 달라지기 일쑤였다. 그런데 갑자기 기존의 생산 기조를 버리고 획일화된 자동차만 만들어 자동차의 대중화에 앞장서겠다고 하니 동업자 입장에서는 기가 찰 일이었다. 비싼 돈을 들여도 커스터마이징 없이 남들과 똑같은 모델을 사야 한다면 소비가 현저히 줄어들 것이라 예상한 포드의 공동 창립자 알렉산더 말콤슨Alexander Malcomson은 급기야 가지고 있던 주식을 모두 매도하고 포드를 떠나기까지 했다.

그러나 동업자의 예상은 과녁을 벗어난 화살처럼 깨끗하게 빗나갔다. 1908년 포드가 세상에 공개한 포드 모델 T는 그야말로 초대박을 쳤다. 비교적 저렴하면서도 성능이 꽤 괜찮아 가성비로는 따라올 차가 없었던 포드 모델 T는 1927년에 단종될 때까지 20년 가까운 시간 동안 많은 사람의 발 역할을 대신했다. 이는 자동차가 사치품이라는 인식을 깨고 만인의 탈것으로 거듭나는 기폭제가 됐다.

포드는 도로 위에 새로운 세상을 여는 것뿐만 아니라 자동차를 만드는 공장에도 놀라운 변화를 가져왔다. 그 시작은 공장에 컨베이어 벨트를 도입하면서부터였다. 사업을 확장하면서 디트로이트 자동차 산업의 중심이 된 포드는 1913년 조립 라인 생산 방식을 적용해 대량 생산의 기반을 마련했다. 이 방법 덕분에 포드는 더 많은 자동차를 조금 더 저렴한 가격으로 시장에 보급할 수 있었다. 직원들의 처우 개선에도 앞장섰다. 숙련된 노동자들에게 일급으로 5달러씩을 지급하는 고임금 정책을 꺼내 들었고 동시에 근로자의 복지를 보장하기 위해 주 5일제 근무를 실시했다. 포드는 직원들의 휴식이 생산에 도움이 되지 않는다고 보지 않았다. 오히려 이들이 공장에 있는 시간 동안 온전히 일에 집중할 수 있는 환경을 마련해 생산성을 높이는 길이라고 생각했다. 우리가 요즘 얘기하는 '워라밸'이라는 개념을 거의 100년 전부터 신경 쓴 셈이다. 그렇게 휴식이 결코 시간을 버리는 일이 아니라 시간을 효율적으로 쓰기 위한 발판이라는 인식을 사회적으로 널리 퍼뜨린 포드는 이후에도 기발하고 영리하면서도 혁신적인 사고를 통해 회사를 굴렸다. 그렇게 디트로이트는 포드뿐만 아니라 크라이슬러나 제너럴 모터스 같은 다른 자동차 회사들의 공장들도 하나둘씩 들어서면서 자연스럽게 사람만큼이나 자동차가 많은 도시로 성장했다.

그런데 꽃길만 걷던 디트로이트는 1970년대 들어 급격하게 흔들리기 시작했다. 모터 시티의 악몽은 석유 공급 부족에 따른 가격 폭등에서 출발했다. 오일 쇼크가 전 세계를 덮치자 사람들은 미국 자동차 시장에서 눈을 돌려 더 값싸고 연료 효율이 좋은 외국산 자동차를 찾기 시작했다. 혼다나 도요타 같은 일본 자동차 회사들의 시장 점유율이 점차 높아진 시점이 바로 이때다. 자연스럽게 미국산 자동차의 경쟁력은 서서히 떨어졌다. 그러면서 디트로이트에 거점을 두는 미국 자동차 회사들의 피해도 눈덩이처럼 불어났다.

자동차 산업의 몰락은 디트로이트라는 자동차의 엔진이 고장 난 것이나 다름없었다. 문을 닫는 공장들이 늘어나면서 사람들은 일자리를 잃었고 실업자와 그의 가족들이 소비하는 돈도 줄어만 가면서 도시 전체의 활기가 떨어지는 악순환이 반복됐다. 시 차원에서의 노력도 끝없는 추락을 막기에는 역부족이었다. 결국 사람들은 새로운 삶을 찾아 하나둘씩 디트로이트를 떠나기 시작했다. 사람들의 발길이 끊기자 극장이나 호텔, 교회나 도서관 같은 대형 건물들도 문을 닫으면서 디스토피아 영화에서나 볼법한 폐허의 모습으로 남았다. 사태는 아무리 시간이 흘러도 나아지지 않았고 결국 디트로이트는 2013년에 우리 돈으로 20조 원이 넘는 빚을 탕감하지 못하고 파산을 선언했다. 미국 지방자치단체가 역사상 가장 많은 빚을 지고 파산하는 불명예스러운 기록이 탄생하는 순간이었다.

그래도 디트로이트는 비극으로 끝난 지난 챕터를 뒤로하고 새로운 이야기의 서막을 알리기 위해 곧바로 희망의 불빛을 모으고 있다. 2014년 말 파산 종료를 선언한 이후 디트로이트를 찾는 투자자들의 발길이 조금씩 늘어나기 시작했고 젊은 예술가들이나 첨단산업을 비롯한 다양한 분야의 중소기업도 조금씩 늘어나는 추세다. 지난 2021년 6월에는 스텔란티스의 자동차 공장이 디트로이트에 들어서 30년 만에 처음으로 새 자동차 생산 공장이 가동되기도 했다. 이렇게 디트로이트는 다시 천천히, 엔진을 예열하는 중이다.

도시의 역사를 짧게 알아봤으니 이제는 연고지와 유사한 스토리 흐름을 가지는 디트로이트 피스톤스의 이야기를 만나볼 차례다. 1941년에 포트 웨인 피스톤스라는 이름으로 창단한 이 팀은 BAA라는 이름으로 1946년에 출범한 NBA보다도 오래된 구단으로 1923년에 공식 창단한 새크라멘토 킹스Sacramento Kings에 이어 NBA 30개 구단 중 두 번째로 오랜 역사를 보유한 팀이다. 하지만 1970년대까지만 해도 디트로이트 피스톤스는 가진 역사에 비해 업적이 화려한 팀은 아니었다. 1950년대 중반 2년 연속 파이널에 진출하며 우승을 노렸지만 두 번 모두 준우승에 머물렀고 이후 1970년대까지는 완전히 실망스러운 수준의 성적은 아니더라도 만족감보다는 아쉬움을, 달콤함보다는 쓸쓸함을 더 많이 남기는 시즌이 줄을 잇는 팀이었다.

디트로이트 피스톤스가 본격적으로 전성기를 달리기 시작한 것은 1980년대부터였다. 이른바 배드 보이스Bad Boys로 불렸던 이들은 1989년과 1990년에 두 시즌 연속 우승 트로피를 들어 올리며 마침내 리그 최정상 자리에 올랐다. 우리가 잘 아는 농구 황제 마이클 조던이 시카고 불스Chicago Bulls에서 본격적인 우승 가도를 달리기 전에 NBA의 패권을 쥐었던 팀이 바로 디트로이트 피스톤스였다.

올스타 12회와 올-NBA팀 5회 선정에 빛나는 엘리트 포인트가드 아이재아 토마스Isiah Thomas, 골밑의 든든한 수호신 빌 레임비어Bill Laimbeer, NBA 올-디펜시브 퍼스트 팀에만 4번이나 선정됐을 정도로 대인 수비 능력이 탁월했던 조 듀마스Joe Dumars, 조던의 시카고 불스로 이적하기 전이었던 선수 커리어 초반에도 존재감이 대단했던 데니스 로드맨Dennis Rodman 등으로 구성된 이 팀은 팀 컬러가 확실했다. 인터넷에서 1980년대 디트로이트 피스톤스의 하이라이트 영상을 아무거나 틀어도 왜 배드 보이스라는 수식어가 붙었는지를 단번에 알 수 있을 정도였다. 이 팀의 힘은 강력한 수비력에서 나왔는데 그 방식이 신사답거나 젠틀한 느낌과는 거리가 멀었다. 상대 공격을 막아내기 위해 거친 파울과 적극적인 몸싸움을 아끼지 않았다. 물론 지금보다 훨씬 관대했던 당시 리그 반칙 규정 덕분에 경기를 소화하는 데에는 아무런 문제가 없었다. 또한 상대 선수를 향한 험담으로 멘탈을 살살 긁는 트래쉬 토킹Trash Talking도 일삼았다. 다른 팀이 보기에는 얄미웠지만 디트로이트 피스톤스를 응원하는 팬들에게 선수들의 모습은 그저 예뻐 보이기만 했다. 이 팀이 디트로이트에서 많은 사랑을 받을 수 있었던 가장 큰 이유는 절대 물러서지 않는 선수단 전체의 끈기와 정신력이었다. 근면하고 성실하게 일하는 노동자들의 도시였던 만큼 코트에서 승리를 위해서라면 그 어떤 일도 두려워하지 않는 선수들의 모습이 팬들의 눈에는 아무리 거칠어도 사랑스러워

보였다.

1990년대 들어 배드 보이스 주축 멤버들의 노쇠화로 잠시 부침을 겪었지만 디트로이트 피스톤스는 다시 일어나 2000년대 초반 두 번째 전성기를 누렸다. 21세기를 기점으로 빠르게 팀을 재건한 이들은 올해의 수비수에만 네 번이나 선정됐을 정도로 리그에서 수비력 하나만큼은 둘째가라면 서러웠던 자타공인 최고의 수비형 빅맨 벤 윌러스Ben Wallace, 성격은 괴팍했지만 골밑에서 보여주는 파워는 끝내 줬던 라쉬드 월러스Rasheed Wallace, 돌격대장 역할을 성실히 수행한 포인트가드 천시 빌럽스Chauncey Billups, 온종일 코트를 뛰어다니며 득점 기회를 포착하는 리차드 해밀턴Richard Hamilton, 긴 팔로 공수에서 힘을 보탠 테이션 프린스Tayshaun Prince 등으로 '배드 보이스 2기'를 결성해 2004년 다시 한번 우승을 차지했다. 이때 우승 트로피를 거머쥔 선수단은 지금도 역대 NBA 파이널 우승팀 중 가장 언더독으로 평가받는다. 그도 그럴 것이 슈퍼스타라는 명찰이 잘 어울리는 선수가 없었음에도 마치 자동차 공장의 톱니바퀴처럼 완벽하게 맞아 들어간 조직력을 바탕으로 코비 브라이언트와 샤킬 오닐Shaquille O'Neal이 버티던 레이커스를 따돌렸기 때문이다. 2004년 기준으로 벤 월러스와 라쉬드 월러스를 제외하면 모두 올스타전 경험 한번 없었던 선수들이었으니 등용문이었던 시즌을 가장 화려하게 보낸 셈이었다.

그러나 지금 와서 보면 세 번의 우승과 관련된 이 모든 여정은 그저 신화나 전설, 혹은 옛날이야기일 뿐이다. 지금은 과거의 영광이 무색할 정도로 너무나도 어둡고 긴 암흑기를 보내는 디트로이트 피스톤스다.

일단 이들은 2008년 이후 7전 4선승제의 플레이오프 시리즈에서 승리를 거둔 적이 없다. 디트로이트 피스톤스보다 더 오랜 시간 동안 플레이오프 1라운드 통과가 없는 팀은 단 세 팀뿐이다. 그래도 이 세 팀 중 미네소타 팀버울브스Minnesota Timberwolves는 지난 2022년 플레이오프에 진출해 1라운드에서 탈락하기는 했어도 2승은 따내며 가능성을 봤고 샬럿 호네츠는 2016년 플레이오프에 진출했을 때 2연패 뒤 3연승을 거두며 7차전까지 가는 접전 승부를 연출한 적이 있다. 그러나 디트로이트는 이렇게 내세울 수 있는 기억이 아예 없다. 2009년 플레이오프 1라운드에서 4연패 탈락, 2016년 플레이오프 1라운드에서 또 4연패 탈락, 2019년 플레이오프 1라운드에서도 한 번 더 4연패 탈락을 당하며 현재 플레이오프 경기 14연패를 기록 중이다. 2008년 보스턴 셀틱스Boston Celtics와의 동부 콘퍼런스 파이널 4차전에서 승리를 챙긴 이후 플레이오프 무대에서 14년 넘게 승리가 없는 것이다. 각각 2008년 7월과 9월에 데뷔한 2AM과 2PM이 연예계에서 활동한 시간보다 디트로이트 피스톤스가 플레이오프 승리 없이 보낸 세월이 더 길고 이들의 마지막 플레이오프 승리가 있던 2008년 5월 KBS 뮤직뱅크의 1위곡은 MC몽의 <서커스>였다. 게다가 2008년에 태어나 벌써 데뷔한 아이돌 그룹 멤버도 몇몇 있으니 아득한 세월이라는 사실은 자명하다.

디트로이트의 암흑기가 길어진 가장 큰 원인은 2004년 우승의 주역이었던 배드 보이스 2기 해체 이후 새로운 프랜차이즈 스타 자리에 도전장을 내밀었던 선수들의 부진이었다. 골밑에서 제2의 월러스가 되기를 팀이 간절히 바랐던 그렉 먼로Greg Monroe나 새로운 야전사령관이 될 줄 알았던 브랜든 제닝스Brandon Jennings를 비롯해 조쉬 스미스Josh Smith, 레지 잭슨Reggie Jackson, 토바이어스 해리스Tobias Harris 등 다양한 포지션에서 기대를 받았던 선수들이 너나 할 것 없이 모두 고배를 마시면서 팀은 마치 나사가 덜 조여진 바퀴처럼 헛돌았다. 야심 차게 데려온 올스타 출신 포워드 블레이크 그리핀

Blake Griffin이 2018-2019시즌 훌륭한 개인 성적을 내며 올-NBA 서드 팀에 선정될 때까지만 해도 드디어 새로운 에이스를 찾은 것만 같았지만 그마저도 그다음 시즌부터 부상 때문에 곧바로 내리막길을 걸으며 한 시즌만 반짝하고 사라졌다.

디트로이트가 믿음직한 1옵션 공격수 없이 얼마나 오랜 시간을 보냈는지를 보여주는 기록이 하나 있다. 바로 2018-2019시즌의 블레이크 그리핀과 2020-2021시즌의 제라미 그랜트Jerami Grant를 제외하면 디트로이트가 계속해서 플레이오프에 오르지 못하는 14년의 역사 안에서 한 시즌에 평균 20.0득점을 넘긴 선수가 아예 없다는 사실이다. 한 시즌에 평균적으로 30~40명의 선수가 평균 20.0득점을 넘긴다는 걸 봤을 때, 팀당 한 명 정도는 분배되어있어야 할 이 주요 득점원이 디트로이트에는 없었다. 그냥 없었다.

지난 2022-2023시즌에도 디트로이트는 17승 65패를 기록하며 동부 컨퍼런스 15개 팀 중 최하위로 시즌을 마감해 여전히 하위권 신세에서 벗어나지 못했다. 그래도 밝은 미래는 조금씩 다가오는 중이다. 지난 2021년 드래프트에서 전체 1순위 지명권으로 뽑은 케이드 커닝햄Cade Cunningham은 초반에 살짝 부진하기는 했어도 꽤 성공적인 데뷔 시즌을 보내며 팀의 차기 에이스로 이미 낙점받은 상태. 여기에 2022년 신인 드래프트에서도 잠재력이 풍부한 유망주를 여럿 수혈하며 어리고 잠재력이 풍부한 스쿼드를 완성했다.

2022년 드래프트를 가장 성공적으로 보낸 팀이라고 평가받는 디트로이트가 당면한 최우선 과제는 지금의 이 기대를 코트 위에서 경기력으로 치환하는 일이다. 물론 당장 우승 경쟁에 뛰어들기에는 한계가 있다. 하지만 원래 자동차도 시동을 걸고 액셀을 밟으면서 서서히 속도를 끌어올려야 하는 법. 모터 시티는 지금, 그 어느 때보다도 뜨겁게 예열 중이다.

틈새 NBA I : 놀라운 일이 펼쳐지는 곳

'매일 놀라운 일이 펼쳐지는 곳(Where Amazing Happens)'이라는 슬로건을 내건 NBA는 세계 최고의 농구 리그이자 어릴 때부터 농구공을 잡은 선수들이 꿈의 무대로 여기는 곳이다. NBA는 전미 농구협회National Basketball Association에서 운영하며 야구(MLB), 미식축구(NFL), 아이스하키(NHL)와 함께 미국 4대 프로스포츠의 한 축을 담당한다. 하지만 NBA의 역사는 다른 리그들에 비해 비교적 짧은 편이다. 1869년에 문을 연 MLB가 무려 152년의 역사를 자랑하고 1917년에 첫발을 뗀 NHL과 1920년에 막을 올린 NFL도 100년이 넘는 시간 동안 많은 팬들의 마음을 훔쳤다. 이에 비해 1946년 출범해 지난 2021-2022시즌 창립 75주년을 맞이한 NBA는 미국 프로스포츠 4형제 중 막내이자 늦둥이다.

BAA(Basketball Association of America)라는 이름으로 시작을 알린 NBA는 당시 미국과 캐나다의 아이스하키팀을 운영하던 구단주들에 의해 탄생했다. 오늘날 NBA가 자신들의 시작이라고 말하는 역사적인 첫 경기는 1946년 당시 토론토를 연고로 하는 하키 구단인 토론토 영 레인저스Toronto Young Rangers가 홈구장으로 사용했던 메이플리프스 가든Maple Leafs Garden에서 열린 토론토 허스키스 Toronto Huskies와 뉴욕 닉커보커스New York Knickerbockers의 맞대결이었다. 1949년 BAA는 독자적으로 리그를 운영하던 NBL(National Basketball League) 팀들을 흡수하면서 세력을 확장하고 리그 명칭을 NBA로 바꿨는데 이는 NBA가 자신들이 BAA에 근간을 둔다고 생각하는 가장 근본적인 이유다. 또한 BAA가 NBL이나 ABL(American Basketball League)과는 달리 대도시의 큰 구장에서 경기를 개최했던 점 또한 지금의 프로스포츠와 가장 유사한 형태를 띠어 BAA가 NBA의 진정한 뿌리라고 볼 수 있다.

1949년 17개의 팀으로 출발한 NBA는 차근차근 그 몸집을 키웠다. 1960년대에 우승 트로피를 쓸어 담았던 보스턴 셀틱스를 중심으로 뉴욕 닉스New York Knicks, 미니애폴리스 레이커스(지금은 LA 레이커스) 등 NBA의 출발을 함께했던 17개 구단은 지금도 NBA에서 그 창대한 역사를 이어나가는 중이다.

하지만 NBA의 아성이 무너질 위기가 아예 없었던 것은 아니다. 승승장구하던 NBA는 1967년 새로운 경쟁자를 만났을 때 살짝 위태로웠다. 바로 ABA(American Basketball Association)라는 이름의 또 다른 독립적인 프로 농구 리그였다. 20년 가까이 리그를 운영하던 NBA 입장에서 ABA는 갑자기 등장한 시끄러운 이웃이나 다름없었다. ABA가 NBA의 자리에 도전장을 내민 일은 같은 음식을 주메뉴로 삼는 두 레스토랑이 벽 하나를 사이에 두고 한 거리 위에 자리하는 형국이나 다름없었다.

ABA는 NBA보다 늦게 들어온 만큼 자신들만의 차별점을 두려고 노력했다. ABA가 내세운 전략은 공격 제한 시간 증가와 3점슛 제도 도입이었다. 경기에서 앞서는 팀이 공을 잡고 지루하게 볼을 돌리면서 승리를 지키는 전술을 쓰지 못하도록 NBA가 1954년에 도입한 공격 제한 시간 제도의 길이가 24초였던 것과는 달리 ABA의 공격 제한 시간은 30초로 조금 더 길었다. 또한 당시 NBA에는 없었고 과거 ABL에서만 시행됐던 3점슛 제도를 채택해 많은 팬의 이목을 사로잡았다. ABA의 도전은 생각보다 즉각적인 효과를 냈다. 1967년 득점왕이자 올스타전 MVP였던 당시 NBA의 간판 릭 배리Rick Barry가 해당 시즌이 끝난 후 NBA를 떠나 ABA 팀으로 이적한 사건은 당시 ABA의 입지가 꾸준히 커지는 중이었다는 사실을 단적으로 보여준다.

하지만 기반이 탄탄했던 NBA는 쓰러지지 않았다. 바람에 잠시 나뭇가지가 흔들렸을 뿐 그 뿌리는 굳건히 자리를 지켰다. ABA는 NBA보다 TV 중계권 계약 규모가 턱없이 작았던 탓에 재정적 손실을 이겨내기가 어려웠다. 결국 천천히 쇠락의 길을 걸은 ABA는 1976년 NBA와의 합병을 선택했고 당시 ABA 소속이었던 4개 구단이 NBA로 넘어오면서 미국이라는 국가를 대표하는 통합된 프로 농구 리그가 본격적으로 닻을 올렸다. 이후 ABA의 유산이었던 3점슛 제도를 1979년에 도입하는 등 팬들을 만족시키기 위한 방법을 찾기 위해 끊임없이 노력한 NBA는 래리 버드Larry Bird, 매직 존슨Magic Johnson, 마이클 조던 등 최고의 스타들을 배출하며 찬란한 20세기를 보냈다. 여기에 1995년 밴쿠버 그리즐리스와 토론토 랩터스가 리그에 합류하면서 미국뿐만 아니라 캐나다까지 아우르는 북미 최고의 프로 농구 리그로 거듭났고 이듬해인 1996년에는 여자 전미 농구 협회 WNBA(Women's National Basketball Association)도 창설했다.

21세기에도 놀라운 일들은 끊임없이 펼쳐졌다. 2004년 샬럿 호네츠가 리그에 발을 들이면서 지금의 30개 구단 체제가 완성됐고 코비 브라이언트와 팀 던컨Tim Duncan, 르브론 제임스와 스테픈 커리는 리그를 대표하는 별로 떠올랐다. 1984년부터 2014년까지 30년 동안 NBA를 이끈 NBA의 제4대 총재 데이비드 스턴David Stern에게서 바통을 이어받은 현 NBA 총재 애덤 실버Adam Silver는 발 빠른 판단과 각종 혜안으로 리그를 꾸준히 발전시키는 중이다. 지난 2021-2022시즌에는 NBA 75주년을 맞아 'NBA 75주년 기념 팀(NBA 75th Anniversary Team)'이라는 이름 아래 그동안 리그를 대표했던 위대한 75명의 선수를 발표했고 팻 라일리Pat Riley와 필 잭슨Phil Jackson, 그렉 포포비치Greg Popovich 등이 포함된 NBA 역대 최고의 코치 15인도 공개했다. 이렇게 NBA는 오늘도 새로운 이야기를 만들어내며 우리 곁에 살아 숨 쉰다.

2

NBA, 사람을 입다

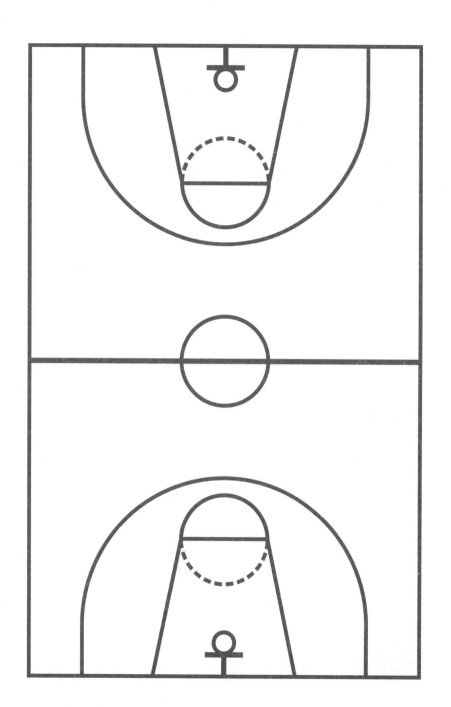

2020-2021 & 2022-2023
브루클린 네츠 시티 에디션

거리의 피카소

　　스트리트 아트는 미술이 어딘가 어렵거나 진입 장벽이 높다고 느끼는 사람들의 편견을 깨기 위해 선봉에 서서 변화의 바람을 주도하는 현대 미술의 한 분야다. 기존의 틀을 거침없이 깬다는 특징이 있는 스트리트 아트는 미술관 안에만 있던 작품들을 밖으로 꺼내와 거리를 하나의 전시장 삼아 내거는 야외 전시부터 벽화나 그라피티까지 자유분방한 모습으로 거리의 벽을 색칠하는 형태를 모두 포함한다. 이번 이야기의 주인공은 이러한 스트리트 아트를 논할 때 빼놓을 수 없는 아티스트다. 바로 거리의 피카소, 장-미셸 바스키아Jean-Michel Basquiat다.

　　브루클린이 고향이자 삶의 터전이었고 동시에 예술가로서의 짧고 굵은 임팩트를 만들어낸 주요 활동 무대였던 바스키아는 2020-2021시즌과 2022-2023시즌 브루클린 네츠의 시티 에디션 유니폼 디자인에 영감을 준 인물이다. 두 버전은 유니폼의 배경색이 다르다는 점 빼고는 모두 똑같은데 하나는 검은색이고 다른 하나는 하얀색이다. 이 유니폼에는 1960년에 태어나 1988년에 눈을 감는 짧은 생애에도 미술 역사에 한 획을 그은 브루클린의 로컬 아티스트 바스키아의 화풍에서 볼 수 있는 고유의 특징들이 고스란히 담겨 있다. 우선, 상의 정면에 있는 구단을 의미하는 문구 'BKLYN NETS'에서 가장 두드러지게 나타나는 포인트는 글자의 크기가 일정하지 않다는 점이다. 불규칙한 폰트는 마치 어린 아이가 낙서를 한 것처럼 정돈되지 않은 다양한 굵기의 선들이 자유롭게 뛰어노는 바스키아 작품의 특징과 유사하다. 특히 대문자 'E'를 가로줄 세 개로만 표현하는 방식은 바스키아의 작품에서 흔히 볼 수 있는 그의 시그니처 표현 방식 중 하나다. 상의 양옆에는 마치 화가가 팔레트에 물감을 짠 뒤 그대로 붓을 이용해 아래로 쭉 칠해 놓은 것 같은 문양이 있는데 이 부분은 바스키아의 작품에서 절대 빠지지 않는 요소 중 하나인 강렬한 색채를 상징한다.

바스키아는 어렸을 때부터 미술과 가까이 지냈다. 이는 다 그의 어머니 덕분이었다. 다양한 스타일의 아티스트가 넘쳐흐르는 예술 친화적 도시 브루클린은 누군가의 예술적 재능과 흥미가 발현되기에 안성맞춤인 지역. 어머니의 손을 잡고 브루클린 미술관과 뉴욕 현대 미술관, 메트로폴리탄 미술관을 방문하면서 미술과 친해진 바스키아는 자연스럽게 집에서 그림 공부를 시작했다. 막 그림을 그리기 시작한 바스키아가 가장 많이 참고한 소재는 알프레드 히치콕Alfred Hitchcock의 대표작 <현기증>과 <싸이코>의 일부 장면들이었다. 책에 들어간 삽화나 자동차도 바스키아의 습작에 자주 등장했다. 이를 보고 아들이 미술을 얼마나 좋아하는지, 그리고 얼마나 특출난 예술적 재능을 가졌는지를 알아본 바스키아의 어머니는 그를 세인트 안나 가톨릭 스쿨에 진학시켜 본격적으로 미술 교육을 받게 했다.

바스키아가 그림을 창작하는 과정은 아주 즉흥적이었다. 세상에 존재하는 모든 것들이 우연히 바스키아의 그림 소재가 될 수 있었다. 어딘가에서 마주한 텍스트, 어딘가에서 본 듯한 장면들, 과거에 스쳐 지나간 기억들부터 짜릿했던 경험들까지 모두 바스키아의 그림을 이끄는 주제가 됐다. 그리고 바스키아는 한 작품을 완성하면 곧바로 다음 작품의 소재를 구상하곤 했는데 이때 이전 작품에 나왔던 부분을 새로운 요소와 결합해 아예 다른 작품으로 재탄생시키는 능력이 탁월했다. 때로는 분위기에 몸을 맡긴 채 불현듯 머릿속에 떠오르는 가사들을 내뱉는 프리스타일 랩처럼, 때로는 가사는 같아도 원곡과 다른 비트를 입혀 노래의 분위기를 완전히 바꿔 놓는 리믹스처럼 바스키아의 영혼이 움직이는 대로 독창적인 그림들이 끊임없이 탄생했다. 이는 초현실주의 작가들이 무의식적으로 자기 내면에 잠재되어 있던 이미지들을 꺼내 화폭에 담는 자동기술법과도 비슷하다.

바스키아의 독특한 작품 세계를 보고 있으면 마치 만화책을 보는 것 같은 느낌을 받는 이유도 여기서 찾을 수 있다. 학창 시절 수업 시간과 쉬는 시간을 가리지 않고 책이나 공책에 그림을 그리며 시간을 보내던 친구가 주위에 한 명쯤은 있었을 텐데, 바스키아가 학교 다닐 때 누구나 한 번쯤은 봤을 법한 그런 유형의 아이였다. 만화를 너무 좋아해서 한때 만화가를 장래 희망으로 삼았던 바스키아의 작품을 보면 글과 그림이 특정한 형태로 배치되었다기보다는 작품에 따라 다양하게 흩어져 있는데 이렇게 단어와 이미지가 혼재된 모습이 만화와 유사한 느낌을 낸다. 조커와 같은 코믹스 캐릭터들이 작품에 등장하는 일도 다반사였다. 이 모든 특징은 바스키아가 어렸을 때부터 봤던 만화책의 장면들이 무의식 안에 있다가 작품을 통해 세상 밖으로 나온 것이라 볼 수 있다.

해골이나 인체가 바스키아의 작품에 자주 등장하는 상징물 중 하나로 자리매김한 이유도 바스키아의 무의식이 작품 활동에 반영된 결과다. 바스키아는 7살 때 큰 교통사고를 당해 팔이 부러지고 수술로 비장을 떼어내야 하는 이유로 몇 달 동안 병원 신세를 져야 했다. 이때 그의 어머니가 심심해하는 바스키아에게 건네준 물건이 생뚱맞게도 해부학책이었다. 병원에서 쉽게 구할 수 있다고는 해도 7살 아이에게 쉽게 추천해줄 책은 아니었지만 워낙 그림을 좋아했던 바스키아는 인체를 자세하게 묘사한 해부학책도 흥미롭게 읽었다. 어린 소년의 무료함을 달래기 위한 수단으로는 부족함이 없었던 셈이다. 이때 뼈나 장기 등 신체의 일부가 되는 모습들을 봤던 기억이 바스키아의 무의식에 영감을 제공했다. 그림에 전신이 다 등장할 때도 있었고 레오나르도 다 빈치Leonardo da Vinci가 그린 인간 해부도의 한 장면처럼 골격이나 폐와 같은 장기만 나올 때도 있었다. 이 밖에도 치아와 눈, 해골 등 우리 몸의 일부는 바스키아 그림의 단골 소재가 됐다. 특히 바스키아는 죽음이라는 키워드를 그림의 주제로 활용할 때 해골이나 신체와 관련된 이미지들을 많이 사용했는데 이는 바스키아 특유의 독특한 화풍을 만나 다소 무거운 주제를 다룸에도 이를 다른 작품들보다 조금 더 가볍고 유쾌하게 다루는 힘의 원천이 됐다.

바스키아는 17살에 다니던 학교를 자퇴하고 맨해튼에 있는 대안 학교에 들어갔다. 자신처럼 예술에 마음을 뺏긴 학생들이 많기도 했고 각별한 사이였던 어머니와 10살 때부터 떨어져 살게 되면서 조금씩 세상에 갉아 먹힌 마음이 질풍노도의 시기에 새로운 안식처를 원했기 때문이었다. 아이티에서 미국으로 건너와 회계사로 성공해 브루클린에서 중산층으로 자리 잡은 바스키아의 아버지는 당연히 이를 탐탁지 않게 여겼다. 급기야 이해할 수 없는 결정을 내린 아들이 꼴도 보기 싫다며 바스키아를 집에서 내쫓았다. 바스키아는 망설임 없이 대문 밖을 나왔다. 집을 떠나 워싱턴 스퀘어 파크에서 노숙을 하는 등 전과는 다른 험난한 생활을 시작한 바스키아는 친구들과 함께 티셔츠나 엽서를 팔며 생활비를 벌었다. 이때 만나 친구가 된 낙서 화가 알 디아즈Al Diaz가 바스키아의 운명을 바꿨다.

바스키아는 디아즈와 함께 'SAMO'라는 크루를 만들었다. 'SAMO'는 'Same Old Shit'의 줄임말이다. 한국어로 번역하면 '뻔한 것들' 혹은 '거기서 거기' 정도로 이해할 수 있겠다. 이 크루의 이름은 바스키아와 디아즈를 비롯한 크루원들의 정체성이자 이들이 세상에 외치고 싶은 메시지 그 자체였다. 이들은 SAMO라는 가명 아래 권위적인 사회와 물질만능주의를 받들던 분위기를 비판했다. 그리고 투수가 마치 100마일의 직구를 스트라이크 존 정중앙에 찔러 넣듯 새로운 형태의 미술을 과감하게 사회에 던졌다. 이들의 작품은 정형화된 틀을 벗어던지고 거리로 나왔다. 소호 거리와 브루클린에 있는 건물 외벽이 캔버스였고 페인트 스프레이가 물감이었다. 자신들의 작품에 대한 소유권과 자부심을 나타내기 위해 저작권을 의미하는 ⓒ 기호를 꼭 작품에 넣는 것도 잊지 않았다.

SAMO의 등장은 신선한 충격이었다. 어디서도 보지 못했던 독특한 행보에 반항적인 이미지와 비주류 문화가 인기를 끌던 당시 시대적 배경이 어우러져 빠르게 명성을 얻기 시작했다. 특히 SAMO가 만들어낸 작품들이 그라피티의 향기를 풍긴다는 점이 상당히 좋게 작용했다. '긁다'와 '새기다'를 의미하는 이탈리아어 'graffito'를 어원으로 삼는 그라피티는 벽을 긁거나 페인트 스프레이를 뿌리는 방식으로 제작되는데 누군가의 허락을 받고 진행하기보다는 깨끗한 벽을 훼손하는 불법 행위로 분류돼도 이상할 게 없었기 때문에 작가가 굳이 의도하지 않아도 반항적인 이미지를 품는다는 특징이 있었다. 바스키아가 여전히 힙합 뮤지션들의 많은 사랑을 받는 가장 큰 이유도 그의 작품에서 오는 이러한 반항성 때문인데 이들이 등장한 당시에도 이 반항적인 느낌이 긍정적으로 드러나 사람들의 마음을 훔치는 데 큰 도움을 줬다.

그러나 SAMO도 영원할 수는 없었다. 메인 창립자였던 바스키아와 디아즈 사이에 갈등이 생기면서 서서히 금이 갔다. 정확히 말하자면 유명세를 치르는 일에 대한 두 사람의 생각이 마치 12시 30분의 시곗바늘처럼 엇갈렸다. 바스키아는 자신이 전파하고자 하는 메시지를 더욱더 많은 사람에게 쉽게 전달하기 위해 단순한 아티스트나 갤

러리의 마스코트를 넘어 미술계를 밝게 비추는 스타가 되고자 유명세를 딱히 거부하지 않고 오히려 즐기기까지 했다. 하지만 디아즈는 그 반대였다. 지금처럼 영원히 익명의 화가로 남기를 바랐다. 이 둘의 의견 차이는 쉽게 좁혀지지 않았고 결국 바스키아와 디아즈는 소호 거리에 SAMO 크루원으로서의 동행이 끝났다는 의미로 'SAMO IS DEAD'라는 문구를 남긴 채 이 활동을 마지막으로 각자의 길을 걸었다.

　SAMO 크루원으로서의 활동은 끝났지만 바스키아의 인기는 날이 갈수록 커져만 갔다. 정식 예술 교육을 받지 않았음에도 불구하고 다른 아티스트들의 리스펙을 받으며 현대 미술의 중심부에 빠르게 침투한 바스키아는 그와 비슷한 방식으로 길거리에서 작품 활동을 시작해 20세기 현대 미술의 아이콘이 된 팝 아티스트 케니 샤프 Kenny Scharf와 키스 해링Keith Haring과도 친해지는 등 이른바 당시 미술 시장의 주류였던 사람들과의 관계가 조금씩 두터워지기 시작했다. 그리고 마침내 팝 아트 시장을 쥐락펴락했던 거장 앤디 워홀Andy Warhol과도 연을 맺었다.

　워홀은 바스키아가 대단한 천재임을 어렵지 않게 알아봤다. 그리고 자신의 마케팅 능력으로 바스키아를 스타덤에 올리겠다 마음먹었다. 이미 독보적인 스타일의 작품 세계는 흠잡을 데가 없었던 바스키아는 워홀을 만나면서 마치 등에 날개가 달린 사자처럼 훨훨 세상을 누볐다. 전부터 다른 무엇보다도 유명세를 강하게 원했던 바스키아는 둘도 없는 좋은 기회를 확실하게 살리며 단숨에 세계적인 아티스트로 발돋움했다. 개인 전시는 문을 여는 족족 대박을 쳤고 작품은 늘 고가에 팔려나갔다. 한 작품을 팔아 딜러에게 그 자리에서 일시불로 4만 달러를 받는 등 눈 깜짝할 사이에 푹신한 돈방석에 앉았다. 또한 1982년에는 미국을 넘어 이탈리아로 건너가 첫 개인전을 열어 엄청난 호평을 얻었고 1983년에는 미국 휘트니 미술관에서 2년에 한 번씩 열리는 세계 3대 비엔날레 중 하나인 휘트니 비엔날레에 최연소화가로 참가하는 등 승승장구했다.

바스키아는 본인이 백인의 세계였던 미술 시장에 처음으로 등장한 주류 흑인 아티스트라는 것을 잘 알았다. 그래서 인종 차별이 심했던 당시 사회의 불평등한 분위기를 자신처럼 이겨내고 새로운 길을 연 사람들의 모습을 작품에 담기 시작했다. 마일스 데이비스Miles Davis나 루이 암스트롱Louis Armstrong, 찰리 파커Charlie Parker를 연상케 하는 금관악기 연주자, 마틴 루터 킹Martiin Luther King 목사같이 단상 앞에서 연설을 하는 사회 운동가, 무하마드 알리Muhammad Ali나 슈가 레이 로빈슨Sugar Ray Robinson처럼 상대방의 얼굴에 주먹을 날리는 복싱 선수의 모습 모두 바스키아가 생각하는 영웅의 이미지를 잘 보여주는 캐릭터들이었다. 그리고 바스키아는 존경의 의미를 담아 이들의 머리 위에 왕관을 그려 넣었다. 아까 나온 유니폼의 우측 하단에서 볼 수 있는 그 왕관 말이다. 왕관은 바스키아의 작품이 다루는 인물에 대한 경외의 표시였다. 그리고 작품에 대한 권위를 나타내는 상징물이었다. 마치 저작권을 의미하는 ⓒ처럼 말이다. 그래서 왕관은 지금도 바스키아의 작품 하면 가장 먼저 떠오르는 소재 중 하나다.

하지만 유일무이한 흑인 예술가라는 점이 바스키아에게 늘 긍정적으로 작용하지는 않았다. 바스키아가 주류 현대 미술 시장에 발을 들인 지 얼마 되지 않았을 때는 그가 흑인이라는 점이 플러스로 작용했다. 실제로 바스키아가 흑인 인권 운동을 선두에서 주도하는 저항의 아이콘처럼 살지는 않았지만 반항아 같은 그의 작품 이미지나 다른 흑인 영웅들을 작품에 자주 등장시키는 행보만으로도 그는 흑인 사회를 대표하는 선구자였으니 말이다. 그러나 시간이 갈수록 수많은 백인 사이에서 혼자 흑인으로 살아가는 것은 바스키아에게 조금 씩 스트레스가 됐다. 흑인이라는 이유만으로 인종 차별을 당하는 경우도 종종 있었다.

결국 어깨 위에 알게 모르게 자리하던 부담감의 무게를 이겨내기 위해서였을까? 바스키아는 약물에 손을 대기 시작한다. 미술 시장에서 바스키아가 차지하는 입지가 커지는 만큼 그의 정신세계도 갈수록 불안정해졌다. 그때마다 바스키아를 고달픈 현실에서 벗어나게 해준 것이 코카인이었다. 바스키아는 비강을 분리하는 곳인 비중격에 구멍이 났을 정도로 코카인을 많이 흡입했다. 바스키아와 가까이 지냈던 사람들의 말에 따르면 바스키아가 약물을 끊지 못한 이유는 크게 세 가지였는데, 첫째는 몸과 마음을 쥐어짜듯이 모든 에너지를 쏟아부어야 하는 작품 창작 과정에서 오는 피폐함, 둘째는 새로운 명성을 향한 갈망, 마지막 셋째는 백인들의 미술 세계에서 흑인으로 홀로 살아남기 위해 발버둥 치면서 생기는 압박감이었다.

그런데 바스키아가 약물 중독에 더 깊게 빠지는 사건이 발생하고 만다. 바로 워홀의 갑작스러운 죽음이었다. 사실, 바스키아는 워홀의 도움을 등에 업고 1980년대를 대표하는 아티스트가 된 후 각종 추문에 시달렸다. 워홀과 손을 잡고 갑자기 뜬 일을 좋지 않게 바라보는 시선을 가진 사람들이 온갖 유언비어를 퍼뜨렸다. 바스키아와 워홀이 서로를 이용했다는 루머부터 둘의 관계가 후원을 주고받는 사이 그 이상이라는 이야기까지 많은 의심이 사람들의 입 밖으로 나왔다. 여기에 워홀과 바스키아가 함께 기획했던 전시가 기대만큼 많은 관심을 얻지 못하면서 두 사람의 관계는 소원해졌다. 그렇게 워홀과 멀어진 후였던 1987년 2월, 워홀이 담낭 염증 때문에 수술을 받은 다음 날 갑자기 몸 상태가 악화해 세상을 떠나고 말았다. 이 소식을 들은 바스키아는 충격에 빠졌다. 안 그래도 심했던 약물 중독 증세는 워홀의 사망 이후 계속 나빠졌다. 코카인보다 더 강한 자극을 찾다가 헤로인을 찾는 지경에 이르렀다. 그렇게 바스키아의 삶은 완전히 망가졌다. 깊은 어둠 속에서 1년 반 가까이 은둔생활을 하던 1988년 8월, 바스키아는 헤로인 과다 복용으로 자택에서 숨을 거뒀다. 그의 나이, 27살. 신들린 기타 연주로 유명했던 지미 헨드릭스Jimmy Hendrix, 얼터너티브 락의 대표 주자였던 너바나의 창시자 커트 코베인Kurt Cobain, 신비로운 음색으로 전 세계를 홀린 싱어송라이터 에이미 와인하우스 Amy Winehouse 등 전설적인 아티스트들이 요절한 때와 같은 꽃다운 나이였다.

바스키아의 죽음을 추모하는 의미에서 '장-미셸 바스키아를 위한 왕관 더미'라는 작품까지 남긴 그의 절친 키스 해링은 당시 보그 Vogue에서 요청한 바스키아 사망 기사 원고에서 이런 글을 남겼다.

"바스키아는 다른 사람들이 평생 노력해서 만들 작품을 10년 만에 수없이 많이 탄생시켰습니다. 그가 하는 행동은 하나의 상징이 됐습니다. 그가 하는 제스처는 모두 특별한 의미를 품은 이벤트가 됐습니다. 어쩌면 우리는 그에게 너무 많은 것을 바랐을지도 모릅니다. 탐욕스럽게도 우리는 그의 죽음을 슬퍼하는 일에는 관심이 없습니다. 아직 공개되지 않은 그의 명작이 뭐가 또 남아있을지를 더 중요하게 생각해요. 바스키아는 이미 다가올 세대의 마음까지도 손쉽게 뺏을 수 있을 만큼 매혹적인 작품들을 많이 만들었습니다. 이제 그가 미술 역사에 얼마나 많은 발자취를 남겼는지를 사람들이 알아볼 일만 남았습니다."

바스키아의 작품이 다루는 주제는 마냥 가볍지 않았다. 우리 사회에서 그리 멀지 않은, 심지어 피부에 직접 닿아 있는 어둡고 무거운 소재들이 분명 많이 자리했다. 그러나 바스키아의 작품을 보면 마냥 어둡게만 보이지는 않는다. 어렸을 때부터 천재 소리를 들었던 바스키아의 능력이 바로 이 부분이다. 바스키아는 당시 미국 사회에 퍼져 있는 문제점을 확실히 인지하고 이에 대한 메시지를 전달하면서도 동시에 독창적인 화법으로 대중들의 마음마저 사로잡았다. 말이 쉽지 두 가지 중 하나도 제대로 못 하는 아티스트들도 천지에 널려 있다. 원래 무언가를 정말 잘하는 사람은 남이 봤을 때 그 일이 간단하고 쉽게 느껴지도록 만드는 능력이 있다. 바스키아가 그랬다. 낙서처럼 보이는 선과 색의 조합이 누군가에게는 대충 만든 것처럼 보여도 자신이 하고 싶은 메시지까지 작품에 담을 수 있는 바스키아를 능가하는 예술가는 지금도 그리 많지 않다. 이것이 거리의 피카소가 아직도 왕관을 쓴 이유다.

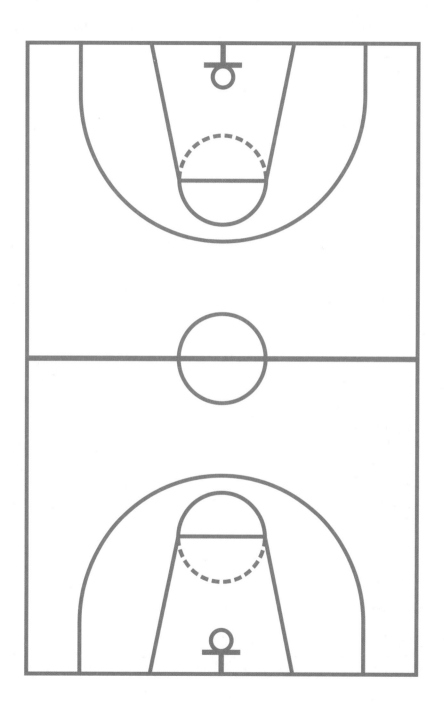

2021-2022
보스턴 셀틱스 시티 에디션

2017-2018 & 2020-2021
보스턴 셀틱스 시티 에디션

초록색 유니폼에 RED가 있는 이유

　지금은 아이돌 콘서트에서 각 그룹의 특색을 담은 응원봉이 콘서트장을 가득 메우는 장면을 어디에서나 목격할 수 있지만 응원봉이 없었던 과거 1세대 아이돌 콘서트장에서는 풍선이 그 역할을 대신했다. 그래서 특정 그룹을 상징하는 고유한 풍선 색깔이 있었다. H.O.T는 하얀색, 젝스키스는 노란색, god는 하늘색처럼 말이다. 이렇게 수만 개의 같은 색 풍선이 콘서트장에서 하나의 거대한 파도를 만들어내는 장면은 없던 팬심도 가슴 깊은 곳에서부터 끓어오르게 만드는 힘을 가진다. 스포츠 경기장에서도 이와 비슷한 경험을 할 수 있다. 팀 엠블럼과 유니폼은 물론 경기장의 좌석 색깔부터 기념 티셔츠까지 하나의 색깔이 경기장을 물들이면 그 통일된 색감에 휩싸여 금세 경기 안으로 빨려 들어간다. 그래서 스포츠 구단은 팀과 관련된 무언가를 만들 때 자신들만의 대표 색깔과 완전히 결이 다른 컬러와는 되도록 엮이지 않으려 노력한다. 공들여 만든 일체감을 굳이 깰 필요가 없지 않은가? 마치 god가 갑자기 한 콘서트에서 응원 도구로 하얀색 풍선을 나눠주는 일이 없는 느낌과 비슷하다고 보면 된다.

　그런데 여기 이상한 유니폼이 하나 있다. 초록색 유니폼에 빨간색을 뜻하는 'RED'가 적혀 있다. 바로 보스턴 셀틱스의 2021-2022시즌 시티 에디션 유니폼이다.

　영국 옆에 위치한 섬나라인 아일랜드Ireland에서 대서양을 건너 아메리카 대륙에 도착한 사람들이 많이 사는 지역인 보스턴은 미국 도시들 가운데 아일랜드의 전통이 가장 많이 묻어 있는 곳이다. 보스턴 셀틱스(Celtics)라는 이름 역시 아일랜드 사람들의 조상인 켈트족 Celt에서 영감을 얻어 탄생했다. 그래서 보스턴 셀틱스에도 켈트족의 흔적을 쉽게 찾아볼 수 있다. 켈트족을 상징하는 초록색은 자연스럽게 팀을 상징하는 색깔이 됐고 팀 엠블럼에서 한 손으로는 지팡이를 짚고 다른 한 손으로는 농구공을 돌리는 마스코트 럭키 더 레프리콘Lucky the Leprechaun도 아일랜드 전설에 등장하는 작은 요정인 레프리콘에서 모티브를 얻어 만들어졌다. 이렇게 지금까지도 아일랜드의 전통을 유지하는 보스턴에 초록색은 특별한 색깔일 수밖에 없는데 그런 보스턴의 시티 에디션 유니폼 하의 옆면에 'RED'가 들어갔다. 아일랜드와 보스턴의 상징인 클로버 가운데에 선명하게 쓰인 채로 말이다.

NBA 75주년과도 겹쳤던 이 유니폼의 출시는 보스턴이라는 구단의 과거를 돌아보는 데 초점을 맞췄다. 유니폼 상의 중앙에 자리한 'CELTICS'라는 문구는 1949-1950시즌 유니폼에 들어가 있는 것과 비슷한 폰트로 적혀 있고 유니폼 우측 하단에 마치 빙고판처럼 사각형 안에 숫자가 여기저기 적혀 있는 건 홈경기장 천장에 걸려 있는 보스턴 소속 선수들의 영구결번 배너를 형상화한 포인트다. 중절모를 쓴 채 파이프 담배를 문 지금의 모습과는 이미지가 완전히 다른 럭키 더 레프리콘의 익살스러운 초기 모습도 하의 중앙 밴드 부분에서 볼 수 있다. 그런데 몰랐으면 그냥 지나칠 수도 있는 클로버 속 'RED'도 사실은 보스턴의 역사를 관통하는 핵심 단어다. 이건 빨간색을 나타내는 'RED'가 아니다. 바로 무려 56년 동안 보스턴 셀틱스라는 구단의 다양한 위치에 몸담으며 NBA의 역사를 관통하는 초록색 왕조를 건설한 전설적인 인물, 레드 아워백Red Auerbach의 'RED'다.

사실 아워백에 대한 존경심이 보스턴 셀틱스의 유니폼에 담긴 적은 이번이 처음이 아니다. 보스턴의 홈경기장인 TD 가든TD Garden 의 마루 타일 모양을 디자인 배경에 가져온 보스턴 셀틱스의 2017-2018시즌 시티 에디션 유니폼 우측 하단에는 아워백의 이름이 필기체로 적혀 있다. 2020-2021시즌 시티 에디션 유니폼에도 3년 전에 아워백의 이름이 쓰여 있던 곳과 동일한 위치에 아워백이 했던 가장 유명한 말 중 하나인 '보스턴 셀틱스는 단순한 농구팀이 아니라 인생 그 자체다(The Boston Celtics are not a basketball team, they are a way of life)'라는 문구가 그의 서명과 함께 박혀 있다. 이 문구와 아워백의 이름은 2021-2022시즌 유니폼에도 앞서 언급된 영구결번 배너를 닮은 부분 바로 위에 들어가 두 시즌 연속 유니폼을 장식한다.

그렇다면 아워백은 대체 얼마나 대단하길래 그의 자취를 느낄 수 있는 포인트가 지금까지 공개된 보스턴 셀틱스의 다섯 가지 시티 에디션 유니폼 중 세 개에나 들어갔을까? 결론부터 먼저 말하자면, 아워백은 그럴 자격이 충분한 인물이다. 마치 시공사가 자신들이 지은 건물이라고 머릿돌에 새겨 놓는 일처럼, 보스턴 셀틱스라는 구단의 기틀을 누가 만들었냐는 질문에 가장 먼저 '제가 만들었습니다'라고 자신 있게 외칠 수 있는 사람이 바로 아워백이다.

아워백은 무려 56년 동안 보스턴 셀틱스와 함께한 구단 역사의 산증인이다. 1950년부터 1966년까지는 감독, 1966년부터 1984년까지는 단장, 1984년부터 2006년까지는 회장과 부회장 역할을 맡았다. 아워백이 다양한 자리에서 보여준 카리스마와 리더십 덕분에 이들은 20세기 최고의 농구 구단 중 하나로 자리매김할 수 있었다. 너무나 상투적인 표현이지만 아워백이 없었다면 지금의 보스턴 셀틱스도 없었을 것이다.

선수들과 많은 이야기를 나누며 함께 경기를 풀어나갈 줄 알았던 아워백의 지도 방식은 창의적인 팀 내 분위기를 만드는 데 집중했다. 선수가 코트에서 스스로 상황을 읽고 유연하게 대처할 수 있는 능력을 키워 매 경기 100%의 힘을 발휘할 수 있도록 도왔다. 점수 차가 많이 나더라도 작전 타임 때는 항상 더 좋은 플레이를 주문했고 누가 득점을 했는지보다는 결론적으로 득점이 나왔는가에 초점을 맞췄다.

아워백은 무엇보다도 경기에서 이기는 일을 가장 잘했다. 아무리 어려운 상황에 놓여도 강인한 정신력으로 멘탈을 유지하며 기회를 노렸고 상대의 약점을 찾으면 이를 집요하게 물고 늘어져 승리를 가져왔다. 이는 애초에 패배를 생각하지 않는 각오에서부터 출발했다. 아워백은 선수들이 경기에서 질 것 같다고 생각하거나 패배의 원인이 무엇인지에 대해 반성하는 태도를 갖는 걸 반기지 않았다. 오히려 그런 생각을 하기 전에 그냥 항상 이기자는 마음가짐을 가지기를 원했다. 이유는 간단했다. 이기는 게 지는 것보다 훨씬 나으니까. 기분도 더 좋고, 얻어가는 것도 많았으니까.

아워백은 정말 승리 말고 다른 데에는 관심이 없는 듯했다. 그리고 이 자기암시는 아워백과 보스턴의 성공에 중요한 열쇠가 됐다. 아워백은 드래프트에 나온 선수들을 스카우트하는 일부터 훈련을 진행하고 전술을 구상하는 것까지 지금은 대부분의 구단에서 여러 사람에게 분업화된 업무들을 혼자서 도맡는 일당백이었다. 이렇게 바쁜 일정을 소화할 수 있었던 힘의 원천이 바로 승리를 향한 갈망이었다. 그리고 그는 선수들에게 동기를 부여하는 능력도 탁월했다. 경기 중에는 항상 목이 쉬어라 작전 지시를 하고 석연치 않은 판정에는 망설임 없이 거칠게 항의하며 선수단의 텐션을 유지했다.

하지만 뭐니 뭐니 해도, 그에게 있어 농구를 대하는 선수들의 태도를 다잡는 가장 중요한 순간은 시즌과 시즌 사이의 휴가에서 복귀해 다음 시즌 준비를 위한 팀 훈련 차 소집된 선수들을 오랜만에 만나는 날이었다. 아워백은 선수들이 휴가를 마치고 팀에 돌아오면 정신

상태가 많이 풀어진 상태라는 것을 잘 알았다. 그래서 그는 시즌을 준비하기 위한 첫 팀 미팅에서 선수들의 집중력이 흐트러지는 것을 막기 위해 항상 이들을 자극하면서도 격려하는 말을 던졌다. 세계 최고의 농구팀 멤버로서 누구라도 부러워할 멋진 휴가를 보내고 이 자리에 다시 돌아왔다면 이제부터는 지나간 뉴스에 연연하지 말자고. 과거의 영광은 서랍 속에 넣어둔 채 다시 앞으로 나아갈 시간이라고. 다른 모두가 우리를 물리치고 우승을 차지하기 위해 우리의 뒤꽁무니만 바라본다고. 다시 한번 보스턴 셀틱스가 최고라는 사실을 세상에 보여주자고. 다른 팀이 우리를 따라잡도록 가만히 서 있지 말고 다시 달려서, 늘 그랬던 것처럼 이번에도 보스턴의 저력을 보여주자고.

늘 새로우면서도 같은 목표를 바라보는 각오로 진심을 다해 시즌을 준비한 아워백은 보스턴에 총 16개의 우승 트로피를 안겼다. 1957년 프랜차이즈의 첫 우승을 시작으로 감독 시절에만 9번이나 정상에 오른 그는 지휘봉을 내려놓고 단장직에 전념할 때도 7번의 우승에 기여하며 자신의 커리어를 승리의 기쁨으로 도배해 아무도 넘볼 수 없는 장벽을 완성했다. 보스턴 셀틱스는 현재 우승 17회로 레이커스와 함께 NBA에서 가장 많은 우승 기록을 보유했는데 이 중에서 2008년 우승을 뺀 나머지 16번이 모두 아워백이 구단 운영에 참여할 때 만들어졌다.

특히 아무도 이들을 막을 수 없었던 1960년대는 NBA가 보스턴 셀틱스라는 챔피언과 나머지 도전자들로 구성된 리그였다고 해도 과언이 아니었을 정도로 그 포스가 대단했다. 아워백이 밑바닥부터 공들여 쌓은 탑은 무너질 기미를 보이지 않았다. 이기고 우승하고를 반복했던 아워백과 보스턴은 1959년부터 1966년까지 무려 8년 연속 우승이라는 전무후무한 기록을 세우며 자신들이 최고의 농구팀이라는 사실을 만천하에 공표했다. 당시 보스턴에서 활약했던 선수들의 우승 커리어도 가히 압도적이다. 아워백의 지도 아래 엄청난 활약을 펼치며 12번의 올스타와 11번의 올-NBA팀 선정, 5번의 정규 시즌 MVP와 4번의 리바운드왕 타이틀을 목에 건 보스턴의 또 다른 상징 빌 러셀Bill Russell은 NBA에서 보낸 13시즌 동안 11번이나 우승 트로피를 들어 올리며 지금까지도 NBA에서 가장 많은 우승을 경험한 선수로 남아 있다. 러셀의 뒤를 이어 10회 우승으로 해당 부문 2위에 올라 있는 샘 존스Sam Jones, 8회 우승으로 공동 3위에 올라 있는 존 하블리첵John Havlicek, 새치 샌더스Satch Sanders, K.C. 존스K.C. Jones, 톰 하인슨Tom Heinsohn 모두 보스턴에서 선수 생활을 한 덕에 이와 같은 금자탑을 쌓아 올렸다. 특히 새치 샌더스와 K.C. 존스는 뚜렷한 개인상 경력이 없었음에도 보스턴이라는 역대 최고의 팀과 위대한 여정을 함께 했다는 공로를 인정받아 등번호가 영구결번되는 영광을 누렸다.

1965-1966시즌 개막 전 이번이 자신을 감독으로서 꺾을 수 있는 마지막 기회라고 말하며 해당 시즌이 끝난 후 감독직에서 물러나겠다는 뜻을 밝힌 아워백은 감독이라는 이름표를 달고 밟은 마지막 파이널 무대에서도 우승을 손에 넣으며 박수갈채와 함께 커튼 뒤로 사라졌다. 통산 938승 479패로 66.2%의 NBA 통산 승률을 기록한 아워백은 당시 감독으로는 NBA 최다승 기록을 세우며 감독 생활을 마무리했는데 이는 NBA 감독으로 1,000경기 이상 소화한 사람 중 두 번째로 높은 승률이다. 트로피 명칭에 관련된 누군가의 이름을 넣는 방식으로 존경과 감사를 표하는 NBA 사무국은 아워백이 감독 타이틀을 내려놓고 1년이 지난 1967년에 그에게 보내는 리스펙을 담아 올해의 감독상 트로피의 이름을 '레드 아워백 트로피'로 바꿨다. 지난 2021년, NBA 75주년을 맞이해서 NBA 사무국이 발표한 역대 최고의 감독 15인 안에도 아워백은 당연히 이름을 올렸다.

그렇다고 아워백을 단순히 이길 줄만 아는 사람이었다고 평가한다면 이는 그를 무시하는 처사다. 아워백은 자신만의 철학이 담긴 전술로 리그의 패러다임을 바꾸며 농구 코트에 혁신의 바람을 불러일으킨 혁명가였다. 아워백의 농구를 특별하게 만드는 핵심 요소는 바로 빠른 템포의 공수 전환이었다. 상대 팀이 볼 소유권을 잃은 후 반대쪽으로 넘어와 진열을 가다듬기 전에 조금 더 넓은 공간을 효율적으로 활용해 득점을 노리는 방식이었다. 골밑에서 한 명이 리바운드를 잡으면 나머지 네 명은 총성을 듣자마자 스타팅 블록에서 용수철처럼 튀어 나가는 단거리 육상 선수들처럼 곧바로 앞쪽으로 달리기 시작했는데 이들의 모든 움직임은 상대보다 빨리 볼을 앞쪽으로 보내서 득점을 만든다는 확실한 목적을 가졌다. 아워백은 자신의 전술적 틀을 이렇게 설명했다.

"농구는 공격과 수비, 두 가지로 이루어져 있습니다. 다들 한 가지 착각하시는 게 있는데, 공격과 수비는 분리된 개념이 아닙니다. 수비를 하다가 공을 잡게 되는 그 순간, 바로 공격이 시작되는 것이죠. 여유를 부리거나 쉴 시간은 없습니다. 만약 그러고 싶다면 코트를 밟을 자격이 없어요. 바로 벤치로 나와야 합니다."

사실 지금은 템포를 끌어올리는 전술이 NBA 전반에 걸쳐 많이 사용되는 추세지만 아워백이 처음 보스턴 감독으로 부임했던 1950년대만 해도 NBA는 이래도 되나 싶을 정도로 경기 흐름이 지나치게 정적이었다. 심지어 24초의 공격 제한 시간이 도입되기 전까지는 슛은 던지지 않고 볼만 돌려도 이를 제지할 방법이 없어 경기 흐름이 엿가락처럼 늘어지는 경우도 있었다. 이를 단적으로 보여주는 사례가 있다. 1950년 11월에 열렸던 미니애폴리스 레이커스와 포트웨인 피스톤스의 경기는 직전 시즌 챔피언이었던 미니애폴리스를 상대하기 위해 포트웨인이 끊임없이 시간을 보내면서 19-18로 끝났는데 지금은 빠르면 경기 시작 5분 만에도 나올 수 있는 이 스코어는 NBA 역사상 한 경기에서 나온 가장 적은 득점 기록으로 남아 있다. 이렇게 티켓을 사서 경기장에 들어와도 멋진 플레이는커녕 의미 없이 볼을 돌리는 광경만 보다가 집으로 돌아가는 일이 잦아지면서 NBA를 향한 팬들의 관심도 나날이 떨어지는 분위기 속에서 혜성처럼 나타나 다이내믹한 전술로 재미를 본 게 아워백이었다. 볼거리와 성적이라는 두 마리 토끼를 동시에 잡았으니 인기가 없을 수가 없었다.

또한 아워백은 보이지 않는 장벽을 허문 개척자였다. NBA가 첫발을 내디딘 20세기 중반은 흑인을 향한 인종차별이 상당히 심했던 때라 처음에는 흑인 선수가 리그에 단 한 명도 없었다. 그런데 1950년 신인 드래프트를 통해 NBA에 입성한 최초의 흑인 선수 척 쿠퍼Chuck Cooper를 지명한 인물이 바로 아워백이었다. 다른 팀들은 드래프트에서 흑인 선수를 기피하는 경향이 있었다는 점을 고려하면 아워백의 선택은 상당히 파격적이었다. 이분만이 아니었다. 선발 라인업을 짤 때도 인종이나 피부색은 완전히 무시했다. 그의 판단 기준은 오로지 선수의 실력이었다. 1964년에는 빌 러셀-새치 샌더스-샘 존스-K.C.존스-윌리 널스Willie Naulls를 선발로 투입해 NBA 역사상 처음으로 흑인 선수 5명의 선발 라인업을 들고나오기도 했다. 그렇게 편견을 하나씩 깬 아워백은 여기서 멈추지 않았다. 사제 간이었던 빌 러셀을 자신의 뒤를 이어 보스턴 감독 자리에 오를 후계자로 발표하면서 NBA 역사상 최초의 흑인 감독을 탄생시켰다. 1966년부터 1969년까지 선수와 감독이라는 두 가지 중책을 동시에 맡은 러셀은 1968년과 1969년에 또 우승을 차지하며 아워백의 기대에 200% 부응했다.

보스턴이라는 팀에 말 그대로 인생을 바친 아워백의 향기는 여전히 팀 곳곳에 남아 있다. 2022 NBA 파이널에 진출했지만 아쉽게 준우승에 머무른 보스턴 선수들의 입에서 많이 나온 단어 중 하나로 초록색 유니폼을 입고 뛰는 것에 대한 자부심을 나타내는 말인 셀틱스 프라이드Celtics Pride에서는 아워백이 이룩한 명예를 그의 멘탈리티를 자랑스럽게 여기며 뛰겠다는 선수들의 각오가 담겨 있다. 과거에는 장난꾸러기 같았던 팀의 마스코트 럭키 더 레프리콘의 이미지가 1976년부터 중절모를 쓰고 파이프 담배를 문 중후한 신사처럼 변한 점도 팀이 승리와 가까워지면 벤치에서 시가를 피우는 습관이 있었던 아워백을 떠올리게 한다. 'RED'의 사전적 의미는 붉은색일지라도 보스턴에서만큼은 'RED'도 영원히 초록색일 것이다.

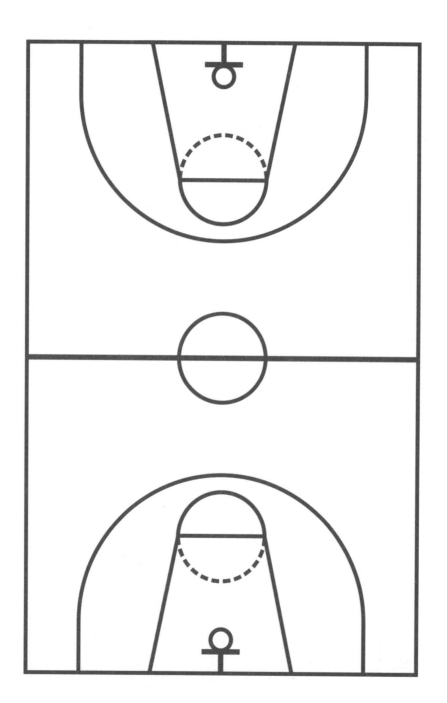

2022-2023
보스턴 셀틱스 시티 에디션

아무도 사용할 수 없는 등번호

영구결번은 한 번호를 다시 사용할 수 없도록 막는 행위를 일컫는 말이다. 교통수단과 관련된 상황에서는 인명 피해가 크게 발생한 비행기나 기차의 번호를 유사한 사고가 더 일어나지 않기를 바라는 마음을 담아 더 이상 사용하지 않지만 스포츠에서는 반짝반짝 빛나는 커리어를 보낸 선수를 향한 존경심의 의미로 그 선수가 오랫동안 달았던 등번호를 빼놓는다. 그래서 스포츠의 영구결번은 한 선수가 누릴 수 있는 가장 값진 영예이자 구단이 선수에게 감사한 마음을 담아 해줄 수 있는 최고의 선물이다. 단순히 '잘하는 선수였다'라는 문장만으로는 영구결번의 자격을 얻을 수 없다. 한 구단을 사랑하는 모두에게 잊지 못할 기억을 선사한 자만이 그 영광스러운 호사를 누릴 수 있다. 국내에서 자신의 등번호가 영구결번된 선수로는 허재, 최동원, 이동국, 이승엽 등 해당 종목의 팬이 아니더라도 이름만 들으면 누구나 아는 인물들이 많다. 물론 스포츠의 모든 영구결번이 행복한 이야기를 담고 있는 건 아니다. 가끔은 쓰라린 비극을 애도하고 추모하기 위해 지정되기도 한다. 한국 야구의 첫 영구결번이었던 OB 베어스(지금은 두산 베어스)의 등번호 54번은 주전 경쟁에서 밀린 스트레스로 25세의 어린 나이에 스스로 목숨을 끊은 김영신의 등번호였고 2017년에 창단한 NHL 신생팀 베이거스 골든 나이츠Vegas Golden Knights의 유일한 영구결번인 등번호 58번은 2017년 10월 1일에 일어난 라스베이거스 총기 난사 사건의 피해자 58명을 기리는 의미를 담았다.

이렇게 우리가 다양한 방식으로 누군가를 평생 기억하게 돕는 영구결번은 무려 100년 가까운 역사를 자랑하는 문화이자 전통이다. 1934년 아이스하키팀인 토론토 메이플리프스Toronto Maple Leafs가 에이스 베일리Ace Bailey라는 선수의 등번호 6번을 영구결번한 것이 프로스포츠 세계에서 나온 첫 영구결번이며 지금은 아이스하키를 넘어 야구와 축구, 농구 등 다양한 스포츠에서 영구결번의 사례를 어렵지 않게 찾을 수 있다.

NBA에도 영구결번 문화가 널리 퍼져 있다. 30개 구단 중 LA 클리퍼스와 토론토 랩터스를 제외한 28개 구단이 적어도 한 개 이상의 영구결번을 가지고 있는데 토론토는 아직 은퇴하지 않은 카일 라우리가 선수 생활을 마무리하면 그의 등번호 7번을 영구결번하겠다고 이미 선언했으니 사실상 클리퍼스만 영구결번이 없는 셈이다. 클리퍼스와는 반대로 가장 많은 영구결번을 가진 팀은 보스턴 셀틱스. 유구한 역사를 자랑하는 팀답게 무려 23개나 되는 영구결번을 보유하고 있다.

그런데 한 팀을 넘어 리그 차원에서 등번호가 영구결번으로 남은 선수도 있다. 이는 그 주인공이 한 구단의 팬덤을 넘어 리그 전체를 아우르는 인기를 누렸으며 그에 걸맞은 업적을 빚은 선수라는 걸 의미한다. 모든 구단의 동의를 얻어야 하기에 흔히 있는 일은 아니라 지난 2021년까지도 이런 경우가 딱 두 번만 있었다. 하나는 메이저리그에서 보이지 않는 장벽을 허물고 최초의 흑인 선수로 베이스를 밟은 재키 로빈슨Jackie Robinson의 등번호 42번, 다른 하나는 역사상 가장 위대한 아이스하키 선수로 불리는 웨인 그레츠키Wayne Gretzky의 등번호 99번이다. 그러던 2022년 8월, NBA도 로빈슨과 그레츠키의 사례처럼 리그 내 모든 구단에 영구결번이 될 등번호를 발표했다. 몇 차례 논의가 있었던 마이클 조던의 23번도, 너무나도 갑작스레 우리 곁을 떠난 코비 브라이언트의 8번과 24번도 아니었다. 6번이었다. 르브론 제임스를 비롯해 이미 6번을 사용하고 있던 10명의 선수만이 예외적으로 등번호를 바꾸거나 계속 6번을 쓸 수 있는 권리를 갖고 이들을 제외한 그 누구도 앞으로는 새롭게 6번을 달고 코트를 밟을 수 없다. 또한 NBA 사무국은 영구결번의 주인공이 된 이 선수에게 헌사를 보내고자 2022-2023시즌 경기에 나서는 모든 선수의 유니폼 오른쪽 어깨 부분에 숫자 6이 들어간 패치를 붙이고 30개 구단의 홈 경기장 바닥에도 클로버 모양의 6번 로고를 넣기로 했다. 다음 시즌부터는 농구 코트에서 '6'이라는 숫자를 이전만큼 자주 볼 수 없겠지만 올 시즌만큼은 농구장에서 '6'을 가장 많이 볼 수 있게 된 것이다.

이 6번의 주인공은 사실 우리가 바로 앞 챕터에서 스치듯 마주했다. 그가 바로 앞에서 만나본 레드 아워백과 커리어가 상당히 많이 얽혀 있는 인물이라 그렇다. 아워백의 지도 아래 10시즌을 보냈고 자신의 스승에게서 감독직 바통을 넘겨받아 선수이자 감독으로 3시즌을 보낸 이 인물은 농구라는 스포츠 안에서 탄생한 가장 위대한 승자이자 선구자였으며 재키 로빈슨처럼 처음이라는 말도, 웨인 그레츠키처럼 최고라는 말도 잘 어울리는, 누구에게나 존경받아 마땅한 남자였다. 심지어 코트 밖에서도 미국 사회의 발전을 위해 목소리를 높였다는 점에서 마틴 루터 킹 목사처럼 숭고하고 거룩하다는 말도 어울렸던 그의 이름은 바로 빌 러셀이다.

보스턴 셀틱스의 2022-2023시즌 시티 에디션 유니폼은 13시즌의 선수 생활을 모두 보스턴이라는 구단에서 보낸 러셀의 이야기를 담고 있다. 보스턴이 자주 입던 색깔보다는 조금 더 어둡고 짙은 느낌이 나는 초록색이 배경인 이 유니폼은 러셀이 1960년대에 운영했던 'Slade's Barbecue'라는 음식점 차양 문구의 글씨체를 가져와 적은 'Celtics'라는 문구가 중앙에 자리한다. 금색과 검은색 테두리가 유니폼 테두리를 감싸고 유니폼의 상의와 하의 옆면을 따라 뻗어 있는 검은색 면 안에는 보스턴 셀틱스의 홈구장 TD 가든의 마루 타일 무늬가 은은하게 보이며 그 위로 11개의 다이아몬드가 빛난다. 러셀이 선수 시절에 일궈낸 11번의 우승을 상징하는 이 다이아몬드들은 하의 밴드 중앙 부분에서 다시 원을 그리며 만나 러셀의 등번호인 '6'을 호위한다.

샌프란시스코 대학 시절부터 팀의 55연승을 이끄는 등 두 번의 우승을 차지하며 대학 무대를 쥐락펴락한 뒤 프로 무대로 건너와 정규시즌 통산 15.1득점 22.5리바운드라는 비디오 게임에서나 볼 법한 스탯 라인을 남기고 선수 생활을 마무리한 러셀은 우승만 11번이나 차지한 승리 괴물이었다. 이게 어느 정도인가 하면 NBA는 우승을 차지한 선수들에게 커스텀 반지를 선물하는 전통이 있어 특정 선수가 커리어 통산 몇 번이나 우승했는지를 물을 때 '반지가 몇 개인가?'라는 질문을 하는데, 러셀은 이 질문에 대한 답으로 손가락마다 반지를 하나씩 낀 채 두 손을 활짝 펼쳐 보여줘도 마지막 우승 반지 하나가 오갈 데 없이 덩그러니 남아버릴 만큼 우승을 많이 했다. NBA 사무국이 파이널에서 가장 우수한 활약을 펼친 선수에게 건네는 파이널 MVP 트로피의 이름을 '빌 러셀 트로피'로 바꾼 것도, 보스턴 셀틱스가 올 시즌 시티 에디션 유니폼을 딱 11번만 입고 경기에 나서는 것도 러셀의 이 특별한 업적을 기리기 위해서다. 우승 11회 외에도 올스타 선정 12회, 올-NBA팀 선정 11회, 정규 시즌 MVP 5회, 리바운드왕 4회 등 어마어마한 개인 기록의 소유자인 러셀은 득점력이 특출난 유형의 선수는 아니었지만 224cm에 달하는 윙스팬을 앞세워 팀 수비의 중심으로 활약했다. 특히 타고난 운동능력과 윙스팬의 합작품인 블록슛 능력이 타의 추종을 불허했다고 하는데 안타깝게도 NBA가 러셀이 은퇴한 후인 1973-1974시즌부터 블록슛을 공식 기록으로 인정하고 집계하기 시작한 탓에 통산 블록슛 순위에서는 그의 이름이 나오지 않는다.

러셀과 보스턴의 성공 시대는 앞 챕터에서도 살펴봤으니 지금부터는 그가 NBA 인권 투쟁의 상징이 된 이야기를 조금 더 깊게 전하려 한다.

사실 러셀이 처음 NBA 선수로서 코트를 밟은 1950년대는 지금보다 여건이 훨씬 안 좋았다. 그전부터 미국 사회에 널리 퍼져 있던 흑인 인종 차별이 상당히 심했기 때문이다. 러셀은 이 끔찍한 차별의 역사를 어렸을 때부터 피부로 느끼며 자랐다. 이웃 주민들의 따가운 눈초리와 편견에 못 이겨 러셀의 부모님이 이사를 결심하기도 했고 대학 시절 그를 비롯한 흑인 선수들이 두 번이나 팀의 우승을 이끌었음에도 백인 학생들에게 러셀과 그의 동료들은 그저 조롱거리에 불과했다. 이들이 얼마나 좋은 활약을 펼쳤는지보다는 백인이 아니라는 점이 더 큰 관심사였던 셈이다. NBA 무대에 와서도 크게 달라지는 건 없었다. 여전히 우리가 가늠할 수 없는 수준의 고통만이 러셀 주위에서 그를 날카롭게 찌를 뿐이었다. 코트 위에서는 경기를 지배하는 선수였을지 몰라도 경기장을 벗어나면 흑인 선수들을 향한 대우는 여전히 그대로였다. 1958년 올스타로 선발된 러셀이 1958-1959시즌 개막 전 다른 올스타 선수들과 함께 전미 투어를 다닐 때 분리 정책이 시행되던 노스캐롤라이나 지역의 한 백인 호텔 주인이 흑인 선수들에게는 방을 내어줄 수 없다며 러셀과 몇몇 흑인 선수들을 내쫓은 일화만 봐도 당시 사회가 얼마나 흑인에게 적대적이었는지를 알 수 있다.

그리고 기어이 러셀의 화가 임계선을 넘게 만드는 사건이 1961년에 터졌다. 러셀과 보스턴 셀틱스 선수단은 세인트루이스 호크스와의 시범 경기를 위해 켄터키주 렉싱턴을 찾았는데 러셀의 동료였던

샘 존스와 새치 샌더스, 그리고 상대 팀 선수였던 클레오 힐Cleo Hill
이 한 레스토랑을 방문했다가 '저희는 흑인에게 서빙할 수 없습니다'
라는 말을 듣고 발걸음을 돌렸다는 것이었다. 이를 전해 들은 러셀은
가만히 있지 않았다. NBA 챔피언의 자리에 올랐음에도 자신들을 향
한 시선이 변하지 않는다는 점에 분개한 러셀은 당시 감독이었던 레
드 아워백에게 예정된 시범 경기를 치르지 않고 먼저 보스턴으로 돌
아가겠다는 뜻을 전했다. 물론 그의 선택은 용감했지만 당시 사회 분
위기에는 반하는 행동임이 분명했기에 그만큼 위험했다. 아워백도
처음에는 이들을 설득하려 했다. 하지만 그 역시 무엇이 잘못되었는
지를 너무나도 잘 알고 있고 결국 아워백은 러셀과 그의 보이콧에 동
참하기로 한 K.C. 존스, 알 버틀러Al Butler를 공항까지 데려다줬다. 곧
장 비행기를 타고 렉싱턴을 빠져나온 러셀은 보스턴에서 이렇게 이
야기했다.

"흑인들도 부당한 대우에 반감을 느낀다는 걸 보여주고 싶었어
요. 우리가 이렇게 하지 않으면 세상은 절대 변하지 않습니다. 인간은
누구나 똑같이 대우받을 권리가 있어요. 다시는 이러한 사태가 벌어
지지 않았으면 좋겠지만 만약 또 이런 일이 생긴다면 저희는 그때도
가만히 있지 않을 겁니다. 기본적인 인권을 지키기 위해 오늘도 투쟁
을 계속하는 다른 흑인들과 앞으로도 뜻을 함께하겠습니다"

러셀은 세상의 변화를 위해 싸우겠다는 말을 행동으로 옮겼다. 워
싱턴을 찾아 '나는 꿈이 있습니다(I Have A Dream)'라는 말로 유명
한 마틴 루터 킹 목사의 연설을 현장에서 직접 들었고 베트남 전쟁 징
병을 거부해 옥살이를 한 세계적인 복싱 선수 무하마드 알리를 만나
러 클리블랜드를 찾아 그의 결정을 응원했다. 이것 말고도 러셀이 자
신만의 방식으로 목소리를 낸 일화는 또 있다. 흑인 인권운동가 메드
가 에버스Medgar Evers가 1963년 백인 우월주의자에 의해 암살당했

을 때 러셀은 그의 형인 찰스 에버스에게 전화를 걸어 그를 돕고 싶다는 뜻을 밝힌 뒤 곧장 미시시피로 날아가 작은 동네 운동장에서 흑인과 백인 아이들이 피부색에 상관없이 함께 어울릴 수 있는 농구 캠프를 열었다. 자신이 사랑하는 농구를 통해 인종 간의 거리를 잠시나마 줄이기 위해서였다. 이때 러셀이 미시시피를 찾은 일이 얼마나 큰 위험을 무릅쓰고 낸 용기였는지는 러셀과 찰스 에버스가 그날 밤을 어떻게 보냈는지만 들어도 알 수 있다. 메드가 에버스가 죽고 얼마 되지 않아 러셀 같은 유명인이 미시시피로 내려왔다는 건 또 다른 백인 우월주의자를 자극해 언제 러셀을 공격하게 만들지 모를 만큼 위험했다. 그래서 찰스 에버스는 소총을 무릎에 올려놓은 채 방문을 바라보고 쪽잠을 자며 자신의 키보다 훨씬 짧은 침대에 누워 잠을 청한 러셀의 옆을 밤새도록 지켰다. 그렇게 아찔했던 밤을 오랜 시간이 지나도록 추억으로 여기고 있던 찰스 에버스는 2011년 현지 언론과의 한 인터뷰에서 다시 한번 러셀에게 고마운 마음을 전했다.

"우리는 단지 흑인이라는 이유로 화장실도 마음대로 사용할 수 없었고 식수대에서 편히 물을 마실 수도 없었습니다. 투표할 권리도 당연히 없었고요. 그런데 러셀과 같은 사람 덕분에 우리는 이 멍청한 법이 언젠가는 바뀔 수 있겠다는 희망을 품었습니다. 러셀은 작은 변화를 직접 만들어냈습니다. 그의 꺾이지 않는 용기가 지금의 미시시피를 1963년과는 완전히 다른 곳으로 변화시켰습니다."

러셀은 스포츠 문화 발전에 이바지한 공로를 인정받아 2011년 2월 백악관에서 당시 미국 대통령이었던 버락 오바마Barack Obama에게 대통령 훈장을 받았다. 미국의 첫 유색인종 대통령이 미국 프로 스포츠 최초의 유색인종 감독에게 훈장을 건네는 상징적인 순간이었다. 오바마 전 대통령은 메달을 수여하기 직전에 많은 사람 앞에서 러셀을 이렇게 설명했다.

"빌 러셀은 대학 무대에서 두 번이나 우승을 차지했고 보스턴 셀틱스에서 13시즌 동안 무려 11번이나 팀의 우승을 이끌었습니다. 이는 그 어떤 종목의 선수도 넘볼 수 없는, 아무도 명함을 내밀 수 없는 어마어마한 기록입니다. 심지어 11번의 우승 중 두 번은 선수와 감독직을 병행하면서 만들어냈습니다. 그는 아프리카계 미국인으로는 처음으로 메이저 프로 스포츠 구단 감독 자리에 올랐습니다. 또한 다른 어떤 운동선수들보다도 'Winner(승자)'라는 말이 가장 잘 어울리는 선수였으며 피부색에 상관없이 모두의 존엄성과 인권을 지지하는 사람이었습니다. 그는 마틴 루터 킹과 함께 행진했고 무하마드 알리와도 뜻을 같이했습니다. 한 식당이 보스턴 셀틱스의 흑인 선수들에게는 시중들 수 없다며 그들을 손님으로 받기를 거절했을 때 러셀은 뛰기로 했던 경기에 출전하지 않겠다고 선언하며 목소리를 냈습니다. 선수 생활 내내 각종 반달리즘과 모욕을 견뎌내며 항상 자신이 아끼는 팀 동료들을 위해 농구만을 바라봤습니다. 모두가 우러러보는 그의 눈부신 커리어는 그렇게 완성됐습니다. 러셀이 아니었다면 그 누구도 이 여정을 완주하지 못했을 겁니다. 먼 미래에 보스턴 거리를 걷는 아이들이 러셀의 동상을 보고 단순히 한 선수가 아니라 한 인간으로 그를 기억하기를 바랍니다."

러셀은 2022년 8월 1일, 88세의 나이로 가족들 곁에서 생을 마감했다. 러셀의 발자취를 보고 자란 덕분에 사회 문제에 주저하지 않고 목소리를 낼 수 있었던 현재 NBA의 주역들은 물론 리그 전체가 슬픔에 잠겼다. 애덤 실버 NBA 총재는 러셀의 리그 전체 영구결번 소식과 함께 그의 타계를 애도하는 메시지를 다음과 같이 발표했다. 이를들은 러셀의 영혼은 아마 지금까지도 온화한 미소와 따뜻한 마음씨로 모두의 농구공을 어루만지며 축복을 보내고 있지 않을까?

"빌 러셀은 모든 팀 스포츠를 통틀어 가장 위대한 챔피언이었습니다. 이미 널리 알려진 그의 커리어에서 11번의 우승과 5개의 MVP 트로피를 포함해 그가 보스턴 셀틱스에서 만들어낸 무수한 업적은 러셀이 이 리그와 사회에 남긴 방대한 영향력의 극히 일부일 뿐입니다. 러셀은 스포츠보다 더 중요한 것들을 위해 싸워왔습니다. 그가 외친 평등과 존중, 포용의 가치는 현재 이 리그의 DNA가 되어 여전히 남아 있습니다. 커리어가 정점에 다다랐던 순간에도 빌 러셀은 시민권과 사회 정의를 위해 목소리를 높였고 이는 그의 발자취를 따르는 후배 선수들에게 훌륭한 유산이 됐습니다. 우리가 상상할 수 없을 만큼 많은 조롱과 도발, 위협과 역경 속에서도 러셀은 그 모든 것을 넘어 두 발로 당당히 섰습니다. 그리고 모두의 존엄성이 중요하다는 신념을 잃지 않았습니다. 빌 러셀이 최초의 흑인 감독으로서 커리어를 마친 후로 35년 가까운 시간이 흘렀지만 우리는 그의 모습을 각종 NBA 관련 행사에서 확인할 수 있었습니다. NBA 파이널 MVP에게 '빌 러셀 트로피'가 전해지는 순간에도 그를 만날 수 있었던 건 제게 큰 행운이었습니다. 저는 러셀과의 우정을 소중히 여깁니다. 그가 대통령 자유 훈장을 받는 순간은 아직도 잊을 수 없습니다. 그가 얼마나 시간을 초월했는지를 생각하면 저는 종종 러셀이 마치 NBA의 베이브 루스Babe Ruth와도 같다는 생각을 합니다. 빌 러셀은 최고의 승자이자 완벽한 동료였습니다. 우리는 이 리그 안에서 그런 그의 영향력을 영원히 느낄 수 있을 겁니다. 그의 아내와 가족, 또 수많은 그의 친구들에게 진심을 담아 깊은 애도를 표합니다."

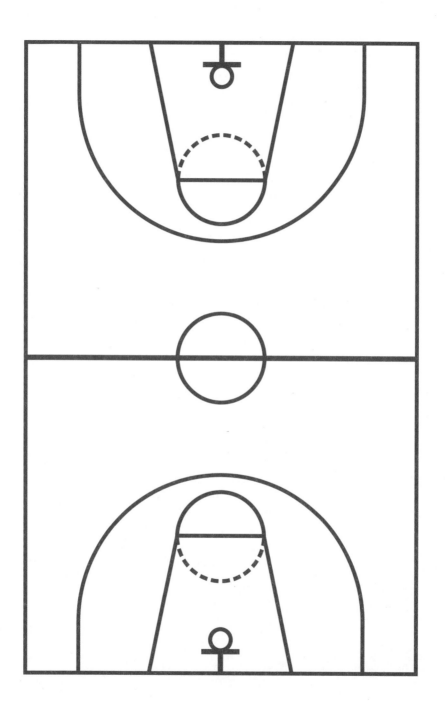

2020-2021
시카고 불스 시티 에디션

피 끓는 야망가

일리노이주의 대표 도시 시카고는 뉴욕, LA와 함께 미국 3대 도시로 불린다. 공교롭게도 컵스Chicago Cubs와 화이트삭스Chicago White sox의 연고지 시카고, 양키스New York Yankees와 메츠New York Mets가 머무르는 뉴욕, 에인절스Los Angeles Angels와 다저스Los Angeles Dodgers의 연고지인 LA만이 한 도시에 MLB 팀이 쓰는 홈경기장이 두 개씩 있는 곳이다. 이렇게 미국의 한 축을 담당하는 시카고의 가장 잘 알려진 별명은 '바람의 도시'라는 뜻의 윈디 시티The Windy City다. 그런데 시카고에 순전히 바람이 많이 불어서 이런 별명이 붙은 것은 아니다. 미시간 강을 따라 강한 바람이 불기는 하지만 시카고는 미국에서 바람의 평균 속도가 가장 빠른 도시도 아니고 심지어 해당 부문 상위 20개 도시 안에도 이름을 올리지 못한다. 이러한 별칭이 붙은 이유를 알아보기 위해서는 지금으로부터 150년 가까이 거슬러 올라가야 한다. 시카고에 거센 토네이도가 불었던 1876년에 신시내티 인콰이어러The Cincinnati Enquirer라는 언론사가 처음으로 이 표현을 쓴 일이 그 출발점이었다. 여기에 시카고와 뉴욕이 엑스포Expo의 전신인 1893년 만국 박람회 World's Columbian Exposition 개최지 자리를 놓고 치열한 설전을 벌이던 시절 뉴욕 선The New York Sun이라는 언론사의 한 기자가 뉴욕의 승리를 위해 시카고를 홍보하고 다니던 지지자들을 비꼬려고 사견으로 시카고 정치인들을 모두 허풍쟁이라 표현하며 'Full of Hot Air'라는 구절을 사용한 이후 시카고에 '윈디 시티'라는 이미지가 조금씩 굳어지기 시작했다. 하지만 시간이 지나면서 시카고를 부르는 새로운 표현의 의도는 사람들의 머릿속에서 지워진 채 그 별명만 남게 됐고 그렇게 윈디 시티는 시카고의 또 다른 이름이 됐다.

그런데 이것 말고도 시카고를 수식하는 다른 별명이 하나 더 있다. 바로 '건축의 도시'다. 과거 기술의 한계를 아예 무시할 수는 없기에 구름과 맞닿을 듯한 지금의 마천루Skyscraper들과 절대적인 평균 높이를 비교할 수는 없지만 그래도 시카고는 다양한 디자인의 고층 빌딩이 일찌감치 자리를 잡은 현대 건축의 살아있는 유적지다. 이렇게 혁신적인 건축물들의 보고가 될 수 있었던 데는 남들이 보지 못했던 곳을 바라보며 뜨거운 가슴으로 시카고를 어루만진 한 남자의 공이 컸다. 바로 미국의 가장 저명한 건축가 중 하나인 시카고 건축의 아버지, 다니엘 번햄Daniel Burnham이다.

시카고 불스의 2020-2021시즌 시티 에디션 유니폼 디자인은 시카고 건축 세계에 보내는 찬사로 가득 차 있다. 그중에서도 제1차 세계대전이 끝난 후 1920년대와 1930년대 미국에서 주목받았던 미술 양식인 아르데코Art Deco 스타일과 관련된 요소들이 곳곳에 나타나 있다. 아르데코 스타일은 직선과 곡선이 만나면서 생겨나는 기하학적인 패턴, 어느 한 곳을 기준으로 잡고 선을 그었을 때 가지런히 접히는 듯한 느낌을 주는 대칭성, 화려하게 빛나는 장식들과 반짝이는 포인트를 더해주는 금색 활용 등이 대표적인 특징인 건축 양식으로 시카고 불스의 홈경기장인 유나이티드 센터United Center를 비롯한 시카고의 많은 건물에서 아르데코 스타일의 향기를 느낄 수 있다. 우선 이 유니폼에는 약간은 밝은 느낌을 주는 검은색 배경에 시카고 불스를 대표하는 색상인 빨간색이 살짝 섞여 있다. 여기에 아르데코 스타일로 지어진 시카고 중심가 건물들의 핵심 요소인 금빛 장식을 표현하기 위해 디자인의 중심을 잡아주는 색깔로 금색을 사용했다. 팀 이름과 등번호의 글씨체 역시 아르데코 스타일과 잘 어울리는데 이는 유나이티드 센터 내 표지판에서 사용되는 폰트에서 영감을 받았으며 금색 글씨에 빨간색 음영을 넣어 다른 디자인 요소들보다 두드러지는 효과를 줬다. 하의는 크고 작은 다이아몬드들이 눈길을 사로잡는다. 가장 아래에 있는 제일 큰 다이아몬드 중앙에는 구단의 상징 동물인 붉은 황소가 매서운 눈초리로 카리스마를 뿜어내고 네 꼭짓점에는 중앙에서 여섯 갈래로 퍼지는 별이 존재감을 드러낸다. 시카고의 시 깃발에서 가져온 이 네 개의 별은 마치 건물을 지을 때 금속 자재를 결합하는 리벳처럼 다이아몬드를 바지에 고정하는 듯한 주기 위해 시 깃발에서처럼 일렬이 아니라 하나씩 따로 떨어져서 배치되었다. 또한 가장 큰 다이아몬드 위로 여러 개의 크고 작은 다이아몬드들은 서로를 감싸고 겹치면서 상의와 하의 옆면 전체에 걸쳐 신비롭고 독특한 기하학적 무늬를 만들어내는데 이는 앞서 언급된 아르데코 스타일을 유니폼 안에서 시각적으로 가장 확실하고 명확하게 보여주는 부분이다. 마지막으로 상의 우측 끝에는 선수들이 항상 목표를 크게 잡고 더 높은 곳을 바라보며 팀과 팬들, 그리고 도시를 위해 항상 최선을 다하기를 바라는 마음을 담아 '작은 계획은 없다(No Little Plans)'라는 문구를 새겨 넣었다.

　뉴욕에서 태어나 시카고에서 자란 번햄은 어려서부터 건축에 관심이 많았다. 보이지 않는 목소리가 자신을 건축의 세상으로 부르는 듯한 느낌을 받았다며 부모님에게 제일가는 건축가가 되겠다 다짐하기도. 그렇게 건축가로서의 꿈을 조금씩 키워나간 번햄은 1873년 전에 다니던 회사에서 만난 유럽 유학파 존 루트John Root와 함께 새 건축 사무소를 차렸다. 이 둘은 첫 고객이자 시카고의 대부호였던 존 셔먼John Sherman의 의뢰를 성공적으로 마무리하면서 빠르게 입지를 다질 수 있었다. 심지어 번햄은 이때 셔먼의 딸 마가렛을 만나 백년가약까지 맺었으니 일과 사랑이라는 두 마리 토끼를 모두 잡은 욕심쟁이가 따로 없었다.

서로에게 너무나도 잘 맞는 파트너였던 번햄과 루트는 잘 될 수밖에 없었다. 두 사람 모두 천부적인 재능을 가진 건축가였지만 각자 특화된 분야가 확연히 달라 좋은 시너지를 냈다. 우선 번햄은 건물이 완공되는 날까지 의도하지 않은 길로 엇나가지 않도록 건설 현장을 감독하는 일을 잘했다. 반면 루트는 건물의 기본적인 방향성은 놓치지 않으면서도 각종 디자인 요소를 적재적소에 배치해 한방에 건물의 초기 디자인을 바로 잡을 정도로 미적 감각이 뛰어났다. 그렇게 루트가 구상하고 번햄이 지으면 그 어떤 고객도 만족시킬 수 있는 아름다운 건물이 완성됐다.

이후에도 번햄과 루트는 여러 프로젝트를 성공시키며 승승장구했다. 1881년에 지은 몬탁 빌딩Montauk Building은 당시 시카고에서 가장 높은 건물이자 처음으로 마천루라는 표현이 사용된 고층 빌딩이었다. 1888년에 완공한 11층짜리 루커리 빌딩Rookery Building은 무려 130년이 넘게 흐른 지금까지도 시카고의 거리를 지키는 건물이다. 특히 루커리 빌딩에서는 이전까지 미국에서 볼 수 없었던 새로운 시도를 고층 건물에 접합시켰다. 바로 복층 구조의 로비다. 루커리 빌딩의 정문을 열고 들어가면 대저택에서나 볼법한 큰 계단이 정면에 자리해 있다. 그 위로는 루트가 고안한 아름다운 유리 천장이 햇빛을 고스란히 빨아들여 로비 전처에 골고루 흩뿌린다. 고층 빌딩의 전형적인 틀에서 벗어난 이 디자인은 프랑스 백화점에서 영감을 받았는데 상점가에 빛이 가득 들어오도록 돕고 그 위로 입주하는 사무실에는 충분한 양의 채광을 제공해 미적 감각만 충족하는 것이 아니라 실용적인 측면까지 꽉 잡았다. 또한 중세 유럽을 떠올리게 만드는 외관에 비잔틴 양식에서 볼 수 있는 대칭 무늬, 베네치아풍의 진홍색 벽, 이슬람 문화권에서 흔히 볼 수 있던 아치 등 다양한 요소를 활용해 건물 자체가 주는 화려함을 한층 더 강화했다.

하지만 1891년 잘 나가던 번햄에게 크나큰 시련이 닥친다. 바로 그의 하나뿐인 동료였던 루트가 폐렴으로 41세라는 이른 나이에 세상을 떠나고 만 것. 루트의 갑작스러운 죽음은 번햄에게 큰 충격으로 다가왔다. 그러나 한 건축 회사의 수장이었던 번햄은 자신이 그대로 주저앉아 있을 수 없다는 사실을 누구보다 잘 알고 있었기에 슬픔은 묻어두고 다시 움직였다. 오히려 빠르게 회사를 재편해 변화를 모색했다.

번햄이 가장 먼저 손을 댄 일은 루트와 함께 있을 때 제안받았던 1893년 시카고 만국 박람회의 디자인 및 건설 프로젝트였다. 1492년 크리스토퍼 콜럼버스Christopher Columbus가 신대륙을 발견한 지 400주년이 된 것을 기념하기 위해 역대 만국 박람회 중 가장 큰 규모로 열릴 예정이었던 이 박람회에 많은 관심이 쏠렸기 때문에 이 박람회를 성공적으로 개최하는 건 번햄뿐만 아니라 시카고에도 상당히 중요했다. 번햄이 새로 꾸린 팀은 루트가 디자인했던 다채로운 색채가 돋보이는 모던한 스타일의 기존 아이디어를 버리고 새로운 계획을 준비했다. 웅장한 느낌을 줄 수 있는 신고전주의와 현대적인 재료로 고전 양식을 표현하는 보자르 스타일Beaux-Arts을 활용해 고전미를 물씬 풍기는 건축물과 우아한 광장, 눈에 확 들어오는 조각상과 운하로 공간을 채웠다. 그렇게 탄생한 미래 도시 모델이 도시가 어느 방향으로 나아가야 하는지에 대해 시카고가 내놓은 답, 이른바 화이트 시티White City였다.

번햄은 화이트 시티를 위해 집을 근처 판잣집으로 옮겨 건설 현장을 감독하는 데 최대한의 시간을 쏟았다. 이런 그의 진심이 통했는지 화이트 시티는 엄청난 호평을 받았고 이 프로젝트에 참여한 건축가들은 몰려드는 고객들로 한동안 눈코 뜰 새 없이 바쁜 나날을 보냈다. 이는 주가가 치솟은 번햄도 마찬가지였다. 루트와 함께 일할 때까지만 해도 건축가보다는 사업가로서의 이미지가 강했던 번햄은 만국박람회를 통해 그가 가진 역량을 유감없이 뽐내며 자신이 얼마나 뛰어난 건축가인지를 입증했다. 이후 1896년 피셔 빌딩Fisher Building, 1897년 필라델피아의 랜드 타이틀 빌딩Land Title Building, 1901년 뉴욕의 플래티론 빌딩Flatiron Building 등을 세우며 미국 곳곳에 자신의 흔적을 남겼다. 하지만 번햄은 늘 가슴 속에 더 큰 야망을 간직했다. 바로 도시 계획을 통해 자신이 어린 시절을 보낸 시카고를 재탄생시키는 일이었다.

19세기 말의 시카고는 병들어 있었다. 1871년에 일어난 시카고 대화재Great Chicago Fire 이후 대대적으로 도심에 다시 숨을 불어 넣어야 했기 때문이다. 1800년대 중반까지만 해도 부유했던 시카고를 무릎 꿇게 만든 이 참사는 도심을 3일 만에 말 그대로 쑥대밭으로 만들었다. 도심 외곽의 한 차고에서 시작된 불은 삽시간에 번져 300명 가까운 사람들의 목숨을 앗아가고 17,000채가 넘는 건물을 폐허로 만들었다. 10월의 건조한 날씨와 남서쪽에서 부는 바람이 불길을 키웠는데 하필 시카고 도심의 건물이 대부분 목재로 지어졌던데다가 양수 시스템도 화재로 인해 파괴되면서 그 피해가 빠르게 커졌다. 이 화재로 인해 9만 명이 넘는 사람들이 삶의 터전을 잃고 거리에 내앉는 신세가 됐다. 당시 시카고의 인구가 약 32만 명 정도였다는 점을 고려하면 시카고에 살던 세 명 중 한 명이 갑작스레 노숙자로 전락한 꼴이었다.

하지만 빠르게 돌아가는 세상은 허물어진 도시의 뼈대를 차분하게 재건할 충분한 시간을 주지 않았다. 급한 불만 끄고 다시 산업의 중심지 역할을 수행해야 했기 때문이다. 하지만 이 결정이 화를 불렀다. 산업화의 영향으로 갈수록 많은 사람이 시카고로 넘어오면서 시카고 대화재가 일어난 지 20년 만에 인구가 2.5배 이상 늘어났는데 도시의 발전 속도가 인구 급증 속도를 따라가지 못하면서 시카고 시민들의 삶의 질은 바닥까지 떨어졌다. 스모그로 인해 맑은 하늘을 보기가 어려웠고 전차와 마차로 가득했던 비포장도로는 건물들보다 지대가 낮다 보니 비만 오면 순식간에 질퍽질퍽해졌다.

1893년 만국 박람회 이후 본격적으로 도시 계획에 착수하게 된 번햄은 클리블랜드와 샌프란시스코부터 필리핀의 마닐라와 바기오까지 여러 도시 계획에 참여했던 경험을 자양분 삼아 1909년 시카고 도시 계획이자 번햄 플랜이라고 불리는 '플랜 오브 시카고'를 발표했다. 이전부터 프랑스 건축에서 많은 아이디어를 얻었던 번햄은 이번 도시 계획을 통해 시카고가 미국의 파리로 거듭나기를 원했다. 번햄이 플랜 오브 시카고에서 주목한 포인트는 크게 6가지였다. 우선, 시카고와 맞닿아 있는 오대호의 호반을 따라 수변 공간을 조성하고 누구나 걸어서 공원에 갈 수 있어야 한다는 신념에 맞춰 도시 곳곳에 공원을 만들고자 했다. 그리고 고속도로와 철도 시스템을 정비해 사람들이 최대한 효율적으로 움직일 수 있는 동선을 제시했다. 또한 복잡했던 거리를 넓힘으로써 효율성을 늘리고 시민들의 삶의 질을 높이기 위한 문화 공간으로 도시 중앙에 필드 자연사 박물관Field Museum과 시카고 미술관Art Institute of Chicago, 존 크레라 도서관John Crerar Library으로 구성된 그랜트 파크를 설립하려 했다.

건설 현장을 지휘하던 시절부터 꼼꼼하기로는 둘째가라면 서러웠던 번햄은 플랜 오브 시카고에서 도로 포장재와 폭은 물론 호수를 따라 어떤 나무를 심으면 좋을지까지 세세하게 제시했다. 번햄의 계획이 하나부터 열까지 모두 현실이 되지는 않았지만 그가 내놓은 플랜은 20세기 들어 시카고가 발전하는 데 좋은 지침이 됐다. 물가 근처였던 덕에 일찌감치 곡물과 옥수수, 목재를 기반으로 하는 경제의 중심지이자 미국 전역으로 뻗어나가는 거미줄처럼 촘촘한 철도 네트워크의 심장이었던 시카고는 미국에서 두 번째로 오랜 역사를 자랑하는 전철 시스템 '시카고 L'이 가져온 도심 내 이동의 편리성과 시카고를 일과 생활에 모두 적합한 도시로 만들어준 넓고 다양한 거리에 힘입어 오늘날까지도 대도시의 역할을 다하는 중이다. 번햄이 없었다면 각양각색의 건물과 푸르른 자연이 조화를 이루면서도 건축의 살아 있는 역사를 품은 지금의 시카고를 보기는 아마 어려웠을 것이다. 플랜 오브 시카고를 발표한 뒤 3년 만에 건강 악화로 세상을 떠난 번햄이 하늘에서 지금의 시카고를 본다면, 아마 흐뭇하게 미소를 지을 것이다.

번햄은 살아생전 이런 말을 남긴 적이 있다.

"작은 계획은 세우지 마라. 그건 누군가의 피를 끓어오르게 만드는 마법의 재료가 될 수 없을뿐더러, 그 자체만으로는 존재감을 내기가 어려울 것이다. 계획을 크게 세우고, 원대한 희망과 함께 노력하라. 고결하고 논리적인 그림은 한 번 세상에 나오면 절대 사라지지 않는다는 것을 명심하라. 우리의 유한한 삶이 끝나도, 그것은 스스로 무한히 자신의 입지를 확고히 할 것이다."

앞서 언급된 시티 에디션 유니폼 하단에 새겨진 문구 'No Little Plans'도 이 말의 서두인 'Make no little plans'에서 따온 말이다. 좋은 디자인과 계획의 영원한 힘을 믿었던 번햄은 과거와 현재의 균형을 맞추며 도시의 질을 한 단계 끌어올린 개척자였다. 그런데 사실 번햄은 건축 회사에서 일하기 전이었던 20대 초반 시절 한 분야에서 오래 머물지 못한 채 쉽게 흥미를 잃곤 했다. 친구들과 금맥을 찾아 네바다주로 훌쩍 떠나기도 했고 약사와 유리창 판매원 등 다양한 직업에 살짝씩 발을 담갔다 뺀 청년이었다. 하지만 그가 40년 가까이 건축을 향한 열정을 잃지 않을 수 있었던 원동력은 근본적으로 자신이 좋아하는 무언가를 진심으로 즐길 줄 아는 내면의 힘 덕분이었다. 그 마음을 바탕으로 항상 더 큰 꿈을 꾸고 더 높은 곳을 바라본 게 번햄의 가장 큰 무기인 끓어오르는 야망으로 승화됐다. 아무도 가보지 않은 길을 걸으면 낯설고 두렵겠지만 실패가 두려워서 아무것도 시도하지 않으면 성공도 영원히 얻을 수 없다. 번햄의 말처럼 희망을 품고 계속 도전한 덕분에 우리가 지금 그가 살던 100년 전 세상보다 수없이 많은 걸음을 앞으로 내디뎌 이 자리에 와있는 건 아닐까?

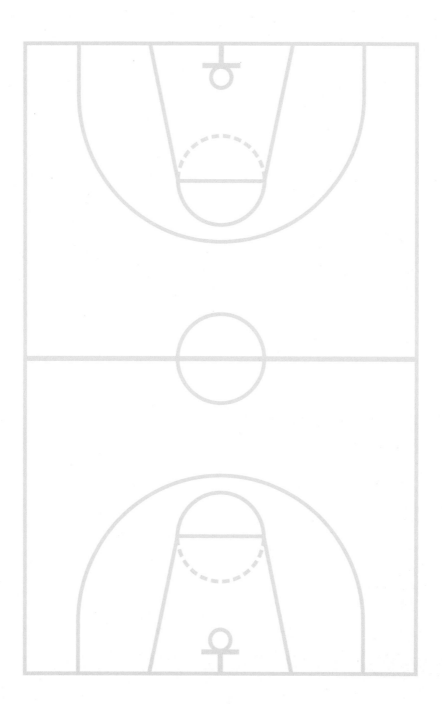

2017-2018
LA 레이커스 시티 에디션

2020-2021
LA 레이커스 시티 에디션

　어느 리그에나 명문 구단은 있다. 하지만 그런 칭호는 그저 팀이 만들어진 지 오래됐다는 조건만으로 쉽게 얻을 수 있는 것이 아니다. MLB의 뉴욕 양키스나 스페인 라 리가의 레알 마드리드Real Madrid CF처럼 역사와 전통을 자랑하면서도 꾸준히 좋은 성적을 기록한 소수의 팀만이 특정 리그를 넘어 한 종목을 대표하는 명문 구단으로 불릴 수 있다.

　NBA에도 이런 팀이 있다. 1947년 창단한 이래로 현재 30개 구단 중 가장 많은 61번의 플레이오프를 경험했으며 플레이오프 무대에서 치른 통산 경기 수도 761경기로 1위를 달리는 팀. 조지 마이칸George MIkan, 제리 웨스트Jerry West, 엘진 베일러Elgin Baylor, 카림 압둘-자바Kareem Abdul-Jabbar, 매직 존슨, 코비 브라이언트, 샤킬 오닐, 르브론 제임스 등 1950년대부터 지금까지 프랜차이즈를 대표하는 슈퍼스타가 없었던 날이 없었던 팀. 농구선수라면 한 번쯤은 입어 보고 싶은 퍼플&골드 유니폼으로 잘 알려진 세계 최고의 농구 명문, 바로 LA 레이커스다.

　2017-2018시즌부터 2020-2021시즌까지 공개된 레이커스의 시티 에디션 유니폼들 사이에는 특별한 연결고리가 있다. 바로 네 유니폼 모두 하나의 주제를 관통하는 시리즈로 제작됐다는 점이다. 4년 동안 명맥을 이어간 이 시리즈의 이름은 'LORE' 시리즈. 쉽게 말해 옛날이야기 특집 되시겠다. 이 시리즈의 핵심은 과거 레이커스 유

니폼을 입고 코트를 누볐던 최고의 선수들에게 보내는 찬사에 있으며 시즌마다 공개된 유니폼은 각각 다른 전설적인 선수들에게서 영감을 얻어 제작된 디자인을 채택했다. 특히 모티브가 된 전설들이 직접 디자인에 참여했다는 점에서 이 유니폼들은 더욱 깊은 의미를 가진다. 이번에는 1부와 2부에 걸쳐 레이커스라는 팀을 대표했던 네 명의 레전드를 소개하려고 한다. 먼저 1부에서는 별명이 동물과 관련된 두 선수가 우리를 기다린다.

가장 먼저 만나볼 레이커스의 2017-2018시즌 시티 에디션 유니폼 디자인은 보자마자 검은색 뱀을 떠올리게 만들 만큼 범상치 않은 아우라를 지녔다. 뱀 가죽 무늬의 배경이 유니폼 전체에 퍼져 있고 그 위로는 레이커스 구단의 상징색인 금빛 노란색이 팀 이름과 선수 등번호의 테두리, 상의와 하의의 윤곽선에서 빛난다. 여기에 또 하나의 상징색인 보라색 역시 골드가 그려내는 테두리 중앙에서 확실하게 존재감을 드러낸다. 하의 밴드 중앙에는 유니폼의 모티브가 된 인물이자 직접 디자인 제작에도 참여한 오늘의 첫 번째 주인공을 상징하는 등번호 '24'가 구단의 연고지인 LA와 함께 적혀 있고 유니폼 측면에는 레이커스가 유니폼이 출시됐을 당시까지 거둔 16번의 파이널 우승을 의미하는 16개의 별이 일렬로 줄을 서 있다. 미끈한 뱀과 닮아있는 이 유니폼이 리스펙을 보내는 인물은 많은 선수가 본보기로 삼는 리그의 아이콘, '블랙맘바Black Mamba' 코비 브라이언트다.

블랙맘바는 아프리카에 서식하는 독사의 일종을 가리키는 말이다. 이름만 보면 겉모습이 검은색이라 이런 이름이 붙었을 것 같지만 사실 입 안이 어두운 회색 내지는 검은색을 띠는 점이 이름의 유래인 블랙맘바는 킹코브라에 이어 세계에서 두 번째로 몸통이 긴 독사다. 땅을 기는 속도가 상당히 빠르고 독도 치명적인 데다가 공격성도 다른 뱀들에 비해 훨씬 강해서 현존하는 뱀 중 가장 위험한 종으로 꼽힌다.

　코비는 블랙맘바라는 별명을 자기 손으로 직접 지었다. 그 이유는 이 뱀을 좋아해서가 아니다. 사실 블랙맘바는 쿠엔틴 타란티노 Quentin Tarantino의 영화 <킬 빌>에서 과거 암살자 조직에 몸담았다가 결혼식에서 끔찍한 사고를 당해 죽음의 문턱까지 다녀온 뒤 복수를 위해 다시 일어난 주인공의 코드 네임이다. 코비는 이 영화를 보고 농구 코트 안에 들어서면 코트 밖의 자신과는 완전히 다른 자아를 꺼내 냉정한 킬러 본능을 유감없이 뽐내겠다는 마음을 담아 자신을 블랙맘바라고 불렀다.

　이후 '맘바'는 코비를 상징하는 말이 됐다. 말 그대로 코비와 관련된 것 중 맘바가 안 들어가는 말이 없을 정도였다. 코비와 나이키, 그리고 LA의 비영리 단체인 LA 보이즈 앤 걸스 클럽이 손을 잡고 아이들에게 무료로 스포츠를 접할 수 있는 기회를 제공하기 위해 설립한 유소년 농구 리그의 이름은 맘바 리그, 코비가 농구뿐만 아니라 다양한 종목 선수들의 트레이닝을 돕기 위해 세운 아카데미의 이름은 맘바 스포츠 아카데미, 어떤 상황에서도 흔들리지 않는 코비 특유의 승부욕과 정신력은 '맘바 멘탈리티Mamba Mentality'라고 불렸다. 심지어 현지 시간으로 2016년 4월 13일, 선수로서 맞이한 마지막 경기가 끝난 후 은퇴를 마주한 코비가 코트 위에서 팬들에게 건넨 마지막 인사도 'Mamba Out(맘바는 이제 물러갑니다!)'였다.

　2000년대 최고의 선수였던 코비는 1980년대와 1990년대에 전성기를 보냈던 조던의 플레이를 보고 자라지 못한 지금의 어린 NBA 선수들 세대에게는 최고의 롤모델이었다. 그는 수많은 동료가 입에 침이 마르도록 칭찬하는 우상이자 조던 정도를 제외하면 그를 넘어설 수 있는 슈팅가드가 없다고 평가받는 환상적인 커리어의 소유자다. 코비는 1996-1997시즌부터 2015-2016시즌까지, 1996년생인 필자가 태어나서 대학교 2학년이 될 때까지, 강산이 두 번이나 변할 동안 오직 레이커스 소속으로만 코트를 밟았다. 다른 NBA 팀 유니폼을 입고는 한 번도 코트에 나선 적이 없다. 그리고 무려 1,346경기를 소화하며 레이커스에 5번의 우승을 안겼다. 특히 1999-2000시즌부터 2001-2002시즌까지는 세 시즌 연속 우승 트로피를 들어 올리며 새로운 왕조의 탄생을 널리 알렸다. 스포츠의 비즈니스적인 측면이 강화되면서 선수들이 한 구단에 머무르는 일이 갈수록 어려워진다는 흐름을 고려하면 데뷔부터 은퇴까지 단 한 구단에서만 뛰는 '원클럽맨'으로 한 프랜차이즈에만 충성했다는 점은 팬들이 사랑할 수밖에 없는 이유였다.

21년의 선수 생활 동안 남긴 개인 수상 기록도 화려하다. 선수로 보낸 20시즌 중 18시즌이나 올스타 무대를 밟은 코비보다 더 많이 올스타로 선정된 선수는 무려 올스타 선정 19회에 빛나는 카림-압둘 자바가 유일하다. 또한 올-NBA 팀 선정 15회와 올-NBA 퍼스트 팀 선정 9회는 르브론 제임스에 이어 역대 2위에 해당한다. 여기에 통산 득점 33,643점으로 NBA 역대 득점 랭킹 4위에 올라 있으며 2000년대 중반에는 득점왕 타이틀도 두 번이나 거머쥐었다. 그리고 수비력으로만 평가하는 NBA 올-디펜시브 팀NBA All Defensive Team에도 무려 12번이나 선정됐다는 점은 코비가 공격 상황은 물론 수비에서까지 항상 팀을 위해 최선을 다하는 선수였다는 사실을 증명해준다. 그래서 놀라운 기록들이 이렇게나 많다 보니 이 정도의 클래스를 가진 코비가 정규 시즌 MVP를 2008년에 딱 한 번 받았다는 것이 어색할 정도다. 그리고 코비는 2006년 1월에는 한 경기에 혼자서 81득점을 기록하며 'Mr. 81'이라는 별명을 획득했는데 이때 코비의 한 경기 최다 득점 기록을 넘어서 본 적이 있는 선수는 1962년 무려 한 경기 100득점을 올린 월트 체임벌린Wilt Chamberlain뿐이다. 'Mamba Out'을 외치며 정든 코트를 떠난 은퇴 경기에서도 혼자 60득점을 기록하는 기염을 토하며 마지막까지 코비다운 모습을 보였다.

그런데 선수 생활이 끝난 후에도 영원히 우리 곁에 남아 따뜻한 미소를 보여줄 것만 같았던 코비에게 아무도 예상치 못한 비극이 찾아왔다. 현지 시각 2020년 1월 26일, 둘째 딸 지아나 브라이언트 Gianna Bryant와 함께 자신이 세운 맘바 스포츠 아카데미로 향하던 코비는 헬리콥터 추락 사고로 갑작스레 세상을 떠났다. 코비와 지아나를 포함해 헬리콥터에 타 있던 9명이 모두 목숨을 잃은 끔찍한 사고였다.

이 소식을 들은 후 경기를 앞둔 선수들과 감독 및 NBA 관계자들은 좋은 전설이자 동료, 친구이자 선망의 대상이었던 코비를 잃고 깊은 슬픔에 잠겼다. 많은 선수가 경기 전 벤치에 앉아 수건으로 얼굴을 덮고 눈물을 훔쳤다. 심지어 코비와 각별한 사이였던 카이리 어빙 Kyrie Irving과 크리스 폴Chris Paul은 마음을 추스르려 노력했지만 결국 예정된 경기에 나서지 못했다. 당시 포틀랜드 트레일블레이저스 소속이었던 카멜로 앤서니Carmelo Anthony는 코비가 세상을 떠난 날 원래 경기장에서 그를 만나기로 했었다고 한다. 경기장을 찾아 자신에게 응원을 보내겠다고 약속했던 친형 같은 존재가 너무나도 갑자기 세상을 떠난 일은 리그에서 산전수전 다 겪은 앤서니조차도 이겨내기 힘든 시련이었다. 그는 경기가 끝난 후 인터뷰에서 이렇게 말했다.

"저와 코비 사이의 우정은 단순히 농구로 만난 수준을 넘어섰습니다. 서로를 가족처럼 대하는 관계였죠. 코비의 사고 소식을 들었을 때 온몸에 감각이 하나도 느껴지지 않았습니다. 눈앞도 깜깜해지더라고요. 경기를 준비하면서 마음을 다잡기가 정말 힘들었습니다. 오늘 경기는 아마 제 평생 가장 뛰기 힘들었던 경기로 남을 것 같아요.

그래도 경기를 포기할 수는 없었습니다. 제가 아는 코비라면 아마 제가 오늘 경기에 뛰기를 바랐을 것 같았습니다."

비통하기는 각별한 사이였던 르브론 제임스도 마찬가지였다. 르브론과 코비는 헬리콥터 사고가 일어나기 불과 하루 전에 같은 경기장에 선수와 관객으로 함께 호흡했다. 당시 르브론이 코비의 기록을 넘어 NBA 통산 득점 역대 3위로 올라섰는데 그 모습을 현장에서 보고 직접 축하의 인사를 건네기 위해 코비가 경기장을 찾아서 두 선수가 만날 수 있었다. 경기가 끝난 후 르브론은 언론과의 인터뷰에서 코비와 관련된 이야기를 오래 나눴다. 라커룸에서는 코비의 축하 전화도 받았다고 한다. 그때 동료들과 함께 들었던 코비의 목소리가 그의 마지막 인사가 될 줄은 꿈에도 몰랐을 것이다. 다음은 르브론이 자신의 SNS에 남긴, 코비에게 쓰는 마지막 편지다.

"마음의 준비는 안 됐지만, 이제는 이 말을 해야 할 것 같아요. 앉아서 뭔가를 계속 쓰려고 했지만 그럴 때마다 당신과 지아나의 모습, 그리고 우리의 우정과 형제애가 떠올라서 자꾸만 눈물이 나요. 일요일 아침에 필라델피아를 떠나 LA로 가기 전 당신의 목소리를 들었던 게 마지막이 될 거라고는 정말 단 한 번도 생각해보지 않았어요. 가슴이 찢어지는 것 같아요. 사랑합니다, 코비 브라이언트. 이 사랑을 남은 바네사와 아이들에게 전할게요. 당신의 업적을 계속 이어 나가겠다고 약속할게요. 당신은 우리 모두에게, 특히 레이커스라는 구단에 정말 의미가 큰 존재였어요. 다시 일어나 제가 해야 할 일을 등에 지고 책임감 있게 앞으로 나아갈게요. 천국에서 제게 늘 힘을 주시고, 항상 지켜봐 주세요. 하고 싶은 말이 아직 많이 남았지만 오늘은 이만 줄일게요. 다시 만나는 날까지 잘 지내요."

며칠 뒤 르브론은 코비를 기리는 마음으로 왼쪽 허벅지에 새로운 타투를 새기고 경기장에 나타났다. 코비를 상징하는 블랙맘바, 코비가 선수 시절에 달았던 등번호 두 개인 8번과 24번, 두 송이의 장미, 그리고 'Mamba 4 Life(맘바는 영원하다)'라는 문구였다. 다른 선수들도 코비를 추모하고 나서 본격적으로 경기를 시작했다. 먼저 볼을 잡은 팀은 8초 동안 하프 라인을 넘지 않았다. 그러면 다른 팀은 볼을 잡고 공격 제한 시간 24초를 흘려보냈다. 8번과 24번을 달고 뛰었던 코비를 위해서였다. 코비를 잊지 않겠다는 마음은 다른 사람들도 마찬가지였다. LA 시민들은 거리로 나와 'KOBE' 모양으로 촛불을 놓은 뒤 며칠 밤낮을 새우며 그를 추모했다. 각 도시의 랜드마크들도 하늘에서 코비가 볼 수 있도록 레이커스를 상징하는 보라색과 금색 조명을 켜 마지막 인사를 건넸다. 이제 다시는 그가 슛을 던지는 모습을 볼 수 없지만 레전드이자 동료, 멘토이자 챔피언이었던 코비는 우리의 기억 속에서 영원히 포효할 것이다.

이번에는 레이커스의 2020-2021시즌 시티 에디션 유니폼에 담겨 있는 이야기에 귀를 기울일 차례다. 일단 유니폼의 첫인상은 어딘가 낯설다. 팀 이름이나 등번호의 생김새는 우리가 자주 보던 기존의 유니폼과 크게 다르지 않지만 하얀색 배경에 레이커스라는 팀과 매치하기 어려운 하늘색이 눈에 확 들어오기 때문이다. 하지만 구단과 아무런 관련이 없는 생뚱맞은 색깔을 갑자기 유니폼에 입힌 건 아니다. 시티 에디션의 모든 건 다 이유가 있는 법이니까.

이 유니폼에는 레이커스와 LA라는 도시의 첫 추억에 대한 이야기가 그려져 있다. 1947년 창단한 레이커스는 첫 13년 동안은 미니애폴리스를 연고지로 삼았다. 그러던 1960년 LA로 연고지를 옮긴 후 지금까지 셀 수 없이 많은 스토리를 만들어내는 중이다. 이번 유니폼에 들어간 하늘색은 구단이 미국 서부를 대표하는 곳인 LA에 정착한지 60주년이 된 일을 기념하는 차원에서 가장 처음의 LA 레이커스가 1960년부터 1967년까지 입었던 유니폼을 오마주했다. 그리고 이는 당시 구단을 이끌었던 최고의 스타에게 헌정하는 선물이다. 바로 한 마리의 토끼처럼 코트 위를 자유롭게 누볐던 당대 최고의 득점 사냥꾼, '토끼(Rabbit)' 엘진 베일러다.

베일러도 코비처럼 원클럽 맨이었다. 1958년에 데뷔한 베일러는 1972년 선수 생활을 마무리하겠다고 공식적으로 선언할 때까지 14년 동안 레이커스 유니폼만 입었다. 선수로서 만들어낸 기록들도 그를 전설적이라고 말하기에 부족함이 없다. 우선 득점 하나로 거대한 임팩트를 남긴 선수였던 만큼 득점력 측면에서는 당시 베일러를 따라올 자가 없었다. 베일러는 통산 846경기에서 평균 27.4득점을 기록했는데 이는 마이클 조던과 월트 체임벌린에 이어 NBA 역대 평균 득점 랭킹 3위에 해당하는 기록이다. 1960년에는 한 경기에 71득점을 기록하며 당시 기준 한 경기 최다 득점 기록을 갈아치우기도 했다. 또한 2m가 되지 않는 키에도 14시즌 동안 무려 13.5개의 평균 리바운드를 기록했는데 이것 역시 NBA 역대 평균 리바운드 랭킹 9위에 해당하는 아주 경이로운 스탯이다. 베일러처럼 이렇게 두 가지 항목에서 10위 안에 동시에 이름을 올린 선수는 그를 제외하고 월트 체임벌린과 밥 페티트Bob Pettit 단 두 명뿐이다.

여기에 올스타에만 11번이나 선정됐던 베일러는 시즌마다 단 5명만 영광을 누릴 수 있는 올-NBA 퍼스트 팀에도 무려 10번이나 이름을 올렸다. 그보다 올-NBA 퍼스트 팀에 많이 뽑힌 선수는 NBA 역사상 르브론 제임스와 코비 브라이언트, 칼 말론Karl Malone까지 단 세 명밖에 없다. 한 가지 옥에 티가 있다면 파이널 우승과 인연이 없었다는 점이다. 준우승 전문가였던 베일러는 레이커스를 무려 8번이나 결승 무대에 올렸지만 모두 한 걸음만을 남겨 놓고 좌절했다. 특히 1962년 보스턴 셀틱스와의 파이널에서는 한 경기 61득점을 올리며 플레이오프 한 경기 최다 득점 역대 2위에 해당하는 기록을 작성했지만 이마저도 소용없었다. 이 정도라면 레이커스의 홍진호라는 별명을 붙일 수 있겠다.

사실 베일러가 선수로 활약했을 때는 지금과는 농구의 흐름이 많이 달랐다. 현대 농구는 전통적인 포지션의 경계가 서서히 무너지면서 라인업을 구성하는 다섯 명 모두가 코트를 최대한 넓게 쓰기 위해 어느 정도 슛을 던질 줄 알아야 하고 활동량도 많아야 하며 어떤 상대 공격수가 자기 앞에 있어도 마크할 수 있어야 한다. 쉽게 말해 각자의 장점은 지키면서도 기본적으로 가져야 할 필수 소양이 전보다 눈에 띄게 늘어난 셈이다. 그러나 베일러가 전성기를 보냈던 1960년대는 확실한 빅맨의 시대였다. 키가 큰 선수가 골밑에서 득점과 리바운드를 혼자 모두 책임졌는데 그래서 강력한 빅맨을 보유한 팀이 그만큼 유리했다. 베일러가 데뷔했던 1958-1959시즌부터 20년 넘게 흐른 1979-1980시즌까지 NBA에서 정규 시즌 MVP로 선정된 선수들의 면면을 살펴보면, 밥 페티트, 월트 체임벌린(4회), 빌 러셀(4회), 웨스 언셀드Wes Unseld, 윌리스 리드Willis Reed, 카림 압둘-자바(6회), 데이브 코웬스Dave Cowens, 밥 맥아두Bob McAdoo, 빌 월튼Bill Walton, 모제스 말론까지 22개의 트로피 중 21개가 빅맨으로 분류할 수 있는 포지션인 파워포워드와 센터에게 돌아갔다.

그런 시대적 흐름 안에서 신장이 2m가 넘지 않는 선수도 한 팀의 에이스가 될 수 있다고 보여준 선구자이자 자신의 플레이로 후배들에게 영감을 주며 귀감이 된 전설들의 롤모델이 바로 베일러였다. 실제로, 스몰포워드의 새로운 전형을 제시한 베일러의 뒤를 이어 줄리어스 어빙Julius Erving과 조던, 클라이드 드렉슬러Clyde Drexler와 같이 1980년대를 호령한 스몰포워드들이 대거 등장했다. 그 뒤에 나타난 코비, 그리고 그 뒤에 나타난 르브론까지 모두 베일러가 뿌린 자양분을 먹고 자란 것이나 다름없다. 코비는 언젠가 베일러에 대해 "줄리어스 어빙과 마이클 조던이 리그에 나타나기 전에는 베일러가 어빙이고 조던이었습니다"라고 말한 적이 있다. 즉, 베일러가 우리가 아는 모든 득점력 좋은 스윙맨들의 조상인 셈이다.

어떻게 보면 지금 현역으로 뛰는 S급 선수들보다 베일러의 커리어가 약간 짧았다고 볼 수도 있다. 그 이유는 바로 부상이었다. 지금은 긴 시즌 동안 선수들의 부상을 예방하기 위해 경기 중에도 벤치에 앉아 쉴 수 있는 시간을 충분히 주거나 아예 휴식 차원에서 결장시키는 경우가 있을 정도로 선수들의 몸 관리를 하는 게 당연하다. 특히 전방십자인대나 아킬레스건 파열처럼 시즌을 통째로 날릴 정도의 큰 부상을 당했던 선수들은 복귀한 후 길게는 몇 년까지 출전 시간을 철저하게 관리하면서 컨디션 조절에 많은 신경을 쓴다. 그러나 과거에는 이러한 인식이 부족해서 승리를 위해서라면 팀 내 최고의 선수는 아끼지 않고 코트에 투입하는 일이 비일비재했다. 베일러도 이러한 일종의 혹사 문화의 대표적인 희생양이었다. 지금은 시즌 평균 출전 시간이 35~36분만 넘어도 많이 뛰었다는 소리를 듣는데 베일러는 데뷔 후 첫 7시즌 동안 계속 평균 출전 시간 40분을 넘겼다. 그렇게 오랜 시간 쌓인 피로는 1965-1966시즌에 무릎 부상이 되어 돌아왔고 이는 선수 생활이 끝날 때까지 그를 괴롭혔다. 여기에 1970년, 엎친 데 덮친 격으로 아킬레스건이 파열되는 큰 부상까지 당하면서 베일러의 몸은 크게 망가지고 말았다. 코트에 돌아오기는 했지만 통증은 완전히 사라지지 않았고 결국 베일러는 아킬레스건을 다친 이후 단 9경기밖에 더 뛰지 못한 채 은퇴를 선언했다.

베일러는 자신이 디자인에 참여한 유니폼을 입고 레이커스 후배들이 시즌을 한창 치르는 중이던 2021년 3월, 향년 86세의 나이로 가족들 품에서 눈을 감았다. 그가 숨을 거뒀다는 소식을 들은 또 다른 레이커스의 레전드 매직 존슨은 자신의 SNS를 통해 이렇게 말하며 고인을 추모했다.

"레이커스의 레전드이자 명예의 전당 헌액자, 그리고 NBA가 만난 첫 하이플라이어 엘진 베일러의 명복을 빕니다. 마이클 조던이 공중에서 놀라운 묘기를 부리기 전에는 베일러가 있었습니다. 그는 정말 최고의 선수이기 전에 좋은 사람이었습니다. 제가 이 리그에 처음 들어왔을 때 당신이 제게 해준 조언들은 항상 제게 큰 힘이 됐습니다. 가족들의 평안을 빕니다."

베일러의 등번호 22번은 레이커스의 영구결번이 되면서 영원히 베일러만 달 수 있는 번호가 됐다. 그리고 레이커스가 홈으로 쓰는 크립토 닷컴 아레나Crypto.com Arena(전 스테이플스 센터) 옆에는 슛을 던지는 베일러의 동상이 비가 오나 눈이 오나 365일 득점을 노린다. 남들보다는 스포트라이트를 조금 덜 받았을지 몰라도 베일러는 반세기가 넘는 시간의 벽을 넘어 그 존재를 마땅히 기억할 만한 가치가 있는 농구 역사의 값진 유산이다.

2018-2019
LA 레이커스 시티 에디션

2019-2020
LA 레이커스 시티 에디션

독사와 토끼의 공간을 지나 도착한 2부의 시작점에 두 남자가 서 있다. 판타지 소설에서 방금 튀어나온 듯한 마술사와 슈퍼맨이 인사를 건넨다. 이 둘도 레이커스의 역사를 얘기할 때 빠질 수 없는 인물들로 시티 에디션 유니폼의 헌정 대상이라는 사실이 공개됐을 때 절로 고개를 끄덕이게 할 만큼 그 자격이 충분한 선수들이다. 또한 코비나 베일러와 마찬가지로 직접 디자인 제작에 손을 보탰다.

이어서 세 번째로 소개할 'LORE' 시리즈의 일부인 2018-2019시즌 레이커스의 시티 에디션 유니폼은 얇은 검은색 줄무늬가 어두운 보라색 배경을 덮는 형태다. 그 위에 있는 등번호와 팀 이름도 모두 검은색이라 전체적으로 어두운 느낌을 주는 가운데 강렬한 포인트를 주는 금색 테두리가 시선을 사로잡는다. 그런데 이 유니폼에는 언뜻 보면 알아채지 못하고 그냥 지나칠 수 있는 숨겨진 포인트가 있다. 비밀은 바로 줄무늬에 있다. 멀리서 보면 단순한 선처럼 보이지만 사실은 다 글씨다. '3x5xSHOWTIME'이라는 문구가 아주 작은 크기로 계속 반복되는 형태다. 이는 이 유니폼 디자인에 영감을 준 선수의 업적을 쉽게 설명해주는 말로 세 번의 정규 시즌 MVP, 레이커스가 그와 함께 일궈낸 5번의 파이널 우승, 그리고 그가 이끌던 시절 팀의 별명 '쇼타임 레이커스(Showtime Lakers)'를 나타낸다. 하의 밴드 중앙에 위치한 등번호 32번과 대문자 'M' 역시 이 레전드에 대한 힌트다. 이번 이야기의 주인공은 화려한 플레이로 코트 위에서 마법을 부린 어빈 존슨 주니어. 한때 맨체스터 유나이티드Manchester United에서 박지성의 팀 동료였던 하비에르 에르난데스Javier Hernandez, 일명 치차리토Chicharito처럼 본명보다 별명이 더 유명한 선수다. 바로 매직(Magic) 존슨이다.

매직 존슨은 NBA 역사상 가장 위대한 포인트가드로 평가받는다. 3점슛으로 농구의 새로운 패러다임을 제시하며 길거리 코트를 누비던 동네 농구광들을 모두 3점 라인 밖으로 끌어낸 스테픈 커리만이 2021-2022시즌 파이널 우승을 차지하며 존슨의 뒤를 바짝 쫓을 정도고, 다른 선수들은 우승 경력으로 보나 개인 수상 내역으로 보나 존슨에게 우위를 점할 수 있는 부분이 거의 없다고 해도 과언이 아니다. 13시즌 동안 통산 906경기를 소화하며 평균 19.5득점 7.2리바운드 11.2어시스트를 기록한 존슨은 올스타에 12번이나 뽑혔고 올-NBA 퍼스트 팀에도 9번이나 이름을 올렸다. 1991-1992시즌을 앞두고 HIV 바이러스 양성 반응을 보여 갑작스레 은퇴를 선언해 선수 생활이 단절되지만 않았다면 그의 커리어는 지금보다 더 빛났을 가능성이 상당히 크다. 그래도 1992년 올스타전에 깜짝 등장해 올스타전 MVP를 수상하고 1995-1996시즌 선수로 다시 돌아와 한 시즌을 더 소화하는 등 농구를 향한 변함없는 사랑을 보여줬다. 존슨은 앞서 언급했던 것처럼 그 어렵다는 파이널 우승을 5번이나 차지했고 정규 시즌 MVP와 파이널 MVP 트로피도 각각 세 개씩 가졌다. 이렇게 정규 시즌 MVP와 파이널 MVP를 각각 세 번 이상 받은 선수는 우리가 흔히 떠올리는 NBA의 전설, 마이클 조던과 르브론 제임스 그리고 존슨까지 딱 세 명뿐이다. 게다가 네 차례나 어시스트왕 자리에 올라 통산 10,141어시스트로 현재 NBA 역대 어시스트 랭킹 6위에 올라 있으며 스틸왕에도 두 번이나 등극했다.

그럼 어빈 존슨 주니어는 어쩌다가 매직 존슨으로 불리게 됐을

까? 존슨이 새로운 이름을 갖게 된 역사적인 하루를 엿보기 위해서는 그가 에버렛 고등학교에 다니던 1975년까지 거슬러 올라가야 한다. 20세기 스포츠 기자로 왕성하게 활동했던 프레드 스테블리 주니어 Fred Stabley Jr.는 우연히 에버렛 고등학교의 경기를 보러 갔다가 엄청난 광경을 마주하고 턱이 빠질 뻔했다. 고등학교에 올라와 두 번째 경기를 치르던 한 소년이 혼자서 36득점 16리바운드 16어시스트를 기록하며 인생 경기를 펼친 현장을 두 눈으로 목격해서였다. 존슨의 플레이에 혀를 내두른 스테블리 기자는 경기가 끝난 후 존슨을 찾아가 이렇게 말했다.

"어빈, 내가 너한테 별명을 하나 지어주려고 해. 매직은 어때?"

어린 존슨의 첫 반응은 미지근했다. 그는 친구들이 절대 자기를 그렇게 부르지 않을 거라며 웃어넘겼다. 심지어 독실한 기독교 신자였던 그의 어머니는 별명이 불경스럽다고 여기까지 했다. 하지만 결과는 이들의 생각과는 정반대였다. 쉽고 간단한 이름만큼 누군가에게 기억되기 쉬운 건 없다고 했던가? 스테블리가 별명을 지어준 지 단 몇 주 만에 존슨이 살았던 미시간주는 물론 미국 전역이 그가 누구인지를 알게 됐다. 심지어 존슨의 플레이를 보면 그에게 왜 그런 별명이 붙었는지를 바로 이해할 수 있었기에 사람들의 머릿속에 각인된 후 쉽게 사라지지 않았다.

떡잎부터 남달랐던 존슨은 빅맨으로 뛰어도 부족함이 없었을 206cm의 큰 키에도 팀에서 가장 공을 잘 다루고 시야가 넓어야 하는 포인트가드 포지션에서 뛰었다는 것 자체만으로 당시 농구계에 큰 반향을 일으켰다. 특히 타의 추종을 불허하는 패스 능력은 압권이었다. 그가 수많은 단어 중 하필 마법이라는 말의 수식을 받을 수 있었던 원초적인 이유도 그의 손끝에서 출발하는 아름다운 패스 덕분이었다. 공을 자유자재로 다루며 매일 밤 경기장을 찾은 팬들에게 빠르고 정확한 바운드 패스부터 상대방의 허를 찌르는 노룩 패스 등으로 잊지 못할 추억을 선물했는데, 농구를 모르는 사람이 봐도 감탄이 나올 정도의 플레이였다. 그의 한 박자 빠른 판단 앞에 수비수들은 허수아비가 되기에 십상이었다.

그런데 존슨은 패스만 잘하는 선수가 아니라 코트 위에서 못 하는 일이 없었던 다재다능함의 아이콘이었다. 이를 잘 보여주는 기록이 바로 트리플 더블이다. 트리플 더블은 한 경기에 세 가지 항목에서 두 자릿수 기록을 동시에 만들어내는 일로 경기 전체에 영향력을 미칠 수 있는 선수만이 달성할 수 있는 어려운 과제다. 10년이 넘는 선수 커리어 내내 단 한 번의 트리플 더블도 작성하지 못하고 은퇴하는 선수가 수두룩할 정도로 무척 어려운 기록인데, 매직 존슨은 커리어 통산 무려 138번의 트리플 더블을 완성해 NBA 역대 트리플 더블 랭킹 3위에 올라 있다.

사실 존슨이 등장하기 전 NBA는 갈수록 떨어지는 관심도와 시청률로 골머리를 앓았다. 하지만 존슨이 등장하면서 공기의 흐름이 바뀌기 시작했다. 수비 진영에서 볼을 잡자마자 빠르게 하프 라인을 넘어가 속공을 지휘하다가 아무도 예상하지 못한 타이밍에 패스를 뿌려 동료의 득점 기회를 만들어내는 장면은 관중들에게 신선한 볼거리를 제공했다. 1980년대 초반 빠른 농구를 선보인 레이커스 앞에 '쇼타임'이라는 수식어가 붙은 것도 이때부터였다.

여기에 존슨과 선의의 경쟁을 펼친 래리 버드와의 라이벌 구도도 NBA 부흥에 한몫했다. 대학 시절 NCAA(National Collegiate Athletic Association) 남자 농구 토너먼트 결승에서 처음 만난 이 둘은 1979-1980시즌을 시작으로 나란히 NBA 무대에 입성해 신인왕 유력 후보부터 NBA 우승 경쟁까지 10년 넘게 리그에서 가장 유명한 라이벌리를 형성했다. 언론에서도 이 둘의 관계를 집중 조명했다. 존슨과 버드는 리그 전통의 라이벌인 LA 레이커스와 보스턴 셀틱스의 두 얼굴이었고 공교롭게도 한 명은 흑인이고 다른 한 명은 백인이었다. 게다가 빠른 템포의 플레이 스타일을 지향했던 레이커스와는 180도 다르게 보스턴은 느린 템포의 경기 운영을 선호했다. 커리어 내내 우열을 가리지 못했던 존슨과 버드는 1980년대 NBA가 본격적인 인기몰이에 나설 수 있었던 가장 큰 원동력이었다. NBA 사무국은 2022년에 신설된 콘퍼런스 파이널 트로피의 이름을 서부 콘퍼런스는 레이커스에서 뛰었던 매직 존슨의 이름을 따 매직 존슨 트로피, 동부 콘퍼런스는 보스턴 소속이었던 래리 버드의 이름을 따 래리 버드 트로피로 지어 이 둘에게 감사한 마음을 표현했다.

통산 17,707득점과 10,141어시스트를 기록한 존슨처럼 NBA에서 10,000득점과 10,000어시스트를 동시에 넘긴 선수는 단 7명 밖에 없다. 존슨과 카림-압둘 자바, 제임스 워디James Worthy라는 세 명의 올스타가 함께 선발 라인업에 자리하던 레이커스는 역대 최고의 팀 중 하나라고 불린다. 하지만 개인적으로 코트를 누비던 존슨의 모습 중 가장 기억에 남는 장면은 특출났던 인생 경기나 꾸준한 커리어가 아니라 그보다도 더 환하게 빛나는 밝은 미소다. 존슨은 공을 소유하는 와중에도 항상 얼굴에 미소를 잃지 않았다. 돈이나 성공도 중요했지만 코트 위에서 농구를 하는 순간 자체를 즐겼기에 가능한 일이었다.

어느덧 'LORE' 시리즈의 마지막 주인공을 만나볼 차례다. 2019-2020시즌 레이커스의 시티 에디션 유니폼에 그 선수에 대한 단서가 들어 있다. 전체적인 인상은 우리가 많이 봤던 골드와 퍼플이 조화를 이루는 인상적인 톤 덕분에 상당히 익숙하지만 이 유니폼 안에는 알고 보면 무릎을 '탁' 치게 만드는 디테일이 숨어 있다. 우선 유니폼 측면을 잘 보면 삼각형 모양의 소용돌이가 뚜렷하게 존재감을 드러내는데 이는 1999-2000시즌부터 2001-2002시즌까지 레이커스가 앞서 소개된 코비 브라이언트와 이 선수를 앞세워 세 시즌 연속 우승을 차지했을 때 주로 사용했던 공격 전술인 '트라이앵글 오펜스'를 의미한다. 소용돌이 옆을 따라 길게 늘어진 하얀 줄 안에 쓰여 있는 'M.D.E'는 'Most Dominant Ever'의 약자로 NBA 역사상 가장 우월하고 압도적인 센터였던 이 선수를 상징하는 표현이다. 하의 밴드 부분 중앙에는 'Dr. Buss'가 적힌 패치가 붙어 있는데 이는 2013년 세상을 떠난 레이커스의 전 구단주 제리 버스Jerry Buss를 기리는 부분으로 디자인 제작에 참여한 이 선수가 공을 들인 포인트다. 우리가 곧 만날 이 선수는 부스의 이름을 유니폼에 넣은 일에 대해 "이 유니폼을 만들기 시작했을 때부터 사람들이 부스의 이름을 꼭 봤으면 하는 마음이 있었어요. 그의 이름이 영원히 기억되면 좋겠습니다. 부스를 위해 뛰었던 건 제 인생의 하이라이트 중 하나였어요. 그는 제 가슴 속에 영원히 남아 있을 겁니다"라고 설명했다. 자신이 얼마나 뛰어난 선수였는지와 본인이 소속됐던 시절 팀이 얼마나 대단했는지도 넣고 여기에 은인에 대한 고마움까지 잊지 않은 이 선수는 바로 '슈퍼맨 (Superman)' 샤킬 오닐이다.

커리어 통산 두 번이나 득점왕을 차지하고 1999-2000시즌에는 정규 시즌 MVP 트로피를 품에 안았던 오닐은 통산 1,207경기에서 평균 23.7득점 10.9리바운드 2.3블록슛을 기록하며 통산 28,596점으로 통산 득점 랭킹 8위, 13,099리바운드로 통산 리바운드 랭킹 15위, 2,732블록슛으로 통산 블록슛 랭킹 8위에 올라 있는 전설이다. 올스타 선정 15회와 올-NBA 팀 선정 14회는 각각 역대 공동 4위와 공동 5위에 해당하는 기록. 빅맨으로 비교 그룹을 줄였을 때 그와 비슷한 기록을 만들어낸 선수는 카림 압둘-자바나 팀 던컨, 칼 말론 정도밖에 없다.

오닐은 레이커스에서 코비와 함께 세 번이나 우승을 차지했고 마이애미 히트로 이적한 후에도 한 번의 우승을 추가해 총 네 개의 우승 반지를 획득했는데 그의 임팩트가 더 강했던 시절은 레이커스 유니폼을 입을 때였다. 오닐은 1999-2000시즌부터 2001-2002시즌까지 레이커스가 3연속 우승을 달성했을 때 세 개의 파이널 MVP 트로피를 모두 손에 쥐고 집으로 돌아갔다.

사실 오닐은 무한도전 시절 박명수만큼 별명이 많기로 유명한 선수다. 각종 인터뷰에서도 익살스러움을 유감없이 뽐낼 만큼 미디어와 친해서 TNT의 NBA 해설위원으로 활동하고 있는 지금까지도 매 시즌 새로운 별명이 하나씩 생길 정도다. 그래도 그를 대표하는 닉네임으로 '슈퍼맨'을 고른 이유는 오닐이 양쪽 팔뚝에 슈퍼맨 로고를 새긴 타투가 있고 그가 타고 다니는 차에서도 여기저기서 슈퍼맨 마크를 확인할 수 있을 만큼 그가 슈퍼맨이라는 캐릭터의 오랜 팬이기 때문이다.

그런데 슈퍼맨은 오닐만의 별명이 아니다. 그의 후배 선수 중에도 오닐과 같은 별명을 가진 선수가 있었으니 바로 오닐과 닮은 점이 많은 드와이트 하워드Dwight Howard다. 이 둘은 NBA 신인 드래프트에서 12년의 간격을 두고 전체 1순위로 올랜도 매직에 지명됐다는 공통점이 있다. 올랜도를 떠난 후에는 레이커스에 새로운 둥지를 틀었다. 여기에 포지션도 센터로 똑같아서 두 선수의 퍼포먼스를 비교하는 일이 갈수록 늘어났다. 그러다가 오닐의 선수 생활 황혼기와 리그를 대표하는 센터로 성장한 하워드의 전성기가 만나던 2008년에 하워드가 새로운 별명을 얻게 되는 순간이 찾아온다. 바로 2008년 슬램덩크 컨테스트에서 하워드가 슈퍼맨 복장을 하고 코트에 나타난 것이다. 파란색 유니폼부터 빨간 망토, 그리고 가슴에 새겨진 슈퍼맨 로고까지 준비를 제대로 하고 나온 모양새였다. 하워드는 망토를 펼

럭이며 달려와 팀 동료가 백보드 뒤에서 넘겨준 공을 공중에서 잡아내 림보다 훨씬 높은 곳에서 림은 건드리지도 않은 채 냅다 덩크를 꽂아버렸다. 하워드는 이 덩크로 역사에 길이 남을 하이라이트 필름을 만들어내며 슬램덩크 컨테스트 챔피언이 됐다. 이때부터 자연스럽게 사람들이 하워드를 슈퍼맨이라고 부르기 시작했는데 지금도 NBA 관련 방송의 패널로 왕성하게 활동하는 오닐은 지난 2021년 방송에서 "이 리그에는 단 한 명의 슈퍼맨만 존재할 수 있습니다. 여러분도 그 사람의 이름을 이미 알고 계시잖아요. 바로 접니다"라고 얘기하며 자부심을 나타냈다.

오닐이 이렇게 자신만만한 데에는 다 이유가 있다. 그가 1990년대 빅맨의 자존심이었기 때문이다. 1970년대까지만 해도 센터들의 경기 지배력이 하늘을 찔렀으나 1980년대부터 앞서 소개된 매직 존슨은 물론 마이클 조던, 래리 버드, 줄리어스 어빙 등 훌륭한 가드와 포워드들이 화수분처럼 쏟아지면서 팀의 중심추도 자연스럽게 그쪽으로 넘어가는 중이었다. 흥하는 집이 있으면 그늘진 어딘가에 망하는 집이 있는 것처럼 이후에도 키가 큰 선수들이 전만큼 힘을 못 쓰는 분위기가 한동안 이어졌다. 그런 흐름을 깨고 빅맨도 여전히 경기를 지배할 수 있다는 걸 보여준 선수가 바로 오닐이었다. 대학 무대에서부터 막을 자가 없었던 오닐은 NBA에 들어온 지 3년 만에 구단 역사가 얼마 되지 않았던 올랜도를 단숨에 파이널까지 올려놓으며 빠르게 하킴 올라주원Hakeem Olajuwon, 데이비드 로빈슨David Robinson, 패트릭 유잉Patrick Ewing 등 잘 나가는 선배 센터들과 어깨를 나란히 했다.

오닐의 가장 큰 무기는 압도적인 힘이었다. 216cm의 큰 키에 150kg 가까이 나가는 거구가 뿜어내는 파워는 아무도 감당할 수 없는 수준이었다. NBA에 등장한 첫 시즌에만 덩크를 하다가 두 번이나 골대를 망가뜨렸을 정도였는데 한 번은 다리가 풀린 듯 골대가 주저 앉았고 다른 한 번은 마치 목이 꺾인 듯 그대로 고꾸라졌다. 골대의 내구성 강화를 리그 차원에서 고민하게 만드는 사건이었다. 이렇게 등장부터 심상치 않았던 오닐은 자신의 힘을 최대한 활용하는 방법을 익히면서 더욱더 성장했다. 공을 받기 전에 상대 수비수를 등지고 자리를 잡는 게 남들보다 수월했고, 이후 스텝 몇 번만 밟으면 어느새 림과 가까운 곳에 도착해 있었다. 그 결과는? 백보드 유리가 부서질 듯한 덩크였다. 수비수가 몇 명이 달라붙는지는 중요하지 않았다. 오 닐이 압도적인 힘으로 휩쓸고 지나간 자리는 마치 허리케인이 마을을 휩쓴 것처럼 아수라장이 됐다. 별명 짓기를 참 좋아하는 오닐은 이 스킬에 '블랙 토네이도'라는 별명을 지어줬다.

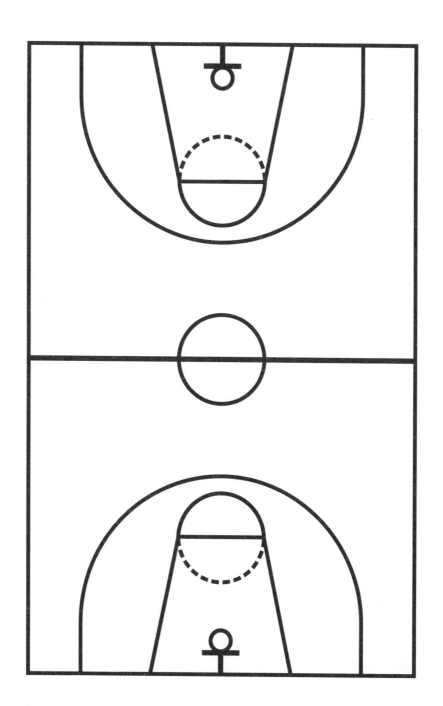

2018-2019 & 2019-2020
브루클린 네츠 시티 에디션

총알을 뱉는 남자

디즈니 애니메이션 <소울>은 내가 가장 좋아하는 영화 중 하나다. 앞으로 어떤 목적을 가지고 살아가야 할지 고민하던 내게 잊지 못할 교훈을 준 마지막 장면도 기억에 남지만 무엇보다도 이 영화에서 가장 인상 깊었던 요소는 바로 두 귀를 사로잡는 음악이었다. 재즈 연주자라는 꿈을 간직한 채 살아온 중학교 밴드부 선생님 '조'가 아이들에게 자신이 음악에 빠지게 된 계기를 설명하는 오프닝 장면에서는 몽환적인 피아노 선율이 순식간에 사람들에게 엄청난 몰입도를 선사한다. 또 우연한 기회로 자신의 재즈 우상과 연주를 하던 주인공이 자기도 모르게 본인만의 세계에 빠져 즉흥적으로 자신만의 연주를 이어 나가는 장면 위로 따뜻하게 흐르는 피아노 소리는 이 캐릭터가 음악을 얼마나 사랑하는지를 또렷하게 느끼게 해준다. 선율만으로 관객을 압도하는 이 영화의 피트 닥터 감독은 음악에 대해 이런 말을 한 적이 있다.

"음악은 매우 직접적인 방식으로 인간이 특정한 감정을 느끼도록 만드는 능력이 있습니다. 물론 누군가에게 무언가를 전달하려면 몇 시간 동안 붙잡고 설명을 늘어놓는 방법도 있죠. 하지만 음악은 단 몇 초 만에 사람들을 사로잡습니다. 심지어 말을 할 줄 모르는 아기까지도 말입니다."

이렇듯 영화를 만드는 사람들에게 강력한 도구가 되곤 하는 음악은 보이지 않는 강력한 힘을 가졌다. 클래식은 클래식대로, 헤비메탈은 헤비메탈대로 메시지를 전달하는 방식과 걸어온 역사의 차이가 있을 뿐이지 음악의 능력은 특정 장르에 국한되지 않는다. 연주자가 개인적인 방식으로 음악을 재단하면 그 메시지가 우리의 가슴에 사뿐히 내려앉는데 이것이 우리가 음악을 사랑하는 이유고 우리 삶 곳곳에 음악이 빠지지 않는 이유다.

여기 역사는 그리 길지 않아도 다른 장르들과는 차별화된 스타일로 사람들의 마음에 빠르게 침투해 이제는 비주류 문화의 틀을 벗어나 당당히 주류 문화의 한 축을 차지한 음악 장르가 있다. 거리에서 시작해 R&B나 레게, 디스코 등 다양한 장르를 새로운 방식으로 결합해 현대적으로 재탄생시킨 장르이자 젊은이들의 축제에서 빠지지 않고 모두의 엉덩이를 들썩거리게 만드는 힙합Hip-Hop이다.

1970년대에 등장한 힙합은 1990년대에 전성기를 맞이하며 그 꽃을 피웠다. 미국 전역에 힙합 바람이 불기 시작하면서 힙합 문화가 조금씩 주류 시장에 녹아들었고 새로운 스타들이 방방곡곡에서 탄생한 덕분에 음반 회사들도 많은 수익을 챙기고 그 몸집을 키웠다. 실제로 힙합이 1990년대에 우리가 아는 만큼 놀라운 수준의 파급력을 만들어내지 못했다면 지금의 힙합 문화가 그 뿌리를 깊게 내지리 못했을 거라고 주장하는 사람들도 있을 정도로 1990년대는 힙합 역사에 있어 절대 없어서는 안 될 중요한 인물들을 많이 배출한 시간대였다. 그중에서도 1990년대 힙합을 얘기할 때 절대 배놓을 수 없는 전설적인 래퍼가 있다. 등장과 함께 힙합 세계에 센세이션을 일으킨 뉴욕의 왕, 일명 비기Biggie라고 불리는 노토리어스 B.I.G.(Notorious B.I.G.)가 브루클린 네츠의 2018-2019시즌 시티 에디션 유니폼을 통해 우리가 오늘 만날 아티스트다.

이 유니폼은 명료하면서도 눈에 확 띄는 디자인을 가졌다. 브루클린 네츠라는 팀을 대표하는 두 가지 색상인 검은색과 흰색이 각각 배경과 글씨에 사용되어 묵직하게 중심을 잡아주고 다양한 색깔의 카모 패턴이 목 라인과 상의와 하의의 옆면을 채운다. 브루클린 카모 Brookyln Camo라고도 불리는 이 알록달록한 무늬는 비기의 예술적인 작품 세계와 브루클린 지역 사회와의 강한 연결고리를 상징한다. 상의 하단에는 브루클린 중앙에 위치한 지역이자 비기가 어린 시절을 보낸 동네인 베드-스터이BED-STUY가 작게 쓰여 있다.

반응은 폭발적이었다. 브루클린은 농구와 힙합에 미쳐 있는 도시. 둘의 컬래버레이션이 이뤄진 유니폼을 보자마자 사람들은 너나 할 것 없이 지갑을 열었다. 팬들의 성원에 힘입어 브루클린 네츠는 2019-2020시즌에도 브루클린 카모를 넣은 시티 에디션 유니폼을 제작했다. 기본적인 디자인은 비슷하게 가져가고 검은색이었던 배경을 흰색으로 바꾼 뒤, 상의 중앙 'BROOKLYN'이 적혀 있던 자리에 'BED-STUY'를 큼지막하게 집어넣으면서 같은 듯 다른 새로운 유니폼을 탄생시켰다. 브루클린 네츠는 "저희의 2019-2020시즌 시티 에디션 유니폼은 브루클린의 역사입니다. 또한 음악과 문화로 하나의 아이콘이 된 사람들의 영향력을 대표합니다"라고 이 유니폼이 가지는 의미를 설명했다.

비기의 유년 시절은 가난하고 어두웠다. 비기가 두 살 때 그의 아버지가 집을 떠나면서 어머니 혼자 어린 아들을 먹여 살려야 했기 때문에 형편이 윤택할 수 없었다. 학교에서 나름 인정받는 수재였지만 비기는 금전적인 어려움을 극복하기 위해 어쩔 수 없이 12살 때부터 마약을 팔기 시작했다. 그러다가 몇몇 범죄에 얽혀 17살 때 학교를 그만뒀고 몇 차례 보호 관찰 처분을 받은 후에도 계속 마약을 팔다가 다시 적발되면서 결국 9개월 동안 감옥신세를 졌다.

생각보다 큰 그림자가 드리운 인생을 살던 비기에게 랩은 유일한 삶의 낙이었다. 어렸을 때부터 유난히 랩을 좋아해 가사도 쓰고 플로우도 직접 만들며 조금씩 힙합에 빠져들기 시작한 이 소년은 동네 힙합 크루와 어울리며 거리 공연을 하기도 했다. 무대에 오를 때는 'MC CWest'라는 랩 네임을 사용했다. 교도소 안에서도 시간을 보내기 위해 꾸준히 가사를 썼을 만큼 비기의 한 손에는 언제나 힙합이 쥐어져 있었다. 그렇게 징역살이를 마치고 세상 밖으로 나와 제대로 돈을 벌어야겠다는 마음을 먹은 비기는 본격적으로 래퍼의 꿈을 키우기 시작했다. 그는 크리스토퍼 월러스라는 본명 대신 자신의 큰 덩치와 어울리는 비기 스몰즈Biggie Smalls라는 새로운 랩 네임을 달고 자신의 목소리를 담은 데모 테이프를 만들었다. 그리고 이는 훗날 퍼프 대디Puff Daddy와의 인연이 시작되는 계기로 이어진다.

업타운 레코드에서 프로듀서로 일하던 퍼프 대디는 비기의 데모 테이프를 듣자마자 묵직하고 단단한 톤에 매료되어 곧바로 그를 찾아가 계약서를 내밀었다. 이후에도 비기를 향한 퍼프 대디의 사랑은 계속됐다. 비기와 계약을 맺고 몇 달 뒤 업타운 레코드에서 해고된 퍼프 대디는 배드 보이 레코드라는 새로운 레이블을 설립했을 때 다시 한번 비기를 자신의 품으로 데려왔다. 그리고 건강이 나빠진 어머니와 딸 타냐, 그리고 타냐를 출산한 헤어진 여자친구를 뒷바라지해야 한다는 압박감에 돈을 빨리 벌어야 했던 비기가 다시 마약을 판매하는 일에 손을 대자 그가 래퍼의 길을 계속 걸을 수 있도록 설득하고 마음을 다잡아줬다. 비기가 음악을 해야 할 운명이라는 것을 너무나도 잘 알았기 때문이다. 이러한 퍼프 대디의 노력은 비기에게 중요한 모멘텀이 됐다. 퍼프 대디의 진심에 마음을 고쳐먹은 비기는 다른 길은 쳐다보지도 않고 음악에만 집중하며 진지하게 랩을 하기 시작했다.

비기의 랩은 말 그대로 완벽에 가까웠다. 정해진 박자 안에 다채로운 플로우와 기교를 집어넣는 화려한 스타일의 래퍼는 아니었지만 상대적으로 느린 템포에도 다양한 요소들이 조화롭게 그의 랩 안에서 빛났다. 우선 비기가 가진 하드웨어부터 남들이 불공평하다고 느낄 정도로 압도적이었다. 단단한 발성과 허스키한 톤은 체중을 실어 날리는 펀치처럼 묵직했다. 박자를 타는 천재적인 감각은 리스너로 하여금 자연스럽게 고개를 끄덕거리게 만들었다. 이뿐만이 아니었다. 무심하게 툭툭 내뱉는 듯한 자연스럽고 부드러운 플로우는 비기의 노래가 유행을 타지 않고 지금도 명작으로 불리게 도와준 가장 큰 이유 중 하나다. 심지어 가사까지 훌륭했다. 당시 래퍼들과는 다른 신선한 라임으로 듣는 이들에게 놀라움을 선사함과 동시에 확실한 스토리텔링도 놓치지 않았다. 머리부터 발끝까지 부족한 점이 없었으니 그의 노래를 처음 듣자마자 대박을 예감한 퍼프 대디의 마음이 어렵지 않게 이해될 수밖에.

새로운 둥지에서 지금의 우리가 아는 'Notorious B.I.G.'로 예명을 바꾼 비기는 다른 가수들의 노래에 피처링을 시작하며 조금씩 이름을 알리기 시작했다. 그리고 자신의 강점을 아낌없이 담은 첫 싱글 'Juicy'를 통해 성공적으로 데뷔하더니 얼마 뒤 그의 첫 정규 앨범인 'Ready to Die'로 세상을 놀라게 했다. 그렇게 비기는 순식간에 브루클린의 자랑이 됐다. 그의 오랜 별명인 '뉴욕의 왕'이라는 수식어도 이때 생겨났다. 유명세 빼고는 모든 걸 다 가진 래퍼가 동부 힙합의 아이콘이 되기까지는 이 정규 앨범 한 장이면 충분했다.

당시 비기의 성공은 시사하는 바가 컸다. 뉴욕과 브루클린이 있는 미국 동부는 분명 힙합 문화의 발상지였다. 하지만 비기가 정식으로 데뷔한 1990년대 초반은 투팍2Pac과 스눕 독Snoop Dogg, 닥터 드레Dr. Dre 등 미국 서부 출신 래퍼들의 기세가 더 좋았던 시기다. 서부 힙합을 대표하는 래퍼들이 차트를 장악하고 상업적으로 큰 성공을 거두며 대중들에게 확실한 인상을 심어주자 힙합 문화의 원조라고 자부하던 동부 힙합의 위상은 크게 흔들렸다. 그저 이들에 대항할 새로운 얼굴을 찾아 헤맬 뿐이었는데 이렇게 위태로운 시기에 구세주처럼 등장해 동부 힙합의 자존심을 세운 스타가 바로 비기였다.

동부 힙합과 서부 힙합의 라이벌 구도가 매스컴을 통해 형성되면서 자연스럽게 동부 힙합의 새로운 스타인 비기와 서부 힙합의 얼굴인 투팍도 비교되는 일이 많아졌다. 하지만 이 둘은 전부터 서로를 알았던 절친한 선후배 사이였다. 비기가 아직 앨범조차 내지 못했던 시절 투팍은 그보다 먼저 조금씩 이름을 알리기 시작했는데 비기가 먼저 자신의 지인에게 투팍을 만나고 싶다는 의사를 밝히면서 둘은 첫 만남을 계기로 자주 친목을 다졌다. 비기가 엄청난 재능의 소유자라는 점을 한눈에 알아본 투팍은 그에게 음악적 조언을 해주는 것은 물론 자신의 공연에 비기를 초대해 그를 무대 위로 올려 자신의 공연 시간을 나눠 주는 등 앞에서 그를 힘차게 끌어줬다. 실제로 강한 분위기의 비트를 고집했던 비기가 데뷔곡 'Juicy'에서는 다른 때와는 달리 조금 더 대중적이고 부드러운 분위기의 비트에 랩을 실은 것도 투팍의 조언에 영향을 받은 결과물이었다.

그런데 비기와 투팍의 사이도 영원할 수는 없었다. 바로 이 둘의 미국을 뒤흔든 엄청난 디스전의 핵심 인물이었기 때문이다.

디스전의 시작은 1994년 11월 30일까지 거슬러 올라가야 한다. 당시 성폭행 혐의로 재판을 진행 중이었던 투팍은 7,000달러를 받고 한 노래에 벌스를 써달라는 제안을 접했다. 사회적인 시선 때문에 썩 내키지는 않았지만 어쨌든 법적 비용이 필요했던 투팍은 이를 수락하고 뉴욕 맨해튼에 있는 의뢰인의 스튜디오로 향했다. 그런데 이때 괴한들이 갑자기 튀어나와 투팍에게 총을 겨눴다. 총을 꺼내려던 투팍은 이들에게 무려 다섯 발의 총알을 맞았고 피를 흘린 채 스튜디오로 향한 그는 곧바로 병원으로 이동해 수술을 받은 뒤 간신히 목숨을 건졌다.

그런데 투팍은 이 상황을 계속해서 의심하기 시작했다. 이상한 점이 한두 개가 아니었기 때문이다. 우선 투팍에게 총을 쏜 괴한들이 그의 귀중품을 빼앗으려는 시도조차 하지 않은 채 그대로 도주했다. 당대 최고의 래퍼였던 투팍이 벌어들이는 앨범 수익을 고려하면 그의 수중에 있는 돈을 노리고 총격을 가했을 확률이 높았는데 그게 아니라면 돈 때문에 접근한 것이 아니라 누군가의 사주를 받고 움직였을 가능성이 있다고 투팍은 생각했다.

또한 투팍은 자신이 총을 맞고 도착한 스튜디오에서 비기와 퍼프 대디를 봤다고 주장했다. 심지어 투팍은 비기와 퍼프 대디가 자신이 총에 맞은 모습을 보고도 전혀 놀라지 않았다고 덧붙였다. 물론 비기는 투팍의 주장이 사실이 아니라고 반박했다. 총에 맞은 투팍이 헛것을 본 것이라 설명했다. 하지만 투팍의 의심은 사그라지지 않았다. 그는 계속해서 비기가 자신에게 총을 쏘라고 사주했다 여겼고 그렇게 투팍은 비기에게 등을 돌렸다.

비기를 향한 리스펙을 거둬들인 투팍이 재판 결과 징역 4년 2개월 형을 선고받고 1995년 2월 교도소에 들어간 후에도 이 둘의 논란이 도화선이 된 디스전의 불길은 더욱더 커져만 갔다. 투팍이 총을 맞은 뒤 얼마 되지 않아 나온 비기의 'Who Shot Ya?'라는 노래도 오해의 소지를 남겼다. 비기는 이 노래가 투팍의 총격 사고 이전에 녹음됐으며 단순히 마약을 둘러싼 전쟁에서 총성이 오가는 모습을 표현한 것이라 주장했지만 총을 한 방도 아니고 무려 다섯 방이나 맞은 투팍은 비기가 자신을 조롱했다는 느낌을 받아 이 노래의 제목에 더욱더 분노했다. 서부 힙합 대표 크루인 데쓰 로우Death Row의 수장 슈그 나이트Suge Knight가 투팍이 자기 크루에 들어오는 조건으로 보석금을 지급하면서 교도소에서 나와 다시 활동을 시작한 투팍은 그의 대표 앨범 중 하나인 'All Eyez on Me'로 대박을 터뜨린 뒤 Hit'em Up'이라는 디스곡으로 비기와 퍼프 대디를 비롯한 동부 힙합 전체를 디스했다. 비기도 당연히 디스곡으로 맞대응했고 그렇게 두 사람의 대립은 서부 힙합과 동부 힙합의 싸움으로 커졌다.

피 튀기는 설전의 끝은 슬픈 비극이었다. 1996년 9월, 슈그 나이트와 라스베이거스에서 있었던 투팍이 한 호텔 로비에서 데쓰 로우의 크루원을 공격했던 한 갱단 멤버를 발견하자마자 그를 집단 구타하고 자리를 떠났는데 얼마 지나지 않아 교차로에서 정차해 있던 투팍의 차 오른쪽에서 누군가 그에게 총을 쐈다. 투팍은 곧바로 병원으로 옮겨졌지만 6일 동안 혼수상태에 빠져 있다가 25살의 어린 나이에 세상을 떠났다.

투팍이 목숨을 잃자 그와 함께 디스전의 중심에 있었던 비기를 향한 의심의 눈초리가 커졌다. 두 번째 정규 앨범 준비에 박차를 가하던 비기는 자신이 투팍의 죽음과는 아무런 관련이 없다고 연거푸 주장했지만 세상은 그를 믿지 않았다. 계속된 살해 협박에 투팍이 주로 활동했던 미국 서부에는 영원히 갈 수 없을 것만 같았다. 하지만 비기는 위험을 무릅쓰고 앨범 홍보 및 뮤직비디오 촬영 차 미국 서부로 향했고 결국 그곳에서 차에 있다가 투팍처럼 총을 든 괴한에게 기습을 당해 그 자리에서 목숨을 잃었다. 향년 24세였다.

지금까지도 누가 두 사람을 죽음으로 내몰았는지는 확실히 밝혀지지 않았다. 비기가 투팍의 죽음을 사주했는지, 투팍의 죽음에 보복하고자 데쓰 로우 크루에서 비기를 죽이려고 계획을 꾸민 것인지 의혹만 있을 뿐 아직 진실을 베일 속에 감춰져 있다. 하지만 비기가 첫 앨범인 'Ready to Die'와 마지막 앨범인 'Life After Death' 단 두 장만으로 힙합의 미래를 바꿔 놓은 사실만큼은 확실하다. 그의 짧고 굵은 인생은 힙합 역사 속에 기록되어 강물처럼 영원히 흐를 것이다.

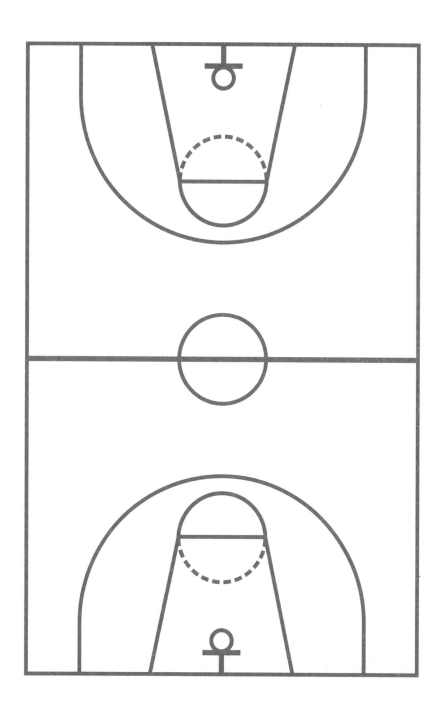

2018-2019
미네소타 팀버울브스 시티 에디션

보라색 왕자

'봄바람 휘날리며 흩날리는 벚꽃잎이 울려 퍼질 이 거리를 둘이 걸어요'

거리마다 벚꽃이 흐드러지게 피는 매년 봄 세상 모든 스피커에서 나오는 듯한 노래인 버스커버스커의 '벚꽃엔딩' 가사 일부다. 봄마다 스트리밍 차트를 거슬러 올라 역주행하는 이 노래는 쉬지 않고 통장에 계속 저작권료를 쌓아 '벚꽃연금'이라는 말을 탄생시키기도 했다. 유행을 타지 않고 꾸준히 사랑받는 스테디셀러 곡을 요즘 식으로 설명한 말이라고 할 수 있겠다. 이처럼 한 노래가 특정한 상황이나 배경을 떠올리게 만들면 그 노래는 시간과 세대를 초월해서 많은 사랑을 받곤 한다. 지금 소개할 가수도 벚꽃엔딩처럼 특정 상황을 대표하는 노래의 주인공이다. 비가 올 때마다 아직도 20세기의 향수에 젖어 있는 사람들의 마음을 울리는 명곡 'Purple Rain'을 부른 프린스Prince가 그 주인공이다.

1958년 미네소타주의 가장 큰 도시인 미니애폴리스Minneapolis에서 태어나 일생동안 고향을 떠나지 않은 프린스의 이야기는 미네소타 팀버울브스의 2018-2019시즌 시티 에디션 유니폼에 그대로 담겨있다. 이 유니폼에서 제일 먼저 눈에 들어오는 포인트는 유니폼 곳곳에서 보이는 밝은 보라색이다. 유니폼의 목과 소매 테두리부터 앞면 중앙에 있는 선수의 등번호와 팀의 애칭 'Wolves'까지 다 보라색이다. 이를 제외한 유니폼의 배경은 검은색으로 잡아 보라색이 조금 더 부각되도록 만드는 디자인이다.

일반적인 보라색보다 훨씬 밝아서 네온빛 핑크색을 연상시키기도 하는 이 컬러는 프린스라는 가수를 대표하는 색상이다. 대표곡이 'Purple Rain'이기도 하고 무대에서 보라색과 함께한 시간이 많았던 그가 2016년 사망했을 당시 그의 팬들이 프린스의 집 앞에 추모의 의미로 보라색 꽃다발과 풍선을 놓고 가면서 보라색은 프린스의 상징색으로 확실히 각인됐다. 여기에 프린스의 무대 의상 포인트도 유니폼에 담겨 있다. 상의의 한쪽 어깨 부분에 마치 갑옷을 연상시키는 듯한 무늬는 프린스가 뮤직비디오에서 자주 입고 나온 자켓의 징을 의미한다. 그리고 팀 이름과 등번호를 감싸는 하얀 테두리는 프린스를 대표하는 의상 중 하나인 주름 장식 블라우스를 상징한다.

미니애폴리스는 프린스에게 단순한 탄생지 그 이상이다. 프린스는 펑크부터 신스팝과 뉴 웨이브 락까지 다양한 장르의 음악을 하나로 융합한 스타일의 음악을 일컫는 미니애폴리스 사운드Minneapolis Sound의 선구자였으니 그가 미니애폴리스라는 도시 자체를 대표하는 아티스트라고 말하기에는 전혀 부족함이 없다. 미니애폴리스 사운드가 어떤 느낌인지를 대략 적으로 알아보고 싶다면 브루노 마스Bruno Mars가 피처링한 2010년대 메가 히트곡 마크 론슨Mark Ronson의 'Uptown Funk'를 들어보면 된다. 도입부에 나오는 통통 튀는 신시사이저Synthesizer 소리와 강렬한 드럼의 울림이 미니애폴리스 사운드의 대표적인 특징이자 흔적이기 때문이다.

프린스는 어렸을 때부터 음악과 일심동체였다. 재즈 피아니스트 아버지와 재즈 가수 어머니 사이에서 태어나 어렸을 때부터 자연스럽게 음악과 함께 살았던 그는 7살부터 작곡을 시작했다. 피아노와 기타는 물론 색소폰과 드럼까지 무려 30개가 넘는 악기를 연주할 줄 알았던 만능 음악꾼이었다. 그중에서도 프린스가 가장 잘 다루는 악기는 기타였다. 지금도 가장 과소 평가된 기타리스트 중 하나로 알려진 프린스는 단순히 노래만 하는 가수가 아니라 신들린 기타 연주 실력까지 같이 뽐내는 아티스트였다.

무대 위에서의 프린스와 무대 아래에서의 프린스 로저스 넬슨은 갭 차이가 믿기 힘들 정도로 심했다. 인터뷰에서 말도 제대로 못 할 정도로 평소 부끄럼이 많았던 프린스는 만약 MBTI 검사를 진행했다면 첫 항목이 무조건 I가 나왔을 것 같을 만큼 극도로 내향적인 사람이었다. 하지만 노래 반주만 나오면 프린스는 180도 다른 사람이 됐다. 무대 위에서 기타를 잡고 노래를 할 때면 마치 또 다른 자아가 거울 세계에서 나와 육체의 통제권을 잡는 것처럼 돌변했다.

음악에 몸을 맡긴 채 놀 줄 알았던 프린스는 1978년에 첫 정규 앨범을 발매하고 혜성처럼 데뷔했다. 그는 작사와 작곡, 프로듀싱은 물론 무려 27개의 악기를 모두 직접 연주해 앨범 수록곡에 들어가는 모든 소리를 하나부터 열까지 혼자서 만들어냈다. 심지어 프린스는 게으른 천재가 아니라 부지런한 천재였다. 쉴 새 없이 떠오르는 선율들을 빠짐없이 노래로 만들어 정규 앨범을 계속 찍어냈다. 한 해에 두 장의 정규 앨범, 거의 40곡에 달하는 신곡을 낸 적도 있었다. 꾸준히 곡 작업을 진행하며 자신의 음악 세계를 더 깊게 만들면서도 새로운 시도를 통해 그 세계를 넓혀나가기까지 했으니 무언가에 재능을 가진 사람이 그걸 열심히 할 때 어디까지 갈 수 있는지를 프린스는 조금씩 증명했다.

프린스는 1982년에 발매한 정규 5집 '1999'를 통해 본격적으로 스타덤에 올랐다. 해당 앨범의 수록곡인 'Little Red Corvette', 'Delirious'가 그의 곡으로는 처음으로 세계 최고의 음악 차트인 빌보드Billboard 핫100의 TOP 10 안에 들어가는 쾌거를 이뤘다. 흑인 음악인 디스코와 펑크에 백인 음악인 뉴 웨이브 락을 적절하게 결합한 특유의 미니애폴리스 사운드로 대중들은 물론 비평가들의 귀까지 사로

잡으며 두 마리 토끼를 동시에 잡았다. 그리고 프린스는 1984년에 그의 대표 앨범인 'Purple Rain'을 발매해 전성기를 누렸다. 여전히 프린스가 낸 앨범 중 최고라는 찬사를 받는 이 앨범은 그가 직접 배우로 출연했던 동명의 자전 영화 안에 들어간 사운드트랙인데 당시 1,300만 장 이상이 팔리고 빌보드 200 차트에서 24주 연속 1위를 차지하는 등 미국을 완전히 뒤흔들었다.

이 앨범은 프린스의 음악 인생뿐만 아니라 미국 음악의 역사에도 한 획을 그었다. 바로 이 앨범이 미국에서 처음으로 미성년자 청취 불가 판정을 받았기 때문이다. 사건의 발단은 이렇다. 1993년부터 2001년까지 빌 클린턴Bill Clinton이 미국의 제52·53대 대통령으로 부임했을 때 부통령이었던 앨 고어Al Gore의 부인 티퍼 고어Tipper Gore는 그의 딸인 카레나가 11살이었을 때 집에서 프린스의 'Darling Nikki'라는 노래를 카레나와 함께 듣자마자 소스라치게 놀라며 충격에 휩싸이고 말았다. 듣기 부끄러울 정도로 선정적인 가사 때문이었다. 사실 프린스는 안 그래도 데뷔 초부터 가사가 에로틱했던 걸로 유명했다. 하지만 1984년까지만 해도 가사의 수위에 대한 명확한 기준이 없어 앨범 표지만 보고 노래 안 가사들이 어떤 내용인지를 알 수는 없었기에 티퍼 고어도 이 노래를 직접 듣기 전까지는 가사가 이렇게까지 선정적이었는지를 전혀 몰랐다. 이 일을 계기로 음반 검열 운동을 시작해야겠다고 결심한 티퍼 고어는 특정 음악에 마약이나 폭력, 성적으로 음란한 소재 등이 포함되어 있을 경우 이에 대한 미성년자의 접근을 막기 위해 PMRC(The Parents Music Resource Center)를 설립했다. 이 과정에서 생겨난 경고 표시가 바로 'Parental Advisory : Explicit Content'다. 오늘날 힙합 앨범 우측 하단에서 어렵지 않게 찾아볼 수 있는 이 마크는 노래의 소재 또는 가사가 노골적이니 이를 들을 때 부모의 조언이 필요하다는 뜻인데 그 시작이 바로 프린스의 이 'Purple Rain' 앨범이었다.

　그래도 프린스는 명실상부 1980년대 영미권 팝 시장을 이끄는 트로이카 중 하나였다. 혹여나 트로이카라는 말이 낯설다면 삼대장 정도로 이해하면 되겠다. 이때 프린스와 어깨를 나란히 했던 두 명의 아티스트가 있었으니 바로 마돈나Madonna와 마이클 잭슨이었다. 나란히 1958년생이었던 이 셋은 자신만의 스타일대로 팬들의 마음을 울리며 팝의 새로운 전성기를 이끌었다. 프린스가 전성기를 누리던 1984년에 정규 2집 'Like A Virgin'으로 대박을 터뜨린 마돈나는 프린스와 한때 연인 사이였다. 비록 짧게 만났다가 헤어졌지만 이후에도 서로에게 리스펙을 보내며 각자의 커리어를 응원하는 친구로 지냈다.

　반면, 마이클 잭슨과의 사이는 꽤 복잡했다. 프린스가 본격적으로 유명해지기 전부터 마이클 잭슨은 이미 팝의 황제 자리에 앉아 있었다. 특히 지금도 자주 들을 수 있는 'Billie Jean'과 'Beat It'이 담겨 있는 정규 6집 'Thriller'를 1982년에 발매한 이후에는 전 세계 사람들이 마이클 잭슨에게 제대로 홀려 있었다. 그런 마이클 잭슨 천하에 프린스가 혜성처럼 등장한 뒤로 각종 언론은 이 둘을 계속 라이벌처럼 비교했다. 물론 고수는 고수를 단번에 알아본다는 말이 있다고 했던가? 잭슨은 프린스가 유명해지기 전부터 이미 그의 존재를 알았다. 'Purple Rain'이 발매되기 전인 1983년, 마이클 잭슨은 '소울 음악의 대부'라고 불렸던 제임스 브라운James Brown의 공연을 보러 갔다가 브라운이 잭슨을 발견해 무대 위로 올라가 즉흥적으로 공연을 한 적이 있다. 그런데 이날 프린스도 관객으로 브라운의 공연장을 찾았다. 그가 같은 공연을 보러 공연장에 와 있었다는 것을 알았던 잭슨은 다시 무대 아래로 내려가던 중 브라운에게 프린스를 무대 위로 올려야 한다고 이야기했고 브라운은 프린스가 누군지 전혀 몰랐지만 잭슨의 추천에 흔쾌히 응하며 프린스를 무대 위로 호출했다. 그런데 스타덤에 오르기 전이었던 프린스는 너무 많이 긴장한 탓에 이것저것 보여주려다가 오히려 과욕이 화를 불러 분위기를 망치고 조용히 무대를 내려갔다. 그리고 이는 둘의 사이가 틀어지는 작은 계기가 됐다. 이후에도 잭슨과 프린스는 컬래버레이션을 통해 무대에 같이 선 적이 없었다. 하지만 2009년 잭슨이 갑작스레 세상을 떠났을 때 프린스가 공연 리허설을 취소하고 집에서 슬픔에 잠긴 채 며칠 밤을 보냈다는 소식과 자신의 공연에서 잭슨의 곡을 단 한 번도 플레이리스트에 올린 적이 없던 프린스가 잭슨이 사망한 뒤 처음으로 그의 곡을 연주한 일을 보면 시기와 질투가 아예 없었다고 하면 거짓말이겠지만 둘은 음악적으로 좋은 영향을 주고받으며 서로의 위대함을 조용히 인정했던 것만 같다.

1989년 프린스가 팀 버튼 감독의 영화 '배트맨'의 음악 감독을 맡으며 1980년대를 성황리에 매조지을 때까지만 해도 못 하는 게 없었던 프린스의 전성기는 계속될 것만 같았다. 그러나 1990년대 들어 그에게도 시련이 찾아오기 시작했다. 프린스의 발목을 잡은 범인은 공교롭게도 그의 가장 큰 장점 중 하나였던 '다작(多作)'이었다.

프린스의 작곡 공장은 인기가 높아진 후에도 멈추지 않고 계속해서 돌아갔다. 그러자 그의 음반 발매를 담당하던 워너 뮤직 그룹에서 프린스를 설득하기 위해 나섰다. 이미 많은 사람들이 좋아하는 아티스트로 발돋움했기 때문에 그가 내는 앨범의 희소성을 높이고 싶기도 했고 'Purple Rain'으로는 성공했지만 1990년대에 발매한 곡들이 이에 버금갈 정도로 후속타를 치지 못해 슬슬 음반 제작 및 홍보 비용에 관한 걱정도 필요해져서였다. 결국, 워너 뮤직 그룹은 프린스에게 2년 정도에 한 개씩만 정규 앨범을 내는 것이 어떻겠냐고 제안했다. 하지만 프린스는 아직 발매하지 못한 곡들이 천 개 가까이는 더 있다며 이를 단칼에 거절했다. 오히려 새로운 변화를 위해 남성(♂)과 여성(♀)을 뜻하는 기호가 합쳐진 것처럼 생긴 자신만의 로고를 개발해 프린스라는 이름 대신 그 문양을 앨범 표지에 사용하기 시작했다. 대중이 아는 '프린스'라는 이름 대신 이 기호가 자신의 이름처럼 알려지기를 바라서였다. 이게 무슨 소리인가 싶을 정도로 난해했지만 이 문양은 자연스럽게 프린스의 상징이 됐다. 프린스가 사용하는 기타부터 그가 밟는 무대 바닥까지 그의 손길이 닿는 모든 곳에는 어떻게 불러야 하는지도 정확히 감이 안 오는 그 문양이 있었다.

화려했던 1980년대에 비해 1990년대 이후는 분명 프린스에게 암흑기였다. 그래도 새로운 상징이 생긴 프린스는 음악 활동을 멈추지 않았다. 꾸준히 정규 앨범을 내며 새로운 노래로 팬들을 만났다. 그의 열정은 세기가 바뀐 뒤에도 식지 않았다. 15년 동안 무려 16개의 앨범을 냈다. 음악의 색채가 전보다 난해해지고 종교적인 특성이 짙게 묻어나는 곡도 많았지만 그래도 프린스는 프린스였다. 2004년에 발매한 'Musicology'로 부활의 신호탄을 쏜 프린스는 2006년에 발매한 '3121'로 빌보드 앨범 차트 1위를 오랜만에 탈환하기도 했다. 특히 2007년 슈퍼볼 하프타임 축하 공연에서는 비가 쏟아지고 바람이 강하게 부는 악천후 속에서도 흔들리지 않고 멋진 무대를 선보이는 프린스의 관록과 여유를 확인할 수 있다. 그중에서도 비가 내리는 와중에 돌핀 스타디움Dolphin Stadium(지금은 하드 락 스타디움) 가득 퍼진 'Purple Rain'과 함께 관중과 호흡하는 프린스의 모습은 왜 2015년 빌보드가 역대 최고의 슈퍼볼 퍼포먼스로 프린스의 슈퍼볼 하프타임 쇼를 선택했는지를 방증한다.

음악 하나로 30년 넘게 사랑받았던 프린스에게도 숨겨진 아픔이 있었다. 고질적인 허리와 엉덩이 통증이었다. 157cm의 단신이었던 프린스는 자신의 컴플렉스를 감추기 위해 굽이 높은 신발을 즐겨 신었다. 공연할 때는 물론 일상생활을 할 때도 항상 그의 발에는 하이힐이 있었다. 그러다 보니 허리와 엉덩이 쪽이 계속 안 좋았고 나중에는 수술을 받아야 하는 소견까지 받았다. 하지만 프린스는 하이힐을 포기하지도 않았고 수술을 받지도 않았다. 주변의 권유에도 프린스가 수술을 받지 않은 가장 큰 이유는 그의 종교가 바로 수혈을 받으면 안 된다는 교리가 있는 여호와의 증인이었기 때문이다. 물론 프린스는 본인이 수술 진단을 받은 적 자체가 없다고 잡아떼기는 했지만 이 점이 프린스가 수술을 받지 않고 마약성 진통제만 투여한 이유가 됐다는 이야기가 많다. 결국 건강에 적신호가 켜진 채 계속 삶을 이어 나가던 프린스는 2016년 4월 21일, 스튜디오와 의상 제작실에서 공연장과 음반 회사 및 기획사까지 많은 시설이 자리하던 그의 저택 페이즐리 파크Paisley Park에서 쓰러졌다. 그리고 발견된 지 세 시간 만에 눈을 감았다. 정확한 사인은 여전히 확실하게 밝혀지지 않았지만, 약물 과다 복용이 주된 원인이라는 추측이 가장 많다.

40개의 정규 앨범과 7번의 그래미상을 남긴 보라색 별이 허무하게 졌다. 세상은 보라색 물결로 그를 추모했다. 그의 고향인 미네소타를 연고지로 삼는 미네소타 팀버울브스의 타깃 센터Target Center와 미니애폴리스를 연고로 하는 야구 팀 미네소타 트윈스Minnesota Twins의 타깃 필드Target Field는 보라색 조명을 켰다. 구글은 메인 페이지에 나오는 이미지인 구글 두들Google Doodle에 보라색으로 적힌 'Google'과 비 내리는 배경을 띄워놨다. 또한 뉴욕 타임 스퀘어에 있는 하드 락 카페Hard Rock Cafe의 전광판에도 'Purple Rain'의 가사 중 일부가 보라색 빛으로 반짝였다.

I never meant to cause you any sorrow
(그대가 슬퍼하기를 바라는 게 아닙니다)
I never meant to cause you any pain
(그대가 아파하기를 바라서 이러는 게 아닙니다)
I only wanted to one time to see you laughing
(그저 당신이 한 번이라도 웃는 걸 보고 싶었어요)
I only wanted to see you
(당신이 보고 싶었을 뿐이에요)
Laughing in the purple rain
(보라색 비를 맞으며 웃는 당신을요)
RIP Prince (명복을 빕니다, 프린스)

프린스가 어떤 뮤지션이었는지를 설명하는 말 중에는 '비틀즈
Beatles의 음악과 지미 헨드릭스의 기타 연주, 제임스 브라운의 소울
을 합치면 프린스가 된다'는 표현이 있다. 가수이자 기타리스트, 작곡
가이자 프로듀서였던 프린스는 수백 곡의 노래를 세상에 비처럼 흩
뿌리며 여전히 우리 세상에 남아 보라색 빛을 내는 중이다. 그리고 비
가 내리면 새싹이 고개를 내밀고 꽃이 피어나듯 프린스라는 비도 후
배 가수들에게 좋은 밑거름이 됐다. 지금 가장 핫한 뮤지션인 위켄드
The Weeknd도 프린스의 무대를 보고 자라며 아티스트의 꿈을 키웠
다. 지난 2021년, 프린스가 그랬던 것처럼 슈퍼볼 하프타임 축하 공
연을 혼자 멋지게 책임지며 역대급 무대를 남긴 위켄드는 2020년
AMA(American Music Award)에서 2015년에 이어 5년 만에 다시
한번 최우수 R&B/소울 앨범상을 받고 이런 수상 소감을 남겼다.
   "지난번에 이 상을 받았을 때, 제게 트로피를 건네준 분이 바로 프
린스였습니다. 그는 제가 계속 R&B라는 장르에 도전하게 만드는 이
유입니다. 그래서 이 상을 프린스에게 바치고 싶습니다."

자신의 지인들 앞에서 처음으로 프로 경기에 나서는 날은 선수들이 잊을 수 없는 전율의 순간 중 하나다. 2022년 3월 14일 필라델피아 웰스 파고 센터Wells Fargo Center에서 열린 필라델피아 세븐티식서스와 덴버 너게츠Denver Nuggets의 맞대결이 누군가에게는 그런 날이었다. 바로 당시 덴버 너게츠의 유니폼을 입고 코트로 나선 본즈 하일랜드Bones Hyland가 그 주인공이다.

2021년 신인 드래프트 1라운드 전체 26순위로 덴버에 지명된 하일랜드는 당시 이제 막 리그에 적응 중인 신인이었다. 첫 시즌이었던 만큼 모든 경기가 하일랜드에게 특별했겠지만 필라델피아에서 치러지는 원정 경기는 그에게 더더욱 큰 의미가 있었다. 경기가 열리는 필라델피아와 그가 어린 시절을 보낸 델라웨어주 윌밍턴이 고작 차로 30분 거리에 있을 만큼 가까웠기 때문이다. 서부 콘퍼런스에 소속된 덴버가 동부 콘퍼런스에 소속된 필라델피아를 상대하기 위해 원정길을 떠나는 경우가 시즌에 많아야 한 번이고 덴버와 필라델피아는 비행기로 3시간 넘게 걸릴 정도로 멀어서 시즌 중에는 고향을 찾기가 어려웠다는 점을 생각하면 금의환향한 하일랜드의 감회는 무척이나 새로웠을 것이다.

프로 선수가 되고 나서는 처음으로 고향을 찾은 하일랜드를 응원하기 위해 특별한 관객들이 웰스 파고 센터에 총출동했다. 바로 하일랜드의 가족들과 고등학교 시절 담임선생님, 그리고 윌밍턴 소방서에서 근무하는 소방관들이었다. 특히 윌밍턴 소방서 식구들은 이날 하일랜드가 NBA 경기를 소화하는 모습을 처음으로 직접 보기 위해 경기장을 찾았다.

하일랜드가 윌밍턴 소방서 사람들과 각별한 사이가 된 계기는 하일랜드에게는 아픈 기억인 2018년까지 거슬러 올라간다. 하일랜드가 고등학생이었던 당시 그의 집에 불이 나는 사고가 발생했는데 하일랜드는 간신히 목숨을 건졌지만 그의 할머니와 어린 동생이 안타깝게 목숨을 잃고 말았다. 특히 하일랜드의 할머니 페이는 화재가 일어났을 때 생후 3개월이었던 하일랜드의 사촌 동생을 살리고 온몸에 화상을 입은 채 병원으로 이송됐지만 결국 숨을 거뒀다.

화재 당일 하일랜드는 집에서 3월의 광란March Madness이라 불리는 미국 대학 농구 NCAA 8강 토너먼트 경기를 보며 편하게 소파에 앉아 있었다. 그런데 집 안에 있던 화재경보기가 작동하지 않아 불길이 소리 없이 커졌고 하일랜드가 집에 불이 났다는 사실을 깨달았을 때는 이미 참혹한 화재 현장이 뿜어내는 뜨거운 열기로 집 안이 아수라장이 된 후였다. 유리창을 깨고 밖으로 나가기 위해 안간힘을 쓴 하일랜드는 세 번의 시도 끝에 2층 창문을 통해서 탈출에 성공했다. 그러나 집 안에 아직 가족들이 남아 있었다는 사실을 알고 다시 집에 들어가려 했을 땐 이미 불길이 걷잡을 수 없이 번져 재진입할 수 없었다. 그렇게 어린 하일랜드는 하나뿐인 할머니와 동생을 잃었다.

그런데 하일랜드의 불행은 여기서 끝이 아니었다. 집을 빠져나오는 과정에서 오른쪽 슬개건이 파열된 하일랜드의 농구선수 생활에도 갑자기 적신호가 켜져서였다. 병원에서 의사에게 다시는 농구를 할 수 없을 것 같다는 이야기를 들었을 만큼 하일랜드의 상태는 좋지 않았다. 그래도 하일랜드는 포기하지 않았다. 먼저 세상을 떠난 할머니와 동생을 위해 손에서 농구공을 놓지 않은 어린 소년은 그렇게 이를 악물고 버텨 마침내 자기 앞에 신호등 불빛을 빨간색에서 초록색으로 바꾸고 당당히 프로 무대에 입성했다.

그런 하일랜드가 화재 사고 현장에 가장 먼저 도착해 하일랜드를 구한 사람들 앞에서 NBA 유니폼을 입고 농구 코트를 밟는 모습을 처음으로 보여주는 순간이 바로 이날이었다. 경기 전 윌밍턴 소방서 식구들을 만나기 위해 관중석으로 향한 하일랜드는 반갑게 인사를 건네며 선전을 다짐했다. 경기장을 찾은 하일랜드의 어머니도 "상상도 못 했던 순간이 왔어요. 모든 확률은 제 아들에게 불리했습니다. 하지만 이 아이는 포기하지 않고 끊임없이 노력했어요. 지금까지 하일랜드가 걸어온 길과 인내하고 버틴 시련을 생각해 보면 지금 제 아들이 이 경기장에 있다는 사실이 믿기지 않아요"라고 말하며 아들을 응원했다.

하일랜드는 사랑하는 사람들의 응원을 등에 업은 채 코트 위에서 날아다녔다. 3점슛을 네 방이나 터뜨리며 21득점을 기록한 하일랜드는 덴버가 114-110으로 역전승을 거두는 데 큰 힘을 보탰다. 이날 한때 필라델피아가 19점 차로 앞서나가던 경기를 덴버가 마지막 4쿼터에 뒤집으며 승리를 챙겼는데 하일랜드는 해당 경기에 기록한 3점슛 4개를 모두 4쿼터에 성공해 승부처를 지배했다.

하일랜드는 경기가 끝난 후 인터뷰에서 이렇게 이야기했다.

"어려운 환경에서 자란 것이 지금의 저를 만들었습니다. 저는 코트 위에서 제일 큰 선수도 아니었고 그렇다고 제일 힘이 센 선수도 아니었어요. 하지만 그 누구보다도 농구에 진심인 선수였어요. 지금도 항상 코트에 나설 때마다 제 마음이 얼마나 단단한지를 사람들에게 보여주고 싶다고 생각해요. 저는 항상 경기 시작 전에 제 가슴에 십자를 그립니다. 이렇게 농구를 할 수 있다는 사실에 감사함을 표하기 위해서죠. 4년 전에 병원에서 농구선수로서의 제 커리어가 끝날 수도 있다는 이야기를 들었던 날을 떠올리면 제가 이렇게 아직도 농구 코트 곁에 남아 있다는 점도 사실 기적이나 다름없습니다. 제 어깨에는 늘 할머니와 어린 동생이 있어요. 그 둘은 제가 농구를 계속 하는 이유입니다.”

할머니와 동생의 모습을 마음속에 그리자 감정이 북받친 하일랜드는 이 말을 마친 뒤 다음 질문으로 넘어가 달라고 작게 말한 후 끝내 눈물을 보였다.

하일랜드의 몸과 마음에는 그날의 기억이 아직도 선명하다. 그의 오른쪽 무릎에는 여전히 슬개건 파열 후 수술을 받으면서 생긴 흉터가 남아 있고 왼쪽 팔에는 할머니와 동생의 얼굴, 그리고 두 사람의 모습 사이에 사고가 발생한 날짜인 2018년 3월 25일이 문신으로 새겨져 있다. 그리고 하일랜드는 사고를 떠올리며 이렇게 말한 적이 있다.

“할머니와 동생은 항상 제 안에 있습니다. 두 사람은 제가 경기장에 나서는 걸 늘 도와줘요. 할머니와 동생이 항상 저와 함께 있다고 믿으면 마음이 진정되거든요. 그때 사고는 제 삶을 송두리째 바꿔놨어요. 그날 이후 저는 항상 모든 일에 최선을 다합니다. 매일 아침 눈을 뜨고 침대에서 일어날 때도 얼굴에 미소를 띠려고 노력합니다. 왜냐하면 그때 조금만 늦었더라면 저는 이 자리에 아예 있을 수도 없었을 테니까요. 삶과 죽음의 경계에서 0.2초 차이로 간신히 살아남았어요. 그러니 제게는 매일 웃지 않을 이유가 없어요.”

NBA, 사회를 입다

잊을 수 없는, 잊어서는 안 되는

미국에서 피어난 프랑스의 꽃

왕의 영원한 유산

상큼한 사업

눈물의 길

무한한 공간으로

타지의 고향

기름진 화요일

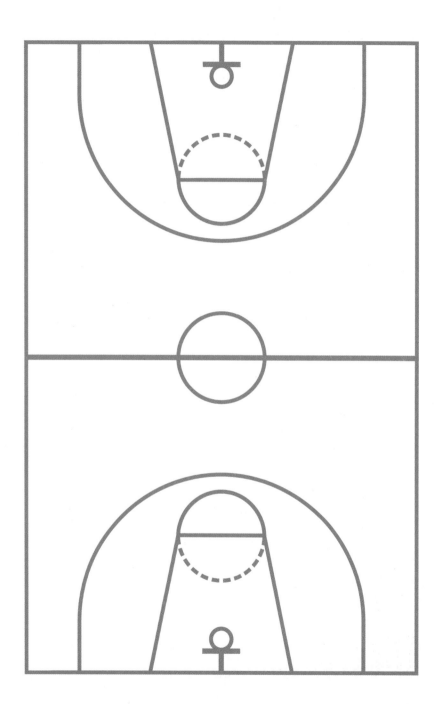

2019-2020
오클라호마시티 썬더 시티 에디션

1995년 4월 19일. 여느 때와 다를 것 없는 아침이었다. 일터로 향하는 사람들의 발걸음 소리가 아침 햇살 속에 빛나고 간밤의 안부를 묻는 목소리들이 날개를 펼친 채 구름처럼 유유히 떠다니는 평범한 하루의 시작이었다. 그러나 모두의 마음이 잔잔히 따뜻해지던 평온한 아침은 하늘이 무너지는 듯한 소리와 함께 한순간에 갑자기 아수라장이 됐다. 우리가 잊을 수 없는, 잊어서는 안 되는 비극의 시작이었다.

얼마 지나지 않아 두 눈과 귀를 의심하게 만드는 속보가 흘러나왔다.

"오클라호마시티 시내 연방정부청사 옆에서 거대한 차량 폭발이 일어났습니다. 건물은 산산조각이 났고 아이들과 연방정부 공무원, 군인과 무고한 시민이 목숨을 잃었습니다."

끔찍한 폭탄 테러가 일어난 시간은 출근 시간대였던 오전 9시 2분이었다. 이미 900명 가까운 사람들이 건물 안에 있었고 2층에는 보육센터가 있어 50명 넘는 아이들도 사고 당시 건물에 있었다. 이 테러로 168명이 목숨을 잃고 680명이 다치는 인명 피해가 발생했다. 사망자 중 19명은 아직 살아갈 날이 많았던 어린이들이었다. 사망자 명단에 포함되어 있던 임산부 세 명의 태아도 세상의 빛을 보지 못한 채 안타깝게 숨을 거뒀다.

건물 바로 옆에서 굉음을 내고 터진 트럭에는 2,200kg에 달하는 사제 폭발물이 실려 있었다. 트럭과 맞닿아 있던 건물의 한쪽 면이 완전히 파괴되어 그 형체를 잃었고 건물 잔해와 피투성이가 된 사람들로 가득해진 도시는 삽시간에 혼돈에 휩싸였다. 폭발의 위력은 상상을 초월했다. 폭발 현장에서 약 7km 정도 떨어진 오클라호마 과학박물관 내 지진계가 당시 폭발을 규모 3.0의 지진으로 인식했을 정도였다. 폭발음은 90km 가까이 떨어진 곳에서도 들을 수 있었는데 이는 만약 같은 규모의 폭발이 서울에서 일어났다면 그 소리를 춘천이나 천안에서도 듣는 일이 가능한 수준이었다. 폭발 규모가 워낙 컸기 때문에 그 피해 범위도 연방정부청사 건물에만 한정되지 않았다. 폭발 트럭 주위의 다른 건물들도 여기저기 유리창이 깨졌고 심지어 완전히 무너지는 건물도 있었을 만큼 막대한 피해가 주변 일대를 휩쓸었다. 특히 깨진 유리 조각은 당시 피해자들에게 가장 많은 상해를 입힌 주범이었다. 또한 1차 폭발의 영향으로 휘발성 연료가 들어 있던 건물 주변의 차들이 2차 폭발을 일으키면서 피해 규모는 계속 커져만 갔다. 당시 집계된 경제적 손실은 약 6억 5,200만 달러로, 우리 돈으로 8,000억 원이 넘는 금전적 손해가 발생했다.

테러 소식을 접한 미국은 슬픔에 잠겼다. 동시에 이렇게 극악무도한 일을 저지른 이름 모를 범인에게 분노했다. 이는 당시 미국의 대통령이었던 빌 클린턴도 마찬가지였다. 그는 사고 당일 오후 4시에 열린 대국민 담화에서 이런 말을 남겼다.

"오클라호마시티 폭발 사고는 무방비 상태의 시민들과 무고한 어린이를 노린 공격이었습니다. 이는 몹시 비겁하고 사악한 짓입니다. 미국 정부는 이런 끔찍한 일을 저지른 범인에게 절대 관용을 베풀지 않겠습니다. 그리고 저는 절대로 미국 시민들이 공포에 떨도록 이 상황을 지켜 보고만 있지 않을 것입니다."

테러를 눈앞에서 마주한 사람들이 받은 충격도 우리가 차마 헤아릴 수 없을 만큼 쓰라렸다. 당시 연방정부청사에서 근무하던 폭발 사고 생존자 데니스 퓨리포이Dennis Purifoy는 직접 겪은 테러를 이렇게 설명했다.

"저는 폭발이 일어난 곳에서 불과 35m 정도 떨어진 곳에 앉아 있었습니다. 그런데 갑자기 섬광이 번쩍였어요. 처음에는 이게 컴퓨터에서 반사된 빛인지 폭발인지를 구별할 수 없었습니다. 그러더니 순식간에 주변이 깜깜해지더군요. 저는 의자에서 나가떨어졌습니다. 이 모든 게 눈 깜짝할 순간에 일어났죠. 사고가 일어나고 며칠 정도는 무슨 일이 일어났는지 기억하기 힘들 정도로 정신이 없었습니다. 저는 크게 다치지 않았지만 다친 동료가 누워 있는 병원이나 세상을 떠난 동료의 장례식에 가야 했으니까요. 용의자가 누구인지도 뉴스를 보고 나중에야 알게 됐습니다. 사실 테러가 일어나고 오랜 시간이 흘렀기 때문에 사람들의 기억에서 이 일이 흐릿해지는 건 당연한 일입니다. 한 가지 바람이 있다면 제가 직접 경험했던 이 일보다 더 큰 규모의 테러가 다시는 일어나지 않았으면 좋겠어요."

이 일을 계획한 악마의 이름은 백인우월주의에 빠진 민병대 옹호자 티모시 맥베이Timothy McVeigh였다. 폭탄 테러 직후 불법 무기 소지 혐의로 체포된 맥베이의 진술에 따르면, 그가 테러를 자행한 이유는 2년 전 연방정부가 공권력을 필요 이상으로 행사한 것에 대해 복수하기 위해서였다.

폭탄 테러가 일어나기 정확히 2년 전인 1993년 4월 19일, 텍사스주 웨이코에서 미국 연방 수사국 FBI(Federal Bureau of Investigation)와 미국 주류·담배·화기 단속국 ATF(Bureau of Alcohol, Tobacco, Firearms and Explosives)가 안식교의 광신적 이교도인 다윗파의 건물 마운트 카멜 센터 침입을 시도하는 일이 있었다. 당시 미성년자 성추행과 법정 강간, 불법 무기 소유 및 각성제 제조 혐의를 받았던 다윗파의 교주 데이비드 코레시를 체포하는 것이 FBI와 ATF의 목표였는데 이 과정에서 건물에 화재가 발생해 코레시를 포함한 79명의 다윗파 신도들이 모두 사망하고 말았다. 그리고 이 사건은 맥베이가 테러를 결심하게 만드는 도화선이 됐다.

맥베이는 애초에 건물만 파괴할 생각이었다. 그런데 테러를 준비하면서 계획의 방향을 틀었다. 자신이 이 테러를 꾸밀 수밖에 없었던 의도가 더 강한 파급력을 내기 위해서는 사람들이 목숨을 잃어도 상관없다는 생각이 들어서였다. 그렇게 테러 장소를 물색하던 맥베이는 1994년 12월 오클라호마시티를 방문해 목표물이 된 연방정부청사 건물을 여기저기 살핀 뒤 그곳을 최종 타깃으로 설정했다. 폭발이 일어나면 건물 정면의 유리창이 모두 깨질 것이라는 예측부터 건물 맞은편의 탁 트인 주차장에서 테러 장면이 다른 목격자에 의해 사진으로 남을 수 있다는 가능성까지 염두에 두는 치밀한 분석 끝에 이어진 선택이었다.

다윗파 신도들이 몰살당한 날짜이자 민병대가 렉싱턴 콩코드 전투로 독립 전쟁을 시작한 4월 19일로 테러 날짜를 정한 맥베이는 과거 육군 기초 군사훈련 도중 만난 테리 니콜스Terry Nichols와 함께 폭발물의 재료가 될 질산암모늄 비료와 연료유를 모으며 아무도 모르게 참극을 기획했다. 그리고 자신의 계획을 실행으로 옮겨 죄 없는 168명의 목숨을 앗아가고 많은 이들의 삶에 영원히 낫지 않을 상처를 남겼다.

몇 달간의 조사 끝에 맥베이는 1995년 8월 10일 사형을 선고받았다. 그러나 맥베이는 숨이 끊어지는 마지막 순간까지 반성이라는 단어를 어렸을 때부터 아예 배운 적이 없는 것처럼 행동했다. 이는 그가 남긴 유서에 윌리엄 어니스트 헨리William Ernest Henley의 시 '인빅터스Invictus'가 적혀 있었다는 걸 보면 알 수 있다. 다음은 인빅터스의 일부다.

Out of the night that covers me, (나를 감싸는 밤은)

Black as the pit from pole to pole, (온통 까만 어둠뿐이다)

I thank whatever gods may be (어떤 신이든 나에게)

For my unconquerable soul.

(정복할 수 없는 영혼을 주심에 감사하다)

(중략)

And yet the menace of the years (오랜 세월의 위협에도)

Finds and shall find me unafraid.

(나는 두려워하지 않을 것이다)

It matters not how strait the gate, (저 문이 얼마나 좁은지)

How charged with punishments the scroll,

(내게 내려진 형벌이 무엇인지는 중요하지 않다)

I am the master of my fate, (나는 내 운명의 주인)

I am the captain of my soul. (나는 내 영혼의 선장)

넬슨 만델라Nelson Mandela 전 남아프리카공화국 대통령이 종신형을 받고 복역하던 시절 용기를 갖게 해줬다는 사실로도 유명한 이 시는 어떠한 상황에서도 굴하지 않는 단단한 마음가짐을 노래하는 시다. 하지만 맥베이의 잘못된 신념 때문에 지금 이 순간만큼은 시 자체가 미워 보인다. 그렇게 삶의 마지막 순간까지 테러로 쓰라린 기억을 안고 살아가게 될 피해자들과 유가족들에게 깊은 흉터를 하나 더 남긴 맥베이는 2001년 6월 12일 폭탄 테러 현장에서 살아남은 23명의 생존자가 지켜보는 앞에서 독극물 주사를 맞고 처형당했다.

오클라호마시티 폭탄 테러는 2001년 9·11 테러가 발생하기 전까지 미국에서 일어난 가장 큰 규모의 테러 사건으로 기록되어 있다. 그래도 많은 사람의 헌신과 땀방울 덕분에 피해를 조금이나마 줄일 수 있었다. 폭발이 일어나자마자 오클라호마시티의 의료원들과 소방관들, 그리고 근처에 있던 시민들까지 도움의 손길을 내밀기 위해 현장으로 달려간 덕분에 사고가 일어난 지 1시간이 지나지 않아 50명이 연방정부청사 건물에서 빠져나와 목숨을 건졌다. 이후에도 2주가 넘는 시간 동안 실종자를 찾기 위한 구조 작업과 시체를 찾기 위한 수색 작업이 동시에 진행됐다. 오클라호마주 방위군부터 민간 항공 정찰대까지 총동원됐다. 이뿐만이 아니었다. 각지에서 모인 구호 물품과 기부금이 오클라호마시티로 향했다. 이는 피해자들의 진료와 심리 치료는 물론 유가족의 생계유지와 부모를 잃은 아이들의 교육비 등 다양한 방면으로 사용되었다.

그리고 이 테러는 강력한 예방 주사 역할을 하기도 했다. 많은 대형 건물들이 대규모 폭탄 테러에 무방비 상태로 노출되어 있다는 사실을 인지한 미국 정부는 곧바로 연방정부청사 건물 주변에 경비를 강화하는 법률을 통과시켰다. 추가적인 테러를 사전에 막기 위함이었다. 이는 확실한 효과를 봤다. 해당 법률이 통과된 후 2005년까지 10년 동안 무려 60건이 넘는 테러 기도가 한층 단단해진 경비로 무산됐다. 소 잃고 외양간 고친다는 말이 잠시 떠오르기도 하지만 두 번째 외양간을 잃지 않은 건 불행 중 다행이라고 말할 수 있다.

폐허가 된 연방정부청사 건물은 테러가 일어난 지 한 달 뒤인 1995년 5월 23일 완전히 철거되었다. 그리고 테러가 일어난 지 딱 5년이 되던 2000년 4월 19일, 희생자와 생존자, 구조원 등 이 사고에 영향을 받은 모든 사람을 기리기 위해서 연방정부청사 건물이 있던 자리에 오클라호마시티 추모 박물관Oklahoma City National Memorial & Museum이 세워졌다.

이제는 숨을 돌려 정신없이 비극에 관해 이야기하느라 잠시 잊었던, 우리와 이 이야기를 연결해준 매개에 대해 알아볼 차례다. 바로 오클라호마시티 썬더의 2019-2020시즌 시티 에디션 유니폼이다. 바로 앞에서 언급된 오클라호마시티 추모 박물관과의 제휴를 통해 디자인된 이 유니폼은 폭발 이후 사람들이 보여준 용기에 경의를 표하고 당시 사건을 잊지 않기 위해 만들어졌다.

이 유니폼 디자인의 근본적인 모티브가 된 곳은 오클라호마시티 추모 박물관 옆에 있는 모든 것을 비추는 웅덩이Reflecting Pool와 웅덩이 양옆에 자리한 두 개의 청동문이다. 우선 짙은 회색과 검은색 그 사이 어딘가인 듯한 어두운 배경에 밝은 청동색이 눈길을 사로잡는데 하얀색으로 쓰인 팀 이름과 등번호의 테두리, 그리고 상의 목과 팔 테두리가 모두 청동색이다. 그리고 상의 우측 하단에 역시 청동색으로 새겨진 세 단어 'Service Honor Kindness(봉사, 존경, 친절)'는 오클라호마시티 시민들이 보여준 용기와 헌신을 뜻한다. 또한 상의 옆구리 부분에 직각으로 맞닿은 짧은 가로선과 긴 세로선이 대칭을 이루며 길게 뻗어 있는 부분은 청동문의 끝부분과 닮았다. 상의에서 뻗어 나온 세로선은 하의까지도 이어지고 그 끝에는 하얀색 사각형이 바지의 끝을 장식하는데 이것이 청동문 사이에 위치한 웅덩이를 상징하는 부분이다. 그 외에도 하의 밴드 부분 중앙에는 웅덩이 앞에 우두커니 서 있는 한 그루의 나무가, 상의 끝에는 파란 리본 위로 '영원히 달라진 사람들을 기억하겠습니다, 1995년 4월 19일(We Remember Those Who Were Changed Forever April 19, 1995)'라는 문구가 적혀 있다.

모든 것을 비추는 웅덩이는 사람들이 잔잔한 표면에 비치는 자기 모습을 보고 이 테러의 결과를 잊지 않기를 바라는 마음으로 만들어졌다. 그 옆에 위치한 청동문의 중앙에는 각기 다른 시간이 새겨져 있다. 한쪽 문에는 폭발 직전의 시간이자 마지막 평화를 뜻하는 9시 1분이, 다른 한쪽 문에는 폭발 직후의 시간이자 회복의 시작을 뜻하는 9시 3분이 선명하게 보인다. 그래서 두 청동문 사이에 있는 웅덩이가 뜻하는 게 바로 폭발이 일어난 시간, 9시 2분이다.

이곳 외에도 오클라호마시티 추모 박물관에는 애도의 의미를 담은 상징물들이 더 있다. 건물 앞에는 당시 사고로 희생된 19명의 아이들을 뜻하는 검은색 사각기둥이 세워져 있다. 그 기둥들 사이에는 눈물이 흐르는 얼굴을 손으로 감싸는 예수상이 세워져 있다. 모든 것을 비추는 웅덩이에서 바라보는 추모 박물관 쪽 창문은 모두 검은색으로 칠해져 폭발로 산산조각이 난 당시 창문들을 나타낸다. 웅덩이와 박물관 사이 잔디밭에는 168명의 희생자를 의미하는 빈 의자 168개가 놓여 있는데 이는 당시 테러가 일어난 연방정부청사 건물이 9층이었기 때문에 총 9개의 열로 배치되어 있으며 갑작스레 세상을 떠난 사람들이 자기 자리를 잘 찾아가기를 바라는 마음으로 제작되었다고 한다. 그리고 박물관 옆에는 폭발 사고에도 쓰러지지 않고 여전히 그 자리에 뿌리를 내리고 숨 쉬는 살아남은 나무The Survivor Tree가 푸르게 빛난다.

남은 우리는 결국 떠나간 사람들의 몫까지 열심히 또 하루를 살아가야 한다. 그 자리에 붙잡혀 있는다고 모든 슬픔이 지워지는 것은 아니기에 각자의 자리에서 항상 마음속에 그리운 마음을 간직한 채 삶을 영위한다. 그런 우리에게 오클라호마시티 추모 박물관이 보내는 위로의 메시지가 모든 것을 비추는 웅덩이 옆 청동문의 뒤편에 쓰여 있다.

"우리는 이 사고로 목숨을 잃은 사람들, 이 사고에서 살아남은 사람들, 이 사고로 삶이 완전히 달라진 사람들을 기억하기 위해 이곳에 왔습니다. 이곳을 떠나는 모두가 폭력이 우리에게 어떠한 영향을 미치는지 깨닫기를. 그리고 이곳이 당신에게 위안과 힘, 평화와 희망, 그리고 평온을 주기를."

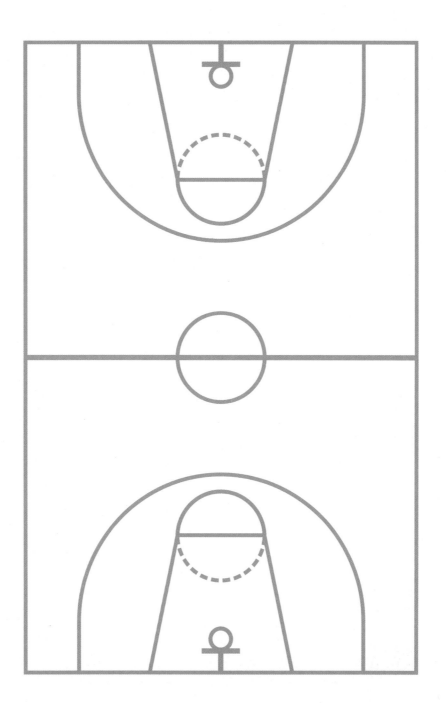

2020-2021 & 2021-2022
뉴올리언스 펠리컨스 시티 에디션

잠시 상식 퀴즈 시간이다. 문제는 간단하다. 다음 세 가지 단어가 무엇인지를 맞추면 된다. '귤락', '애글릿', 그리고 '천사채'다. 힌트를 드리자면 세 단어는 모두 공통점이 있다. 어딘가에서 분명히 본 적은 있지만 정확한 이름을 몰라서 '이것', '저것', 혹은 '그것'과 같은 지시대명사로 불린다. 그래도 명칭은 낯설겠지만 정답을 들으면 다들 무엇을 의미하는 말인지 분명 알 만한 친구들이다. 정답을 떠올려본 후 다음 문단으로 넘어가기 바란다.

먼저 귤락은 귤을 깔 때 주황색 겉껍질을 벗겨내고 나면 나오는 과육을 감싸는 하얀 그물 모양의 줄이다. 항상 떼고 먹을지 그냥 먹을지 고민하게 만드는 귤락은 비타민C와 식이섬유가 풍부한 섬유질로 오렌지나 자몽과 같은 시트러스 과일들에서 쉽게 볼 수 있다. 애글릿은 신발 끈이 풀리는 일을 막고 끈을 묶을 때 운동화 구멍에 쉽게 넣을 수 있도록 도와주는 장치로 보통 신발 끈 끝에 플라스틱이나 금속으로 제작된다. 애글릿이 없었다면 우리는 신발 끈을 묶을 때 항상 바늘구멍에 실을 넣는 느낌으로 헤맸을지 모른다. 천사채는 다시마나 우뭇가사리를 가공해서 만든 식품으로 보통 접시에 동그랗게 말아 회 밑에 까는 용도로 사용된다. 회 밑에 있던 천사채는 날생선에서 나온 세균이 천사채에서 번식했을 가능성이 있어 먹지 않는 것이 좋지만 그렇게 한 번 사용되지 않았다면 천사채는 먹을 수 있는 음식이다. 마요네즈에 버무려 샐러드처럼 만든 뒤 매콤하게 볶은 주꾸미와 함께 깻잎에 싸서 먹으면 집 나간 입맛도 돌아오게 만드는 엄청난 별미다.

이번 이야기의 중심이 될 소재도 귤락과 애글릿, 천사채처럼 어딘가에서 분명히 본 적은 있지만 정확한 명칭은 모르는 사람들이 많은 문양이다. 양옆으로 고개를 숙인 풀 사이로 칼처럼 끝이 뾰족한 꽃이 피어나는 모양처럼 생긴 이 문양은 꽤 많은 사람에게 익숙할 정도로 이미 우리의 일상에 널리 퍼져 있다. 초등학교 때 보이스카우트 활동을 했던 사람들은 모를 수가 없고 축구를 좋아하는 사람들에게도 이름 모를 팀의 엠블럼에서 한 번쯤은 봤을 법한 문양이다. 또한 어느 왕족의 이야기를 따라 전개되는 게임의 국기부터 양복에 어울리는 넥타이까지 등장하지 않는 곳이 없는 이미지다. 이 문양은 바로 프랑스의 상징이자 뉴올리언스의 상징인 백합, 플뢰르 드 리스Fleur de Lis다.

뉴올리언스를 연고로 하는 NFL 팀인 뉴올리언스 세인츠New Orleans Saints의 엠블럼이기도 한 플뢰르 드 리스가 NBA 뉴올리언스 펠리컨스New Orleans Pelicans의 시티 에디션 유니폼에 처음 고개를 내민 때는 2018-2019시즌이다. 프랑스와 떼려야 뗄 수 없는 뉴올리언스의 관계를 나타내기 위해 하의 밴드 부분 중앙에 살포시 자리를 잡았다. 2020-2021시즌 시티 에디션 유니폼에는 아예 디자인의 메인 요소가 됐다. 금빛 플뢰르 드 리스 세 개가 상의 중앙에 V자 모양으로 유니폼을 장식하는데 당시 디자인에 영감을 준 뉴올리언스시 깃발 중앙의 플뢰르 드 리스 세 개를 그대로 가져왔기 때문에 대형과 색상에 변화가 없는 점이 특징이라 할 수 있다. 또한 파란색 목 라인과 그 옆을 채우는 빨간색 배색 역시 뉴올리언스시 깃발의 양 끝을 물들인 빨간색과 파란색을 모티브 삼아 제작됐다. 2021-2022시즌 시티 에디션 유니폼 하의 옆면에도 플뢰르 드 리스가 등장했다. 이번에는 우리가 아는 모습과는 조금 다른 생김새로 유니폼을 수놓았다. 일반적인 플뢰르 드 리스 문양 중앙에 뉴올리언스 펠리컨스를 상징하는 동물인 펠리컨의 얼굴이 그려진 모습이다. 뉴올리언스 펠리컨스가 마스코트로 많고 많은 새 중에서 펠리컨을 선택한 이유는 뉴올리언스시가 속해 있는 루이지애나주를 상징하는 새가 바로 갈색 펠리컨이기 때문이다. 루이지애나주 깃발에도 등장하는 이 동물 덕에 루이지애나는 '펠리컨의 주Pelican State'라는 별칭도 얻었으며 현지에서는 플뢰르 드 리스와 새가 합쳐진 이 엠블럼을 '버드 드 리스Bird-de-lis'라고 부른다.

이제는 본격적으로 플뢰르 드 리스에 대해 알아볼 차례다. 12세기 프랑스 지배계급이 디자인에 사용해 프랑스 문장(紋章)의 초석이 된 플뢰르 드 리스는 5세기 프랑크 왕국의 초대 국왕인 클로비스 1세Clovis 시절 왕권을 상징하는 홀과 왕관에 처음 등장한 것으로 추정된다. 당시 클로비스 1세는 세례를 받고 가톨릭으로 개종했는데 세례식에서 그에게 성유를 뿌릴 때 사용된 단지에 플뢰르 드 리스가 새겨져 있었다고 한다. 그래서 이 문양을 왕실 문장의 고결함을 상징하는 소재로 선택해 클로비스의 개종을 기념하고 그의 통치권에 신성성을 부여함으로써 마치 신에게 선택받은 듯한 느낌을 냈다.

플뢰르 드 리스는 이후에도 프랑스 왕족과 본질적으로 궤를 같이하며 오랜 시간 프랑스의 상징물로 그 역할을 다했다. 12세기 중반 루이 12세Louis XII 집권 시절 다양한 곳에 쓰이기 시작한 플뢰르 드 리스는 그의 왕조인 카페 왕조의 공식 문양에도 등장했다. 해당 문양에는 방패 속 파란색 바탕 위에 금색 플뢰르 드 리스가 빼곡하게 자리하는데 플뢰르 드 리스가 그 자체만으로도 프랑스 왕실은 물론 자연스럽게 프랑스라는 국가를 상징하게 된 시기도 이때부터였다. 카페 왕조 다음인 발루아 왕조는 카페 왕조 문양의 기본적인 틀을 유지한 뒤 파란색 배경을 빈틈없이 빽빽하게 채웠던 플뢰르 드 리스의 개수를 세 개로 줄여 자신들만의 문장을 만들었다. 이때 세 개의 플뢰르 드 리스는 각각 신념과 지혜, 그리고 기사도 정신을 의미했다. 또한 루이 14세Louis XIV의 초상화에서 그가 입은 의복과 잔 다르크Joan of Arc 가 전쟁에서 프랑스를 승리로 이끈 후 신의 축복과 왕조의 지원에 감사하는 의미로 흔들었던 하얀 깃발에서도 플뢰르 드 리스를 확인할 수 있다. 이후 16세기 부르봉 왕조를 지나 19세기 프랑스 공화국이 선포될 때까지 충성과 권력, 명예와 위엄, 신념과 통합의 상징이었던 플뢰르 드 리스는 계속해서 프랑스와 같은 길을 걸었다.

그렇다고 프랑스만 플뢰르 드 리스 문양을 사용한 것은 아니다. 영국의 문장에도 15세기부터 플뢰르 드 리스가 그 모습을 드러내는데 이는 프랑스와 동맹국이었던 영국이 두 국가 사이의 관계가 확고하다는 것을 프랑스는 물론 유럽 전체에 보여주기 위함이었다. 또한 이탈리아와 스페인, 알바니아와 보스니아-헤르체코비나 등 다른 유럽 국가들에서도 왕족과 귀족을 상징하는 문장에 플뢰르 드 리스가 널리 쓰였다.

플뢰르 드 리스의 용도는 여기서 끝이 아니었다. 나름의 미적인 가치를 품은 덕에 장신구부터 가구까지 다양한 곳에 장식으로 쓰여 고풍스러운 분위기를 자아냈다. 일반적으로 플뢰르 드 리스를 구성하는 세 갈래의 꽃잎이 간결하게 보이는 형태가 많지만 상황에 따라 복잡한 기교를 더해 플뢰르 드 리스의 본질적인 모습은 유지하면서도 디자인적인 요소를 추가하는 형태로 많은 변형이 세상에 퍼져 있다. <노트르담 드 파리>나 <삼총사>, <다빈치 코드>와 같이 중세 유럽의 역사적인 배경과 관련이 있는 소설 작품들에서도 플뢰르 드 리스는 심심치 않게 등장한다. 그리고 플뢰르 드 리스는 종교적인 의미도 지녔다. 백합이 기독교에서 순수함과 순결을 상징하는 꽃이기 때문에 이러한 이유로 플뢰르 드 리스는 자연스럽게 동정녀 마리아의 상징물이 됐다. 11세기 무렵 제작된 것으로 추정되는 동전이나 귀족들의 인장, 스테인드글라스 등을 보면 백합꽃을 든 마리아의 모습이 묘사되어 있다.

플뢰르 드 리스가 어떤 식물을 보고 만들어졌는지에 대한 의견은 크게 두 가지가 있다. 몇몇은 백합이라고 주장하고 다른 몇몇은 붓꽃이라고 이야기한다. 과거에는 백합이 플뢰르 드 리스의 모티브가 됐다고 생각하는 사람들이 주를 이뤘다. 이들은 플뢰르 드 리스라는 단어의 의미에 주의를 기울이는데 프랑스어로 꽃을 의미하는 'Fleur'와 백합을 뜻하는 'Lis'가 합쳐졌다는 점이 이들의 주된 증거다.

하지만 최근에는 백합을 밀어낼 대항마로 붓꽃이 빠르게 떠오르는 추세다. 역사학자들이 붓꽃을 가지고 나와 기존의 주장을 반박하기 시작한 데에는 다 그만한 이유가 있다. 일단 꽃잎이 세 갈래로 퍼져 있는 붓꽃의 생김새가 플뢰르 드 리스와 상당히 흡사하다. 따지고 보면 백합은 붓꽃처럼 꽃잎이 명확하게 세 갈래로 나누어져 있지는 않아서 외관상 두 꽃 중에 어떤 것이 더 플뢰르 드 리스와 비슷하냐고 묻는다면 공통점이 더 많은 붓꽃의 손을 들어줄 만하다.

여기에 생김새뿐만 아니라 이름의 유래도 꽤 신빙성이 있다. 과거 프랑스 사람들은 현재 네덜란드의 남부 지방에서부터 벨기에를 거쳐 프랑스 북부 일대까지를 통틀어 일컫는 플랑드르 지역(Flanders)에 살았다. 당시 이들은 현재 벨기에와 프랑스를 흐르는 레이어 강 인근에 터를 잡고 오랜 시간 마을을 유지하며 생활했는데 프랑스어로 이 레이어 강을 부르는 말이 바로 철자는 다르지만 발음은 같은 '리스(Lys) 강'이었다. 게다가 이 강은 오늘날까지도 가장 규모가 큰 붓꽃 군락지인데 심지어 대부분의 붓꽃이 보통 보라색이나 자주색 빛을 띠는 것과는 달리 이곳에서 자라는 붓꽃은 노란색 꽃망울을 터뜨린다는 특징이 있다. 공교롭게도 왕실의 문장에 등장했던 플뢰르 드 리스는 항상 보라색이 아니라 금빛을 띠는데 왕실을 대표할 수 있는 상징물로 백성들의 삶과 아예 동떨어진 사물을 고르면 많은 이들의 공감을 얻기가 어려워서 백성들이 주변에서 어렵지 않게 볼 수 있는 아름다운 노란색 붓꽃을 왕실의 상징으로 선택했고, '리스 강의 꽃'을 뜻하는 '플뢰르 드 리스(Fleur-de-Lys)'라는 이름이 전해 내려오다가 그 철자가 지금의 형태로 바뀌었다는 것이 이른바 붓꽃파의 주장이다.

그렇다면 프랑스의 대표적인 상징인 플뢰르 드 리스는 어쩌다가 대서양을 건너 미국 뉴올리언스에 들어온 것일까? 바로 뉴올리언스가 소속된 루이지애나주가 과거 프랑스의 지배를 받았기 때문이다. 루이지애나라는 이름도 17세기 유럽을 선두에서 이끌었던 프랑스의 왕이자 북아메리카 대륙에 넓게 퍼져 있던 프랑스의 거대한 식민지인 누벨 프랑스Nouvelle-France 확장을 위해 나일강과 아마존강, 양쯔강에 이어 세계에서 네 번째로 긴 강인 미시시피강 유역 탐사를 지시한 루이 14세의 이름에서 착안해 만들었다.

누벨 프랑스는 그 면적이 가장 넓었을 때인 1712년에 현재 캐나다 영토인 허드슨만에서 출발해 오대호를 넘어 미국 남부의 끝자락인 멕시코만까지를 포함했다. 당시 북아메리카 대륙은 동부의 미국 영토, 중부의 프랑스 식민지인 누벨 프랑스, 그리고 서부에 프랑스와 더불어 신대륙 개척에 가장 많은 공을 들인 스페인의 식민지 누에바 에스파냐 부왕령Virreinato de Nueva España이 자리했다. 지금의 뉴올리언스 풍경이 다른 미국 도시들과는 확연히 다르고 오히려 유럽을 떠올리게 만드는 점도 이러한 이유 때문이다. 누벨 프랑스와 누에바 에스파냐 부왕령이 맞닿아 있던 곳에 위치한 뉴올리언스는 스페인과 프랑스가 번갈아 지배했던 도시였던 만큼 낮은 석조 건물에 테라스가 있는 풍경이 유럽 거리를 떠올리게 만든다. 표지판에도 영어와 함께 프랑스어나 스페인어가 많이 쓰여 있다.

뉴올리언스를 품은 광활한 루이지애나는 1803년 미국 제3대 대통령인 토마스 제퍼슨Thomas Jefferson이 루이지애나 매각 의사를 미국에 전달한 나폴레옹Napoleon과 계약을 체결하면서 공식적으로 미국의 땅이 됐다. 그런데 여기서 놀라운 점은 당시 미국이 루이지애나의 대가로 프랑스에 지급한 금액이 단돈 1,500만 달러에 불과했다는 사실이다. 이는 1제곱킬로미터의 땅을 7달러 정도의 가격에 산 것으로, 1평당 0.023달러의 돈만 낸 꼴이다. 나폴레옹의 군대를 위한 전쟁 자금이 필요했다, 식민지까지 관리할 여유가 없었다, 프랑스가 루이지애나를 쓸모없는 황무지라고 생각했다 등 많은 이유가 있었지만 프랑스가 루이지애나를 매각하는 과정에서 중요한 사유가 된 빼놓을 수 없는 사건이 있다. 바로 미시시피 버블Mississippi Bubble이다.

18세기 초 프랑스는 루이 14세가 세상을 떠난 후 남긴 빚으로 골머리를 앓는 중이었다. 왕실은 베르사유 궁전을 짓는 등 온갖 사치를 부리며 돈을 펑펑 쓰는데 관리들은 이미 썩을 대로 썩었고 국외적으로 전쟁까지 계속 이어지다 보니 돈이 남아날 리가 없었다. 이때 어린 루이 15세의 대리로 프랑스를 다스리던 오를레앙공에게 프랑스의 빚을 모두 청산할 수 있다며 솔깃한 제안을 건넨 인물이 바로 스코틀랜드의 경제학자 존 로John Law였다. 당시 금이나 은을 주화로 사용하던 유럽은 금속이 바닥나면 화폐를 더는 생산할 수 없다는 치명적인 단점이 있었는데 이를 일찌감치 파악한 로가 금속보다 훨씬 쉽게 구할 수 있는 종이로 화폐를 만들자는 이른바 지폐 시스템을 고안한 인물이었다. 다른 나라들은 로의 주장에 모두 회의적이었지만 프랑스는 달랐다. 지폐 시스템에 긍정적인 반응을 보인 프랑스는 로의 말을 듣고 프랑스 왕립 은행을 설립해 그에게 지폐 발행 권한을 넘겼다. 효과는 놀라웠다. 지폐는 빠르게 사람들의 신뢰를 얻었고 시장에 새로운 화폐가 많이 돌자 경제적으로도 신바람이 불었다.

여기에 방점을 찍은 게 바로 미시시피 회사였다. 프랑스 경제를 살린 공로를 인정받으면서 신뢰를 얻을 대로 얻은 로는 미시시피강을 낀 루이지애나 지역을 개발해 더 큰 돈을 벌 계획을 세웠다. 사람들은 몇몇 회사들을 합병하며 빠르게 몸집을 키운 미시시피 회사의 주식을 사기 위해 열을 올렸는데 이는 프랑스 국채 보유자들도 마찬가지였다. 미시시피 회사의 주식과 국채를 맞바꾸면 왕립 은행에서는 지폐를 찍어 회사에 공급하는 방식으로 왕실의 채무를 조금씩 없앴다. 그렇게 미시시피 회사의 주가도 천정부지로 치솟고 백만장자가 여기저기서 탄생하면서 프랑스는 부흥기를 맞는 듯했다.

하지만 기쁨도 잠시, 숨겨져 있던 아킬레스건이 고개를 내밀기 시작했다. 당시 프랑스는 왕립 은행에서 찍어낸 지폐의 양에 비해 가진 금이나 은의 양은 턱없이 부족해서 만약 지폐를 가지고 와 금이나 은으로 바꿔 달라고 요구하는 사람들이 갑자기 많아지면 이들의 비밀이 만천하에 드러나게 되는 벼랑 끝 상황에 놓여 있었다. 이를 막기 위해 로는 개인이 보유할 수 있는 금과 은의 양을 제한하는 법을 발의했지만 수상한 냄새를 맡은 사람들은 이미 수중에 있던 지폐를 귀금속으로 바꿔 프랑스 밖으로 바쁘게 실어 날랐다. 결국 정부는 인플레이션을 해결하기 위해 시장에 너무 많이 풀린 지폐의 가치를 반토막 냈고 이는 미시시피 회사 주식은 물론 지폐에 대한 대중들의 신뢰도가 곤두박질치는 결과를 초래했다. 그리고 여기서 더 나아가, 미래에 대한 기대로 많은 돈이 몰렸지만 실상은 아무런 개발조차 되지 않던 루이지애나에 대한 프랑스의 인식이 나빠지는 계기가 됐다. 미국은 미시시피강 인근의 비옥한 농업지대이자 해운 교통의 요충지로 여겼으나 프랑스에는 그냥 눈덩이처럼 큰 손해만 남긴 땅에 지나지 않았다. 덕분에 미국은 현재 미국 중서부에 해당하는 당시 프랑스령 루이지애나를 말도 안 되는 가격에 샀고, 이는 미국 발전 초기에 중요한 역할을 했다.

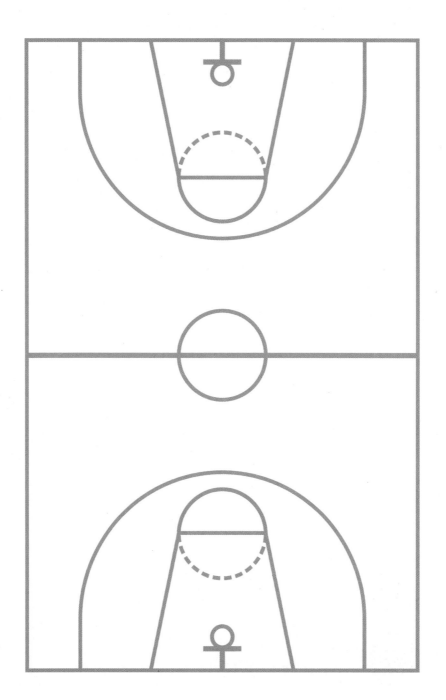

2020-2021
애틀랜타 호크스 시티 에디션

2017-2018
멤피스 그리즐리스 시티 에디션

1월의 셋째 주 월요일인 마틴 루터 킹 데이는 미국에서 새해가 밝으면 가장 먼저 맞이하는 공휴일이다. 줄여서 흔히 'MLK 데이'라고 부르는 이날은 흑인 인권을 위해 평생을 바친 마틴 루터 킹 목사의 탄생일을 기념하고자 1986년에 연방 공휴일로 지정되었다. 불과 반세기 전이었던 20세기 중반까지만 해도 흑인들은 버스와 식당 같은 공공장소에서 백인과 같은 공간에 있으면서도 철저히 다른 취급을 받았는데 킹 목사가 없었다면 이러한 처우는 개선되지 않아 지금은 아무렇지 않게 생각하는 모든 것들을 흑인들은 여전히 누리지 못한 채 살아갔을지도 모른다.

미국이 그려온 이상을 행동으로 보여준 고결한 남자. 1964년에 35살의 나이로 노벨 평화상을 수상한 남자. 피부색에 상관없이 누구나 웃을 수 있는 평등한 세상을 꿈꾼 남자. 그 작고도 원대한 꿈을 어둠과 증오 대신 빛과 사랑으로 키워간 남자. 미국에서 가장 존경받는 인물 중 하나인 마틴 루터 킹 목사와 깊은 연결 고리가 있는 두 도시를 연고로 하는 두 팀이 그를 모티브로 시티 에디션 유니폼 디자인을 고안했다.

먼저 소개할 유니폼은 애틀랜타 호크스의 2020-2021시즌 시티 에디션 유니폼이다. 검은색과 흰색, 금색만을 사용한 이 디자인의 핵심은 검은색 배경 중앙에서 금색 테두리를 두른 채 하얀 빛을 내는 마틴 루터 킹의 약자 'MLK'다. 유니폼 상의 우측 하단에는 마틴 루터 킹의 서명이 새겨져 있다. 유니폼 하의의 측면을 따라 반짝이는 22개의 별은 평등과 정의를 위해 싸우다 22번이나 투옥됐던 킹의 숭고한 역사를 상징한다. 킹 목사가 태어나서 자란 곳인 애틀랜타는 그가 어렸을 때부터 흑인 인종차별의 온상을 두 눈으로 낱낱이 확인한 도시다. 애틀랜타가 속해 있는 조지아주는 남북전쟁이 발발하기 전부터 노예 제도로 많은 흑인이 고통받았던 지역으로 20세기에도 인종차별이 만연해 이에 저항하는 흑인 민권 운동을 외치는 목소리가 가장 컸던 곳 중 하나다. 가족이 머물던 애틀랜타를 위해, 나아가 눈물을 흘리는 미국의 모든 흑인을 위해 행렬의 선두에서 1960년대 흑인 민권 운동을 이끌었던 킹 목사는 애틀랜타의 은인이자 자랑이었다. 2018년부터 킹 목사가 남긴 유산을 유니폼에 넣기 위해 아이디어를 구상했던 애틀랜타 호크스는 킹 목사의 역사를 후세에 전달하는 킹 센터The King Center와 협약을 맺고 새로운 방식으로 젊은 애틀랜타 시민들에게 마틴 루터 킹의 업적을 알릴 유니폼을 만들었다. 유니폼이 공개됐을 당시 애틀랜타 호크스는 유니폼의 수익금을 애틀랜타의 유색인종 공동체를 위한 경제적 지원에 쓰겠다고 발표하면서 킹 목사의 뜻을 이어 나갔다.

다음은 멤피스 그리즐리스의 2017-2018시즌 시티 에디션 유니폼이다. 구성은 지금까지 소개된 유니폼 중 가장 심플하다. 하얀색 바탕에 검은색 글씨가 전부다. 하지만 이 안에는 묵직한 의미가 담겨 있다. 팀 이름 'MEMPHIS' 중에서 양 끝에 위치한 'M'과 'S'를 빼고 그 사이에 있는 알파벳 다섯 개에만 밑줄이 그어져 있다는 점이 상당히 독특한데, 이는 1968년 멤피스에서 일하던 흑인 청소 노동자들이 임금 인상과 안전 대책 마련을 통해 낙후된 근로 환경 개선을 요구한 투쟁에서 사용된 'I AM A MAN (나도 사람입니다)' 슬로건에서 영감을 받아 세상 밖으로 나왔다.

1968년 2월 구식 쓰레기 분쇄 트럭 오작동으로 비를 피해 들어와 있던 두 명의 노동자가 트럭에 깔려 사망하는 사건이 있었다. 그런데 이와 같은 비극은 처음 있는 일이 아니었다. 사고 발생 4년 전인 1964년에도 같은 일로 두 명이 목숨을 잃었는데 그런데도 상황이 전혀 나아지지 않았다는 점에 분노한 흑인 청소 노동자들이 팻말을 들고 거리로 나오면서 투쟁이 시작됐다. 이는 얼마 지나지 않아 1,300명 이상이 참여할 정도로 그 규모가 커졌다. 이때 바닥까지 떨어진 흑인의 사회적 위치를 강조하고자 팻말에 적힌 문구 중 'AM'에만 밑줄을 그었는데 이를 멤피스 그리즐리스가 그대로 유니폼에 착안한 것이다.

멤피스는 킹 목사가 가장 활발하게 활동했던 지역이다. 또한 1968년 4월 4일 그가 총에 맞아 눈을 감은 곳이기도 하다. 당시 투쟁에 참여한 사람들에게 힘을 실어주기 위해 멤피스로 향한 킹 목사는 암살되기 전날 저녁까지도 연설로 희망의 메시지를 전파했다. '우리의 미래가 어떤 모습일지를 안다' 내지는 '내게 무슨 일이 일어날지를 안다'라는 뜻을 담은 것 같은 중의적인 말로 유명한 킹 목사의 마지막 연설이 이뤄진 로레인 모텔은 현재 시민권 박물관으로 탈바꿈했고 그가 암살당한 현장인 306호 앞에는 아직도 동그란 화환이 놓여 있다. 멤피스 구단은 킹 목사의 사망 50주기가 되는 2018년의 마틴 루터 킹 데이, 1월 15일에 이 유니폼을 입고 첫 공식 경기를 소화했다.

이렇듯 흑인 사회에 많은 변화를 가져온 킹 목사는 NBA에도 특별한 인물이다. 2021-2022시즌 기준 리그에 등록된 선수 전체의 73.2%가 흑인이었을 정도로 흑인 선수의 비율이 상당히 높은 NBA는 매 시즌 마틴 루터 킹 데이가 포함된 주간에 특별한 행사를 마련해 킹 목사에 대해 한 번 더 생각하는 시간을 꼭 갖는다. 지난 2020-2021시즌에는 NBA 선수 협회와 킹 센터, 그리고 킹 목사의 장남인 마틴 루터 킹 3세가 협업해 훈련 때 입을 티셔츠를 제작했는데 앞면에는 킹 목사가 1963년 8월 28일 워싱턴에서 했던 그 유명한 'I Have a Dream' 연설의 한 문장인 'Now is the time to make justice a reality for all(모두를 위해 정의를 현실로 만들어야 할 시간입니다)'을, 뒷면에는 킹 목사에 대한 존경심을 담아 'Honor King(킹 목사에게 바칩니다)'를 적었다. 선수들도 마틴 루터 킹 데이에 치러지는 경기는 조금 더 경건한 마음으로 임한다. 몇몇은 경기가 시작되기 전 마이크를 잡고 관중들에게 킹 목사에 대한 짧은 스피치를 남기며 마틴 루터 킹 데이의 참된 의미를 되새긴다. 구단 차원에서도 서로 돕고 살자는 킹 목사의 뜻을 실현하기 위해 지역 사회에 음식을 나눠주는 행사를 진행하곤 한다.

NBA가 매년 이렇게 킹 목사를 기리는 이유는 수많은 흑인 선수가 소속된 이 리그조차도 인종차별 문제에서 자유롭지 못했기 때문이다. 특히 1960~1970년대에 활약했던 선수들은 차마 입에 담기도 힘들 정도로 적나라한 인종차별 발언이 관중석에서 쏟아졌다. 그런 상황에도 선수들은 두 귀를 닫고 경기에 집중해야 했다. 마이클 조던을 비롯한 흑인 선수들이 NBA를 넘어 농구라는 한 스포츠를 대표하고 전 세계에 영향력을 미치는 아이콘으로 발돋움하면서 상황이 조금씩 나아지기는 했지만 NBA 내에서 인종차별이 완전히 근절됐다고 보기는 아직 어렵다. 비교적 최근에도 낯 뜨거운 인종차별 발언으로 리그를 떠들썩하게 만든 사건이 있었다. 2014년 당시 LA 클리퍼스의 구단주였던 도널드 스털링Donald Sterling의 목소리가 담긴 파일이 언론을 통해 공개됐는데 스털링은 그의 여자친구에게 이런 말을 했다.

"네가 흑인들과 어울리고 다닌다는 걸 알리는 게 상당히 불편해. 꼭 그래야겠어? 걔네랑 하고 싶은 거 다 해도 되는데, 너무 자랑하고 다니고 그러지는 마. 그리고 우리 팀 경기에는 걔네 많이 데려오지 마."

앞뒤 안 가리고 공격적으로 흑인을 깎아내리는 스털링의 미개한 망언은 NBA 전체에 큰 충격을 줬다. 특히 스털링이 구단주로 있었던 클리퍼스 선수들이 느꼈을 배신감은 다른 선수들보다 몇 배는 더 컸다. 이 소식을 들은 몇몇 선수들은 곧바로 열릴 플레이오프 경기를 보이콧하자는 의견을 내는 등 상한 감정을 숨기지 않았다. 실제로 스털링의 발언이 뉴스를 통해 세상에 알려진 후 치러진 다음 경기에서 클리퍼스 선수들은 자신들의 구단주가 저지른 만행을 향해 저항의 메시지로 구단 티셔츠를 뒤집어 입고 코트에 등장했다.

며칠 후 NBA 사무국은 공식 입장을 통해 스털링에게 철퇴를 날렸다. 평소 온화한 성품으로 유명한 애덤 실버 NBA 총재의 목소리에도 짙은 화가 묻어 있었다. 다음은 실버 총재가 공식 기자회견에서 발표한 입장문의 일부다.

"NBA는 일련의 조사를 통해 지난 주말 두 번에 걸쳐 공개된 녹음 파일 속 목소리가 과거 인터뷰를 진행한 스털링의 음성과 일치한다는 것을 확인했습니다. 그가 내뱉은 말은 상당히 공격적이었고 해로웠습니다. 저 역시도 스털링이 뱉은 말을 듣고 개인적으로 화가 정말 많이 났습니다. 스털링의 이러한 태도는 다양성을 존중하며 다양한 민족과 문화권의 사람들이 모여 설립된 우리 리그의 원리에 반하는 행위입니다. 그런 생각을 가진 사람이 한 구단의 구단주로 남아 있었다는 사실이 저를 상당히 괴롭게 합니다. 이 순간부터 저는 도널드 스털링을 LA 클리퍼스와 NBA에서 완전히 배제하고자 합니다. 그는 어떠한 NBA 경기나 훈련 현장에 나타날 수 없고 클리퍼스 팀 시설에도 들어올 수 없습니다. 팀과 관련된 비즈니스와 선수의 개인적인 결정에도 목소리를 낼 수 없고 NBA 이사회를 비롯한 리그 행사에도 현 시간부로 참여할 수 없습니다. 또한 저는 NBA 규정상 최대 액수인 250만 달러의 벌금을 스털링에게 부과하겠습니다. 이 돈은 NBA 사무국과 선수 협회의 이름으로 각종 차별 반대 운동을 벌이는 단체에 기부하겠습니다. 아울러 저는 NBA 이사회에 스털링이 구단을 최대한 빨리 매각하도록 권고하는 바이며 저도 제가 가진 힘을 총동원해서 그 과정을 돕겠습니다. 이 사건은 NBA 가족 모두에게 고통스러운 순간이었습니다. 충격을 입은 선수와 코치, 팬 여러분과 NBA의 파트너들에게 진심으로 사과 말씀을 전합니다. 우리는 한마음으로 스털링을 규탄합니다. 이제 NBA가 그에게 내어줄 자리는 없습니다."

그렇게 스털링은 해서는 안 될 말을 한 지 약 넉 달 만에 매각 협상을 마무리하면서 구단주 자리에서 물러났다. 실버의 단호한 결정에 선수들은 거대한 신뢰로 화답했다. NBA가 믿음으로 조금 더 단단해지는 순간이었다.

다른 프로스포츠 리그보다 흑인 사회에 더 많은 영향력을 가지는 NBA는 이렇듯 인종차별과 같은 부당한 무언가에 맞서 저항의 목소리를 낼 줄 아는 단체였다. 그런데 스털링이 남긴 상처가 아물어 가던 2020년 NBA를 다시 한번 분노에 휩싸이게 만든 사건이 터졌다. 이른바 조지 플로이드George Floyd 사망 사건이었다.

2020년 5월 25일, 미니애폴리스에서 차를 몰고 가던 비무장 상태의 흑인 남성 조지 플로이드는 근처에서 사건 신고를 받고 이동 중이던 백인 경찰에게 용의자와 인상착의가 비슷하다는 이유로 체포됐다. 그런데 진압 과정에서 무려 8분이 넘는 시간 동안 경찰의 무릎에 목이 눌렸고 이 과정에서 플로이드는 "I can't breathe(숨을 못 쉬겠어요)"라고 외치며 압박을 풀어달라고 애원했다. 그러나 플로이드의 목소리는 물론 그의 상태를 걱정한 주변 사람들의 만류까지도 무시한 경찰의 계속된 과잉 진압에 플로이드는 결국 목숨을 잃었다. 심지어 플로이드가 사망한 날 미니애폴리스 경찰 당국이 플로이드가 체포에 불응하다가 일어난 사고였다고 발표한 사실이 CCTV 조사 결과 모두 거짓으로 밝혀지면서 흑인 사회가 들고일어났다.

흑인 인권 운동에 다시 한번 불을 지핀 조지 플로이드 사망 사건으로 NBA 선수들은 슬퍼하고 분개했다. 리그를 대표하는 스타들은 피해자와 그의 가족은 물론 흑인 사회 전체에 위로의 메시지를 건넸다. 동시에 흑인들이 이 사회 안에서 대체 언제까지 차별을 겪어야 하는지에 대한 원망을 이야기하는 데에도 목소리를 아끼지 않았다. 몇몇 선수들은 시민들 사이에 섞여 직접 거리로 나섰다. 킹 목사와 함께 흑인 인권 운동에 참여했던 할아버지를 둔 말콤 브록던Malcom Brogdon과 어렸을 때부터 사회 문제에 대한 관심이 많았던 제일런 브라운Jaylen Brown은 애틀랜타에서 열린 길거리 시위에 직접 참여해 자신도 농구선수이기 전에 사회가 진정으로 변하기를 바라는 한 시민임을 현장에서 몸소 증명했다.

사실 NBA는 조지 플로이드 사망 사건이 일어났을 무렵 유례없는 프로젝트를 준비하느라 정신이 없었다. 구단 내 코로나19 확산 사태로 리그가 3월에 잠정 중단되면서 멈춰 있던 시계를 다시 돌리기 위해 경기장과 숙소, 훈련 시설들이 모두 갖춰진 올랜도 디즈니월드에 선수들을 모아 남은 정규 시즌 일정은 물론 플레이오프 일정까지 소화해 챔피언의 주인공을 가리는 이른바 올랜도 버블Orlando Bubble 프로젝트는 NBA의 원대한 계획이자 도전이었다. NBA는 다양한 상황에서의 거리두기와 확진자 및 자가격리자 관리 방침은 물론 체육관 방역 스케줄과 샤워 시간까지 철저하게 관리하는 등 선수들이 눈을 뜨고 일어나는 순간부터 다시 침대에 누워 잠을 청할 때까지 일어날 수 있는 모든 변수를 컨트롤하기 위해 무려 113페이지에 달하는 방대한 양의 매뉴얼을 만들 정도로 공을 들였다. 하지만 이렇게 바쁜 와중에도 NBA는 리그 차원의 움직임을 가져갔다. 사건이 발생하고 얼마 지나지 않아 실버 총재가 공식 성명문을 발표해 미국 안에 널리 퍼져 있는 불평등과 차별을 보고만 있을 수 없다는 입장을 밝히며 선수들 사이에서 큰 이슈가 된 조지 플로이드 사망 사건을 규탄하는 자세를 취했다.

　여기서 끝이 아니었다. NBA 사무국은 선수들이 인종차별에 맞서 그들만이 할 수 있는 방식으로 내는 목소리에 지지의 뜻을 보냈다. 우선 만약 사회적인 분위기가 좋지 않다는 이유로 올랜도에서 재개될 남은 시즌 일정에 특정 선수가 참가할 수 없다는 뜻을 내비쳐도 계약 위반과는 관련이 없다는 의견을 내놓으며 선수들 개인의 자유를 존중했다. 인종차별에 항의하는 뜻에서 경기 시작 전 미국 국가가 경기장에 울려 퍼질 때 한쪽 무릎을 꿇는 행위도 원래는 NBA 규정집에 금지한다고 명시되어있지만 현재 상황이 특수하다고 판단해 허용하기로 결정해 선수들의 요구를 잠시나마 받아들였다. 그리고 선수들이 경기를 뛰는 와중에도 사회적인 메시지를 전달할 수 있도록 유니폼 뒷면에 선수의 이름 대신 NBA 사무국의 승인을 받은 29개의 흑인 인종차별 반대 문구 중 하나를 새길 수 있도록 허락했다. 플로이드가 죽기 전에 뱉은 말이었던 'I can't breathe(숨을 못 쉬겠어요)', 사건 이후 길거리 시위에 많이 사용됐던 'Black Lives Matter(흑인의 삶도 중요합니다)', 인종차별이 좀처럼 사라지지 않는 사회에 던지는 말 'How many more?(얼마나 더)'와 같은 문구는 물론 'Equality(평등)', 'Justice(정의)', 'Peace(평화)', 'Liberation(해방)'처럼 이상적인 사회와 어울리는 단어들이 사무국의 승인을 받았다. 실버 총재는 "지금보다 더 평등하고 정의로운 사회를 만드는 데 목소리를 내기 위해서 이러한 결정을 내렸습니다. 사회적 문제를 해결하기 위해서는 사람들의 더 많은 관심이 필요합니다"라고 말하며 다시 한번 인종차별 문제 해결에 앞장섰다. 약 350명 중 300명에 가까운 선수가 이름 대신 자신이 전하고픈 메시지를 등에 새긴 채 코트로 나섰다. 이들의 목소리는 미국을 넘어 전 세계로 향했다. 슬로베니아 출신의 루카 돈치치Luka Dončić는 슬로베니아어로 평등을 뜻하는 'Enakopravnost'를 이름 대신 유니폼에 박았고, 콩고에서 태어난 서지 이바카Serge Ibaka 는 프랑스어로 '우리를 존중해주세요(Respectez Biso)'라는 말을 유니폼에 단 채 그 말을 소리 없이 외치며 코트를 누볐다.

조지 플로이드 사망 사건 이후 빗발친 시위 현장에서 등장한 한 팻말에는 이런 말이 쓰여 있었다.

'Racism is a Pandemic(인종차별은 전염병이다)'

인종차별은 마치 전염병처럼 우리 사회 안에 이미 널리 퍼져 있으나 경험을 통해 직접 피부로 느끼기 전까지는 이게 얼마나 위험한 존재인지를 알 길이 없다. 그리고 세력을 줄이고 줄여도 완전히 사라지지는 않는다. 씨앗 한 톨 남기지 않고 깔끔하게 뿌리를 뽑는 일이 과연 가능할 것인지에 대한 의문도 끊임없이 품게 만든다. NBA는 2020년, 인종차별과 코로나19라는 두 개의 전염병과 동시에 맞서 싸웠다. 결코 쉬운 일은 아니었지만 뒤숭숭해진 사회 분위기 속에서도 때로는 약한 자를 보듬고 때로는 악한 자를 물러서게 만들며 스포츠가 가진 긍정적인 힘을 제대로 보여줬다. 덕분에 우리는 일상을 되찾고 새로운 사회에 대한 킹 목사의 꿈도 여전히 간직할 수 있게 됐다. 그렇게 우리는 오늘도 '지식과 기질의 만남이 진정한 교육의 목표이며 교육의 기능은 깊고 비판적으로 생각하게 돕는 것이다'라는 말을 남긴 킹 목사의 찬란한 유산 속을 헤엄치며 살아간다.

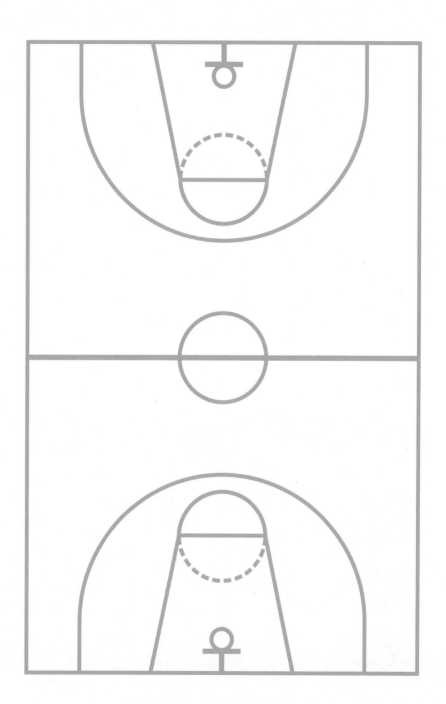

2019-2020 & 2020-2021 & 2021-2022
올랜도 매직 시티 에디션

좋은 향은 누군가를 행복하게 만드는 힘이 있다. 이른 아침 지하철을 갈아타러 이동할 때 나는 고소한 빵 냄새나 배고픈 밤 출출한 배를 쥐어 잡게 만드는 매콤한 떡볶이 냄새는 잠시 발걸음을 멈추게 한다. 세탁 후 건조기에서 갓 나온 보송보송한 빨래 냄새와 나무가 울창한 푸른 숲의 냄새는 행복한 기억을 떠올리게 만든다. 많은 이들에게 사랑받는 이런 향기들은 아예 향수와 샴푸 등 좋은 향이 꼭 들어가야 하는 생활용품들에 자주 사용되곤 한다. 그중에서도 적당한 신맛과 적당한 달콤함이 조화를 이루는 싱그러운 향기를 우리는 흔히 시트러스Citrus라 부른다.

시트러스라는 학명을 직접 번역하면 '귤속'이라는 말이 나온다. 생물은 총 8단계의 분류 과정을 통해 그 뿌리가 갈라지는데 귤속을 포함하는 단계인 '속(屬)'은 이 생물 분류 과정 피라미드에서 가장 낮은 곳에 위치한 분류 체계인 '종(種)'에 이어 두 번째로 낮은 단계다. 귤속에는 우리가 아는 상큼한 과일들이 대부분 포함되어 있는데 색깔만 조금 다를 뿐 껍질부터 과육의 모양까지 생김새는 다 비슷한 오렌지, 감귤, 레몬, 라임, 자몽, 유자 등이 모두 이 귤속 안에 들어간다. 다시 말해 방금 언급된 과일들이 모두 각각의 종이고 이들을 통칭하는 속을 귤속 또는 시트러스라고 부른다

시트러스는 크기가 작고 껍질이 다소 얇은 만다린Mandarin 종, 과육의 신맛이 강한 시트론Citron 종, 크고 껍질이 두꺼운 포멜로Pomelo

종까지 크게 세 가지로 나눌 수 있다. 세 가지 종 모두 두꺼운 껍질과 풍부한 과즙이라는 공통점을 가졌다. 그리고 같은 귤속에만 속해 있다면 종과 관계없이 대부분 교배가 가능할 정도로 생식능력이 뛰어나다는 점도 시트러스의 주된 특징 중 하나다. 이것이 시트러스 사이에서 셀 수 없이 많은 교배종이 탄생하는 이유다. 옛날에는 감귤만 자라던 제주도에서 한라봉과 천혜향, 레드향까지 비슷하지만 엄연히 다른 과일들을 만날 수 있는 것도 시트러스의 강한 번식력 덕분이다.

그래도 시트러스 과일 중 가장 인기가 많은 녀석은 오렌지. 감귤과 포멜로 사이에서 탄생한 하이브리드의 일종인 오렌지는 바나나와 사과, 포도 등과 함께 전 세계에 걸쳐 가장 많은 소비가 이뤄지는 스테디셀러 과일 중 하나다. 과일 자체와 주스, 추출물과 같은 일반적인 형태는 물론 일부 해안가 지역에서는 방부제와 향신료로도 사용될 만큼 그 쓰임새가 다양하다.

현재 지구상에서 가장 많은 오렌지를 생산하는 세 나라인 브라질과 중국, 인도다. 하지만 이 나라들 말고도 오렌지 이야기에서 절대 빠지지 않고 사람들의 머릿속에 등장하는 나라가 있다. 바로 미국이다. 그중에서도 뜨거운 태양과 드넓은 바다를 옆에 항상 끼고 있어 미국 최고의 휴양지로 불리는 플로리다는 미국을 대표하는 오렌지 농사 지역 중 하나다. 지내기 좋은 따뜻한 날씨 덕분에 인기가 많은 플로리다는 아이와 어른 할 것 없이 모두 좋아하는 디즈니월드도 유명하지만 상큼한 향기를 물씬 풍기는 질 좋은 오렌지로도 잘 알려진 곳이다. 디즈니랜드로 많은 관광객을 끌어모으기 전 플로리다가 성장할 수 있었던 배경에도 과수원 사업의 발전이 있었다. 미국에서 생산되는 시트러스의 3분의 1 이상을 책임지는 거대한 시트러스 산업의 중심지이자, 차를 타고 아무 도로나 달려도 오렌지 나무를 볼 수 있다 보니 어디를 가도 상큼한 내음을 맡으며 다닐 수 있는 플로리다의 시트러스 과수원이 이번 유니폼에서 만날 이야기의 주인공이다.

시트러스 산업은 플로리다주의 도시인 올랜도를 연고로 하는 올랜도 매직의 시티 에디션 유니폼 디자인의 핵심 소재다. 방법은 아주 간단했다. 플로리다의 시트러스 산업과 밝은 햇살을 상징하는 눈에 확 띄는 오렌지색만 유니폼에 잘 녹이면 끝이다.

올랜도의 시티 에디션 유니폼에 플로리다 시트러스 산업을 상징하는 주황색이 처음으로 들어간 것은 2019-2020시즌이었다. 검은색 배경 위로 상의 중앙에 위치한 올랜도의 약자인 'ORL'과 선수 등번호가 주황빛을 낸다. 여기에 목 라인 테두리와 소매를 따라 상의 최하단까지 이어지는 세로선, 하의 아랫부분에 그어진 가로선, 그 위에 유성처럼 반짝이는 올랜도 팀 로고가 모두 팀을 대표하는 색상인 하늘색 대신 주황색으로 그려져 있다. 그로부터 1년 후에 나온 2020-2021시즌 시티 에디션 유니폼 디자인 역시 주황색으로 포인트를 줬다. 1980년대부터 간간이 유니폼 디자인에 등장했던 핀스트라이프 스타일이 하늘색 대신 주황색으로 그어져 있다. 그리고 과거 올랜도 매직이 자주 사용했던 것으로 'ORL'에 별 하나가 추가된 스타일의 로고와 선수 등번호 역시 주황색으로 사람들의 눈길을 사로잡는다. 올랜도의 주황색 사랑은 2021-2022시즌에도 계속됐다. 이번에는 앞선 두 시즌 디자인의 특징을 적절히 섞었다. 검은색 배경에 주황색 핀스트라이프 무늬가 주를 이루고 상의와 하의 측면에는 주황색 면에 올랜도를 상징하는 별들이 수놓아져 있다. 'A'와 'i'의 점이 별로 대체된 올랜도 매직 특유의 'Magic' 로고도 당연히 주황색이다. 올랜도 매직은 이런 식으로 세 시즌 연속 프랜차이즈가 과거에 입었던 유니폼을 오마주함과 동시에 시트러스 산업의 상징색인 주황색으로 포인트를 주면서 팬들의 사랑을 듬뿍 받는 디자인을 내놓았다.

플로리다는 오렌지가 많이 나는 지역 중 하나지만 그렇다고 오렌지의 원조는 아니다. 오렌지는 원래 동남아시아와 인도 북부, 중국 남부 등 아시아 지역에서 먼저 자라다가 시간이 흐르면서 점차 서양으로 퍼진 과일이다. 오렌지가 아시아 다음으로 뿌리를 깊게 내린 지역은 유럽으로, 15~16세기 무렵 지중해 지역에 들어와 부유한 사람들이 개인 온실에서 키워 먹다가 17세기 들어서는 누구나 즐기는 유럽 대표 과일 중 하나로 자리매김했다. 아메리카에는 16세기 중반 스페인 탐험가들이 오렌지 씨앗을 손에 쥐고 신대륙에 당도하면서 전파됐는데 뉴올리언스와 플로리다, 애리조나와 캘리포니아를 비롯한 미국 남부 지역은 물론 멕시코와 남아메리카까지도 오렌지 물결이 잔잔히 퍼져나갔다.

일단 기본적으로 오렌지를 포함한 시트러스 식물은 재배 난도가 높지 않다. 작물 성장 속도가 상대적으로 빠르고 다른 작물에 비해 같은 크기의 땅에서 더 많은 양의 수확량을 확보할 수 있는 데다가 해충에도 상당히 강한 편이다. 비료나 배수 시설, 수소 이온 농도(pH)만 잘 맞추면 토양의 성질을 크게 가리지 않고 잘 자란다는 점도 오렌지가 가장 많은 국가에서 재배되는 과일 중 하나인 이유다.

플로리다에 시트러스 산업, 그중에서도 특히 대규모 오렌지 농장들이 발전할 수 있었던 가장 큰 원동력은 오렌지 나무 재배에 알맞은 기후에 있다. 플로리다의 자연적 환경은 오렌지 나무가 자라기에 안성맞춤이었다. 특히 오렌지 농사에서 빠지면 안 되는 자연환경 요소인 햇빛이 상당히 좋았다. 물론 햇빛만 쨍쨍하다고 어느 지역에서나 오렌지를 잘 재배할 수 있는 것은 아니다. 오렌지는 열대와 아열대 기후에서 모두 잘 자라지만 습도가 높거나 온도가 낮으면 작물이 병충해에 취약해진다. 더운 바람이 많이 부는 날씨는 오렌지 나무가 꽃을 피우는 걸 방해하는 데다가 어린 열매에도 그리 좋지 않다. 그래서 오렌지 재배에는 열대 및 아열대 기후 중에서도 온도는 높으면서도 습도는 낮은 고온 건조한 기후가 가장 이상적이라 할 수 있다. 오렌지가 레몬을 비롯한 다른 시트러스 작물은 물론 올리브와 포도, 코르크 등과 함께 지중해성 작물이라고 불리는 가장 큰 이유도 여름에는 햇빛이 강하고 건조하며 겨울에도 어느 정도 따뜻한 이른바 지중해성 기후에서 잘 자라기 때문이다. 따뜻하면서도 비가 많이 오지 않는 지중해 연안 지역의 스페인과 이집트에서 여전히 오렌지 생산량이 많은 점도 다 햇볕이 잘 내리쬐는 날씨 덕분이다. 미국에서는 고온 건조한 캘리포니아와 플로리다가 미국 전체 오렌지 생산량의 90% 이상을 담당하고 마찬가지로 미국 남부인 텍사스와 애리조나 일부에서도 시트러스 재배가 이뤄지는 점 역시 일조량 많은 날씨가 큰 힘을 보탠 덕이다.

플로리다에서 나오는 오렌지의 약 90%는 상큼한 주스의 재료가 된다. 특히 플로리다 지역에서 나오는 오렌지의 품질은 너무나도 좋아서 신선한 오렌지를 나무에서 따자마자 껍질을 벗기고 그냥 과즙을 주스처럼 마실 수도 있다고 한다. 이는 이 지역 농부들이 고수하는 친환경 농법 덕분에 가능한 일이다. 화학 약품을 사용하지 않는 자연 친화적인 농법으로 농작물을 재배하다 보면 과일의 모양이 균일하지 않고 여기저기 얼룩이 진 흔적이 생길 수 있지만 과일 자체로 판매할 때의 상품 가치는 떨어진다고 할지라도 착즙기를 통해 신선한 주스로 만들어서 팔면 오렌지 본연의 싱그러운 맛은 지키면서도 상품 가치만 확 끌어올릴 수 있다.

하지만 미국의 오렌지 농사가 처음부터 끝까지 순조롭게 진행된 것은 아니었다. 미국 남부에 걸쳐 넓게 퍼져 있는 시트러스 과수원들이 지금의 명성을 갖기까지 수많은 시행착오와 시련을 겪었다. 특히 대자연이 가져온 세 가지 시련은 시트러스 산업의 근간을 흔들 정도로 강력했다.

첫 타자는 전례 없는 강추위였다. 사실 플로리다는 미국 본토 중 가장 적도와 가까운 지역이라 겨울 월평균 기온이 아무리 낮아도 섭씨 7~9도는 유지할 정도로 살을 에는 추위와는 거리가 먼 곳이었다. 그런데 1894년 12월 당시 관측 이래 가장 낮은 기온인 영하 4도의 월평균 기온을 기록하고 하루는 영하 8도까지 떨어지는 등 이전까지는 보지 못했던 다른 차원의 추위가 플로리다를 덮치면서 냉해에는 아주 취약했던 오렌지를 비롯한 시트러스 나무들이 모두 큰 피해를 봤다. 이때까지는 그래도 나름대로 견딜 수 있었다. 어차피 12월은 농사가 끝나고 다음 해 농사를 준비하는 시기였기 때문에 불행 중 다행이라고 생각할 수 있는 범위 안에 있었다. 그런데 봄을 코앞에 둔 1895년 2월의 추위는 너무나도 치명적이었다. 당시 월평균 기온은 역대 세 번째로 낮은 영하 3도였다. 꽃을 피우려던 오렌지 나무들이 모두 냉해를 입어 껍질이 얼고 갈라졌다. 추운 날씨의 방해에 창대한 꿈이 한순간에 물거품으로 변하는 순간이었다. 이 사건 이후 많은 것들이 바뀌기 시작했다. 자연의 힘 앞에 무릎 꿇은 몇몇은 다시 일어설 수 없을 정도로 그 피해의 규모가 커서 플로리다를 떠나 캘리포니아를 비롯한 미국 내 다른 지역이나 자메이카나 쿠바, 푸에르토리코 등 냉해로 고생할 확률이 더 낮은 따뜻한 나라로 삶의 터전을 옮겼다. 아예 다른 작물 농사로 노선을 바꾸는 경우도 종종 있었다. 투자가 실패로 돌아간 부호들도 발길을 돌렸다. 그렇게 19세기에 오렌지 농사가 활발하게 이뤄졌던 지역들은 산업의 중심지에서 버려진 도시로 전락했다. 다른 주나 국가로 떠나지는 않고 플로리다에 남아 오렌지 농사에 계속 도전장을 내민 사람들은 냉해에서 자유로웠던 지역을 찾아 나섰다. 그렇게 오렌지 농사에서 나오는 수익을 강추위에 피해를 입기 전 수준으로 끌어올리기까지 15년이란 시간이 필요했다. 마케팅 전략에 총력을 기울인 선택이 효과를 보면서 많은 소비자가 줄을 이었던 1920년대 중반, 2번 타자가 타석에 등장했다. 허리케인이었다.

1926년 9월 플로리다주 해안가에 위치한 마이애미 지역을 강타한 허리케인은 오렌지 산업 규모의 점진적인 확대에 힘입어 빠르게 발전하던 도심을 쑥대밭으로 만들었다. 오렌지 농사를 등에 업고 큰 돈을 만지게 된 사람들이 늘어나면서 도시가 성장하던 와중에 벌어진 비극이었다. 그런데 하필이면 오렌지 산업의 부흥과 함께 마이애미 지역 땅값이 4년 만에 6배 이상 폭등했던 탓에 재산 피해의 규모가 눈덩이처럼 불어났다. 미국 적십자사가 1926년 10월에 발표한 자료에 따르면 허리케인으로 372명이 목숨을 잃고 6,000명이 넘는 사람들이 다쳤으며 약 1억 500만 달러 규모의 재산 피해가 발생했다. 이를 현재 환율로 환산하면 총 1,640억 달러가 나오는데, 이는 우리 돈으로 무려 210조 7,000억에 달하는 어마어마한 금액이다. 실질적으로 오렌지 과수원이 입은 피해가 컸던 건 아니지만, 농부들에게 돈을 빌려주던 은행이 너무나도 큰 피해를 보면서 오렌지 농사를 하던 사람들이 자금줄을 확보하지 못해 파산하는 경우가 급증했다.

그런데 끝판왕은 따로 있었다. 트리오의 마지막 주자인 3번 타자는 악명 높은 지중해 광대파리였다. 지중해 인근 지역에서 처음 발견돼 이런 이름이 붙은 지중해 광대파리는 몸 크기가 5mm 정도로 아주 작지만 그렇다고 절대 얕보면 안 되는 해충이다. 이 녀석은 과일이나 야채를 한 번만 갉아먹어도 곧바로 썩게 만들어 특정 작물들에는 저승사자와도 같은 무시무시한 존재였다. 그런 지중해 광대파리가 플로리다주 과수원 전체의 75%가 넘는 지역에서 발견되자 오렌지 농사를 하던 사람들은 혼돈에 휩싸였다. 병충해에 강한 작물인 오렌지도 이 해충 앞에서는 바람 앞에 촛불처럼 힘없이 쓰러졌다. 결국 지중해 광대파리를 박멸하기 위해 사람들은 어쩔 수 없이 눈물을 삼키며 과수원에 있던 모든 나무를 자르거나 불태워야 했다. 썩어가는 사지를 절단해야 목숨을 건질 수 있었던 절체절명의 상황이었기에 한시도 결정을 미룰 수 없었다. 오렌지 나무가 자라던 지역은 격리됐고 해당 지역에서 자란 오렌지 운송도 지중해 광대파리가 이동할 수 있다는 이유로 운송이 거절됐다. 엎친 데 덮친 격으로 이 시기에 하필 대공황의 영향까지 겹치면서 오렌지 산업의 황금기는 허무하게 막을 내리는 듯했다.

하지만 휘어질지언정 꺾이지 않는 굳센 나무처럼 플로리다의 오렌지 산업은 포기하지 않고 다시 일어섰다. 2차 세계대전이 끝나기 전까지 이어진 어두운 터널을 지나 1940년대 들어 정부의 지원 아래 다시 천천히 꽃을 피우고 열매를 맺기 시작했다. 따사로운 햇살을 닮은 오렌지는 그렇게 플로리다의 대표적인 상징 중 하나가 됐다.

플로리다에서 가장 많이 재배되는 품종인 발렌시아는 물론 레드 네이블스, 옐로우네이블스, 블러드오렌지, 햄린, 템플스, 산트라 등 다양한 종류의 오렌지가 플로리다에서 자란다. 또한 지금의 대형 오렌지 농장은 단순히 싱싱한 과일을 수확하는 일만 하는 것이 아니라, 소비자들이 오렌지를 직접 따보고 그렇게 만난 오렌지를 과일 자체 또는 주스로 바로 맛볼 기회까지 제공하는 체험형 관광 상품을 기획해 마치 하나의 기업처럼 움직인다. 플로리다 대학교의 한 연구 결과에 따르면, 이렇게 플로리다주 전체에 퍼져 3만 개가 넘는 일자리를 창출하는 오렌지 산업은 약 67억 달러(약 8조 6,000억 원)에 달하는 경제적 효과를 내며 지역 경제 활성화에도 큰 도움을 준다. 갖은 풍파에도 플로리다주의 토양에 그 뿌리를 내려 한 지역을 대표하는 산업이 된 오렌지는 다른 산업들이 경제적 불확실성에 흔들릴 때도 그 자리를 꾸준히 지키며 사람들에게 늘 상큼한 기쁨을 제공한다.

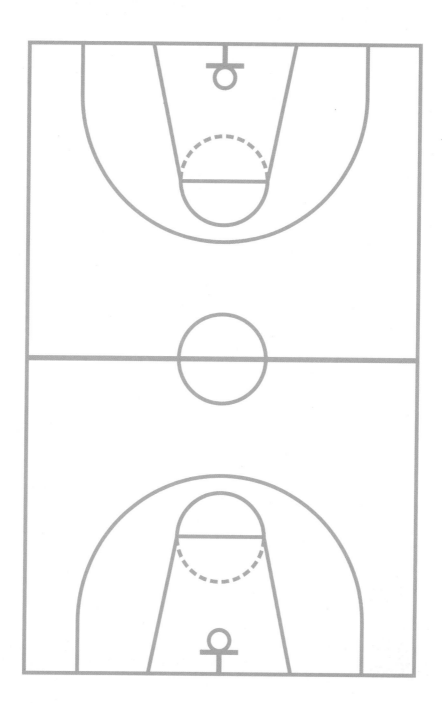

2018-2019
오클라호마시티 썬더 시티 에디션

잠시 학창 시절 영어 시간에 배웠던 지식을 심연에서 끄집어낼 시간이다. 지역을 나타내는 명사를 '~의'라는 장소의 의미를 가진 형용사처럼 활용하기 위해서는 국적 접미사Nationality Suffix의 도움을 받아야 한다는 사실을 기억하는가? 'Korea'는 'Korean', 'Japan'은 'Japanese', 스페인은 'Spanish', 멕시코는 'Mexican'처럼 말이다. 이렇게 어떤 명사 뒤에 붙느냐에 따라 그 형태가 카멜레온처럼 변하는 국적 접미사가 붙어 만들어진 형태의 단어는 '~에 사는 사람'이라는 뜻을 가진 명사로 활용되기도 한다. 'Korean'이 한국인, 'Japanese'가 일본인을 나타내는 것처럼 특정 지역에 뿌리를 둔 사람들을 표현하는 데 쓰인다.

그런데 고유의 터전과는 아무런 관련이 없는 생뚱맞은 이름표를 달게 된 사람들이 있다. 바로 아메리카 토착 원주민들이다. 지금은 영어로 'Native American'이나 'American Indian'으로 불리지만 여전히 열에 아홉은 이들을 그냥 인디언Indian이라고 부른다. 처음 신대륙을 발견한 사람들이 아메리카 대륙을 지구 반대편에 있는 인도로 착각해 이들을 인도 사람으로 착각하고 'Indian'이라 부른 일은 몇백 년이 지난 지금까지도 남아 있는 오해의 씨앗이 됐다. 이렇게 잘못된 호칭에서 시작해 온갖 핍박과 고통을 받으며 굴러 들어온 돌의 모서리에 수많은 상처를 입은 박힌 돌, 아메리카 토착 원주민들이 이번 이야기에서 만나볼 주인공이다.

오클라호마시티 썬더의 2018-2019시즌 시티 에디션 유니폼은 오클라호마주에 사는 아메리카 토착 원주민들을 기리기 위해 제작되었다. 우선 유니폼의 메인 색상으로 청록색을 사용한 점부터 큰 의미가 있다. 이는 청록색을 띠는 대표적인 광물인 터키석이 아메리카 원주민들의 토착 문화에서 가지는 상징성에서 출발한다. 이들은 외부의 힘으로부터 서로의 관계를 지키고 더욱더 단단한 고리를 만들자는 의미에서 숫자 '11'을 나타내는 기념석인 터키석을 11번째 기념일에 선물하는 풍습이 있다. 그래서 아메리카 토착 원주민들은 청록색을 우정의 색깔로 여긴다. 공교롭게도 오클라호마시티 썬더가 이 유니폼을 입고 코트를 누빈 2018-2019시즌은 과거 시애틀 슈퍼소닉스 Seattle Supersonics라는 이름으로 리그에 소속되어있다가 연고지를 오클라호마로 옮기고 맞이하는 11번째 시즌. 구단과 도시, 그리고 아메리카 원주민들 사이의 관계가 더욱 깊어지기를 바라며 이 디자인에 청록색을 사용했다는 점을 알 수 있다.

세부적인 디자인 요소들도 아메리카 원주민들의 전통이나 휘장에서 많은 영감을 받았다. 상의 정면에 적혀 있는 팀 로고 'OKC'는 아메리카 원주민들의 전통 구슬 세공을 모델 삼아 그냥 알파벳보다 조금 더 기하학적인 모양으로 재탄생했다. 아메리카 원주민들만의 구슬 공예는 영적인 의미를 가진 덕분에 각종 의식에서 활용되었을 뿐만 아니라 17세기 초에는 백인들과의 무역에서 화폐로도 사용되었을 만큼 넓은 쓰임새를 자랑했다. 그리고 하의 안쪽에는 거북이 문양이 조그맣게 있다. 거북이의 몸통인 원은 지구를 상징하고 네 개의 다리는 치유의 바퀴Medicine Wheel를 의미하는데, 여기서 치유의 바퀴란 아메리카 원주민들이 영적 의식을 거행할 때 사용했던 개념이자 문양이다. 기본적으로 둥근 원이 X자 선에 의해 네 개의 부채꼴로 나뉘어 있는 치유의 바퀴는 각각의 부채꼴이 동서남북 중 각 방향에 해당하는 방위를 뜻하며 각각 동쪽은 노란색, 서쪽은 검은색, 남쪽은 빨간색, 그리고 북쪽은 흰색으로 칠해져 있다. 색깔이 다른 네 개의 부채꼴 모두 상징하는 바가 다르다. 동쪽 노란색 부채꼴은 영혼, 서쪽 검은색 부채꼴은 신체, 남쪽 빨간색 부채꼴은 감정, 북쪽 하얀색 부채꼴은 마음을 뜻한다. 즉, 유니폼에 새겨진 거북이의 네 다리가 각각 신체와 정신, 영혼과 감정을 나타낸다는 말이다.

많고 많은 동물 중 왜 하필 거북이로 치유의 바퀴를 나타낸 이유는 아메리카 원주민들이 가장 신성하게 여기는 동물이 바로 거북이기 때문이다. 아메리카 원주민들의 일부 지구 탄생 설화에서 태초의 물에 뛰어들어 지구가 탄생할 수 있는 기반이 된 흙을 되찾아온 장본인으로 그려진 거북이는 사람들이 평화롭게 거닐 수 있도록 보살피는 만물의 어머니를 상징하는 동물이다. 이는 많은 부족이 그리는 거북이의 보편적인 이미지고 이외에도 부족에 따라 치유, 지혜, 정신, 건강, 안전, 장수, 보호의 신처럼 여겨지는 동물이 바로 거북이다. 거북이는 영적인 의미를 가지는 대상을 넘어 아메리카 원주민들의 일상생활에도 깊숙하게 침투했다. 수명이 긴 거북이의 치유 능력을 믿고 이 힘이 약에 고스란히 녹아들기를 바랐던 아메리카 원주민들은 간절한 소망을 담아 약을 만드는 과정에 거북이의 등껍질을 사용했다. 그리고 거북이의 등껍질 중앙이 13조각으로 구성된 덕분에 이를 달력처럼 활용하기도 했다.

오클라호마라는 이름은 아메리카 원주민 부족 중 하나인 촉토족 Choctaw의 말로 '붉은 사람'을 뜻하는 'Uklahuma'라는 단어에서 유래했다. 그러나 오클라호마는 사실 아메리카 원주민들의 진정한 고향이 아니다. 위대한 탐험가인 크리스토퍼 콜럼버스가 신대륙을 발견하기 전까지만 해도 아메리카 대륙의 주인이었던 이들은 18세기까지만 해도 각 부족의 터전이 북아메리카의 남동부를 중심으로 넓게 퍼져 있었다. 하지만 19세기 중반 쇠를 월등히 잘 다뤘던 이방인들이 그 세력을 넓히자 아메리카 원주민들은 갈수록 설 자리는 잃었고 결국 눈물을 삼킨 채 어쩔 수 없이 정든 땅을 떠나 낯선 곳에서 새로운 삶을 시작해야 했다. 특히 체로키족Cherokee이 터전으로 삼았던 조지 아주는 이들의 영토 인근에서 황금이 발견됐다는 소식을 듣고 몰려온 백인들의 골드러시Gold Rush까지 이어지면서 아메리카 원주민들의 세상은 갑작스레 모든 게 달라지고 말았다.

아메리카 원주민들은 자신들의 뿌리가 깊이 박힌 땅을 사수하기 위해 목숨을 바쳤지만 그럴수록 백인들의 칼과 총은 아메리카 원주민들의 심장에 더욱더 깊이 파고들었다. 그리고 미국의 제7대 대통령이었던 앤드루 잭슨Andrew Jackson의 한 마디가 방점을 찍었다. 잭슨 대통령은 조지아와 미시시피, 앨라배마 등 남부 지역을 개발하고 싶었지만 아메리카 원주민들이 살던 탓에 쉽게 건드릴 수 없었다. 그래서 그가 생각해낸 방법이 바로 이들의 강제 이주였다. 잭슨 대통령은 아메리카 원주민들이 백인보다 열등한 민족이라 공생하기 어렵다는 말도 안 되는 이유를 들먹이며 그들을 다른 곳으로 이주시키면 다양한 측면에서 미국이 더 빨리 성장할 수 있을 것이라 주장했다.

결국 잭슨 대통령은 1830년에 인디언 이주법Indian Removal Act을 통과시켜 각지에 흩어져 살던 아메리카 원주민들을 미국 중서부의 이른바 인디언 보호구역Indian Reservation으로 이동시켰다. 말이 이주였지 아메리카 원주민들이 새로 살아가야 할 땅이 기존 정착지보다 훨씬 척박해서 사실상 추방이나 다름없었다. 조지아주에서 인디언 보호구역까지 무려 1,300km를 걸어서 이동해야 했던 체로키족을 비롯해 크리크족Creek과 치카소족Chickasaw, 세미놀족Seminole과 촉토족까지 무려 6만 명에 달하는 아메리카 원주민들이 모두 원치 않게 먼 길을 떠났다. 살을 에는 추위에도 담요 하나 없이 땅바닥에서 잠을 청해야 했던 이들의 행렬은 10년 넘게 계속됐다. 그렇다고 정부가 이들의 여정에 풍족한 지원을 해준 것은 결코 아니었다. 이동하는 일 자체가 말 그대로 고난의 연속이었는데 끼니는 순무와 옥수수로 해결하고 갈증은 끓인 물로 달래야 했다. 이들의 강제 이주 과정이 얼마나 고달팠는지는 당시 미군 소속으로 체로키족 호송 현장에 있었던 존 G. 버넷John G. Burnett이 1890년에 자신의 아이들에게 남긴 편지를 보면 알 수 있다. 다음은 그 편지의 일부다.

"비가 추적추적 내리는 10월의 어느 아침이었다. 그날의 침통함은 아직도 잊을 수 없다. 이들은 담요를 챙길 새도 없이 맨발로 고향을 나서야 했다. 존 로스 추장의 기도 아래 나팔 소리가 울려 퍼지자 아이들은 일어나 자신들이 뛰놀던 산을 향해 고사리 같은 손을 흔들었다. 그 어린 친구들도 마치 영원히 이곳에 돌아올 수 없다는 걸 이미 아는 것만 같았다. 무력한 이들에게 망명의 길은 곧 죽음의 길이었다. 한겨울에도 불 없이 밤을 보내느라 하루는 22명이 폐렴으로 세상을 떠났는데 그중에는 로스 추장의 부인도 있었다. 추운 날씨에 폐렴이 악화해 밤공기를 버티기가 어려웠을 텐데도 숨이 끊어지는 마지막 순간까지 자기 담요로 병든 자식을 덮어주다가 눈을 감았다. 나는 이들의 아픔을 조금이나마 덜어주기 위해 내 담요로 최대한 많은 이들에게 온기를 나눴다. 그러면 그들은 내 옆에서 산의 노래를 불러주곤 했다. 그게 내 친절에 보답할 수 있는 유일한 길이었다. 스모키 산맥에서부터 오클라호마의 인디언 보호구역까지 이어진 그 고통스러운 여정은 1838년 10월에 시작해 진눈깨비와 눈보라, 강추위를 지나 1839년 3월 26일에 막을 내렸다. 우리가 서부에 도착하기까지 걸어온 길에는 4,000개의 말 없는 무덤이 생겨났다. 이 모든 일이 백인의 탐욕 때문에 벌어졌다. 우리가 무력한 민족을 상대로 저지른 극악무도한 범죄는 절대 잊힐 수 없다. 우리는 사실을 숨기는 데만 급급하다. 지금 학교에 다니는 아이들은 자기가 밟는 이 땅이 어떤 곳인지 모른다. 백인의 욕심을 채우기 위해 무기력한 민족에게 총검을 들이대며 빼앗았다는 사실도 알지 못한다."

편지의 내용대로 인디언 보호구역으로 떠난 14,000명의 체로키족 중 약 4,000명이 목숨을 잃었다. 물론 이들의 장례식을 제대로 치를 시간도 없었다. 그저 망자를 위한 노래를 부르며 잠시나마 혼을 달래줄 뿐이었다. 그때 불렀던 노래가 바로 '어메이징 그레이스Amazing Grace'다. 지금도 죽은 사람들의 명복을 빌고 산 사람들을 위로하기 위해 장례식이나 각종 추모 행사에서 많이 부르는 노래인데 체로키족은 서부로 가는 길 내내 체로키어로 이 노래를 부르며 서로의 힘을 북돋아 주고 한 발짝씩 나아갔다.

수많은 시련을 마주하며 우여곡절 끝에 인디언 보호구역에 도착했지만 이들의 삶은 쉽게 나아지지 않았다. 백인들이 자신들의 욕망을 채우는 데 급급했기 때문에 여전히 평화로운 일상과는 거리가 멀었다. 지역 간의 상대적인 거리를 줄이고 북아메리카 대륙 내 무역을 활성화하기 위해 밤낮 가리지 않고 쉴 새 없이 달릴 기차를 위한 철도 확장 사업의 열기가 뜨거웠고 19세기 중반에는 남북전쟁까지 발발한 탓에 혼란스러운 분위기는 점차 커져만 갔다. 이러한 이유로 등 떠밀리듯이 인디언 보호구역으로 삶의 터전을 옮긴 체로키족 중 일부는 다시 살던 땅을 떠나 캔자스주 남부나 텍사스주 북부로 다시 한번 이동해 또 다른 곳으로 안식처를 옮길 수밖에 없었다.

아메리카 원주민들의 삶이 계속해서 불안정했던 이유는 또 있었다. 바로 이들과 생사고락을 함께하던 아메리카들소American Bison를 백인들이 무차별적으로 사냥했기 때문이다. 북미에 현존하는 지상 동물 중 가장 크고 무거운 초식동물인 아메리카들소는 몇백 년 전까지만 해도 아메리카 원주민들이 가장 많이 기르는 가축이었다. 아메리카들소의 고기는 아메리카 원주민들이 가장 좋아하는 음식 중 하나였고 아메리카들소의 털도 쓰임새가 다양했다. 그런데 19세기 들어 백인들의 무분별한 아메리카들소 사냥이 시작되면서 개체 수가 급감하기 시작했다. 사냥의 이유도 철길을 까는 데 방해가 되어서, 털과 가죽을 팔기 위해서, 사격 연습을 위해서, 심지어는 재미를 위해서 등으로 각양각색이었다. 특히 캔자스 퍼시픽 철도는 아예 아메리카들소 사냥꾼들을 고용해 이들을 열차에 태운 뒤 아메리카들소 무리를 발견하면 열차 속도를 낮춰 사냥을 도왔다. 사냥꾼들은 기차 지붕 위로 올라가 아메리카들소 무리를 향해 무차별 사격을 퍼부었다. 무려 4,000마리가 넘는 아메리카들소를 죽이고 전설로 남아 '버팔로 빌(Buffalo Bill)'이라는 별명까지 얻은 윌리엄 프레데릭 코디William Frederick Cody도 이 당시 활동했던 사냥꾼 중 하나였다. 그렇게 1865년에만 무려 100만 마리가 넘는 아메리카들소가 목숨을 잃었는데 죽은 아메리카들소의 두개골이 무려 7~8m 높이로 쌓여 있는 모습도 볼 수 있었다는 후문이다.

아메리카 원주민들의 삶은 지금도 완전히 나아지지 않았다. 낯선 땅으로 이동을 시작한 지 100년 가까이 흐른 1928년이 되어서야 미국 시민권을 획득한 이들은 자치권을 인정받은 인디언 보호구역에서 살면 세금을 낼 필요가 없을 뿐만 아니라 자신들만의 법체계도 유지할 수 있었다. 하지만 장점이 있으면 단점도 있는 법. 세금을 전혀 내지 않아 미국 정부의 시선 안에 들어와 있지 않기 때문에 개발 필요 지역 우선순위에서 계속 밀렸다. 그래서 인디언 보호구역은 여전히 기본적인 인프라 수준이 다른 곳에 비해 현저히 떨어진다. 심지어 현대 생활의 기본이라고 할 수 있는 전기나 수도조차 제대로 들어오지 않는 곳에서 사는 사람들도 있다. 또한 시민권은 있지만 미국 정부를 향한 투표권이 없고 의료 서비스를 받는 데에도 한계가 뚜렷하다.

사회 문제도 심각한 수준으로 퍼져 있다. 인디언 보호구역이 대부분 법 효력 정지지구인 탓에 합법적으로 카지노 사업을 운영할 수 있어 도박 중독은 물론 마약과 폭력, 자살과 성범죄까지 온갖 범죄들이 만연하다. 그런데도 카지노 산업 규모를 줄일 수 없는 이유는 그렇게 해서라도 돈을 벌지 않으면 더는 내려갈 곳이 없을 것처럼 보이는 지금의 삶이 더 나빠지기 때문이다. 200년 전까지만 해도 평원을 누비며 세상을 다 가진 것처럼 살아가던 이들은 하얀 피부의 이방인들에게 밀려 설 자리를 잃은 뒤 오히려 자기들이 이방인 취급을 받으며 하루하루를 보내는 중이다.

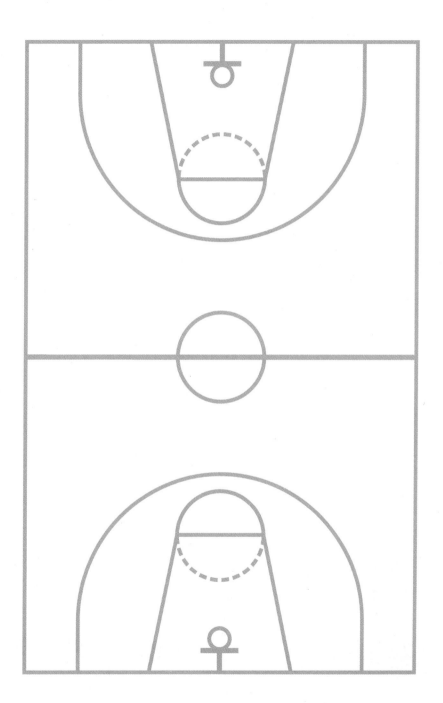

2019-2020
휴스턴 로케츠 시티 에디션

　"이런 말 들어보셨습니까? '우리가 심해에 대해 아는 것보다 달의 뒷면에 대해 아는 것이 더 많다.' 대왕고래가 새끼를 낳는 장면을 본 사람이 아직까지 아무도 없다는 사실만 봐도 그렇습니다. 보잉 737 비행기만큼 큰 대왕고래가 하마만큼 무거운 새끼를 낳는 장면을 포착하기가 그렇게 어려울까 싶겠지만 바다는 너무나 크고 또 깊어서 고래들의 비밀을 굳게 지켜주고 있는 겁니다."

　드라마 '이상한 변호사 우영우'에서 똑바로 읽어도 거꾸로 읽어도 똑같은 우영우 변호사가 한 말이다. 인간은 새로운 걸 배우고 싶어 하는 지적 욕구가 있는 동물이라 미지의 세계에 대한 궁금증을 해결하기 위해 끊임없이 노력한다. 하지만 이 대사처럼 인류가 그동안 닿지 못했던 곳에 가까워질 때마다 세상은 항상 여기가 우리의 끝이 아니었다고 대답하듯이 우리의 새로운 목표가 될 또 다른 미스테리를 테이블에 살포시 올려놓는다. 그래도 우리는 멈추지 않는다. 인간의 욕구를 단계별로 분류한 미국의 심리학자 에이브러햄 매슬로Abraham Maslow의 이론을 그의 제자들이 발전시켜 1990년에 발표한 총 8단계의 욕구 피라미드 이론에 따르면 지식 탐구에 대한 호기심을 포함하는 인지적 욕구Cognitive Needs는 중요도가 높은 편인 5단계에 해당할 정도로 인간을 움직이게 하는 힘이 강하니까.

　모르는 걸 알고 싶어 하는 이 욕구는 오랫동안 인간을 발전의 길로 인도했다. 실제로 머릿속에 끝없이 떠오르는 물음표를 느낌표로 바꾸려는 시도가 인류의 견문을 넓힌 사례는 많다. 그렇게 알게 된 대표적인 세계가 하늘과 우주다. 과거에는 하늘에 뜬 달을 보고 소원을 빌거나 별의 움직임을 통해 시간과 날짜를 계산하는 일이 인류가 할 수 있는 전부였다. 그러나 지금 우리는 하늘과 우주에 대한 더 많은 사실을 안다. 하늘이 우리를 중심으로 도는 것이 아니라 지구가 태양을 중심으로 돈다는 지동설을 주장한 코페르니쿠스Copernicus와 행성의 운동 궤도가 원이 아닌 타원이라는 점을 밝혀낸 요하네스 케플러Johannes Kepler는 오랫동안 숨겨진 태양계의 비밀을 만인에게 공개했다. 새처럼 하늘을 날고 싶다는 바람으로 비행기를 만든 라이트 형제Wright Brothers는 하늘길을 열었다. 덕분에 인간은 밝을 때나 어두울 때나 항상 우리의 가슴을 뛰게 하는 하늘과 함께 지구촌 어디라도 하루 이틀 안에 갈 수 있으면서도 밤하늘을 바라보며 몽글몽글한 감성에 젖을 수 있는 삶을 살 수 있다.

그래도 '우주에 대해 몇 %나 아는가?'라는 질문에는 아직 정확한 답을 내놓기가 어렵다. 보통 퍼센트를 계산하기 위해서는 분자가 되는 값을 분모로 먼저 나눠야 하는데 여기서 분모가 되어야 하는 우주의 총량 자체를 아직 모르기 때문이다. 영화에 나오는 외계인의 모습을 보고 '외계인이 왜 저렇게 생겼어?'라고 쉽게 되묻지 않는 이유만 봐도 그렇다. 우리는 아직 생명의 기본이 되는 물의 흔적만 확인했을 뿐 지구 밖에 사는 생명체를 눈이나 카메라 렌즈로 직접 마주한 적이 없다. 그저 상상의 나래를 펼쳐 그 모습을 추측할 뿐이다. 결국 '저렇게 생긴 외계인은 없어'라고 말해도 그 주장을 뒷받침할 명확한 증거가 없다. 게다가 버즈 라이트이어가 외쳤던 'To infinity, and beyond!(무한한 공간, 저 너머로!)'라는 말처럼 우주는 그 끝을 알 수 없기에 아무리 비현실적인 형태라고 해도 이 드넓은 은하들 어딘가에는 실제로 저렇게 생긴 생명체가 존재할 수도 있으니 무엇이 우주에 있고 없고를 단정하는 일이 어찌 보면 불가능한 셈이다.

여기 우주에 대해 더 많은 것을 알아내기 위해 쉬지 않고 움직이며 우리가 지금 정확히 우주의 몇 %를 안다고 말할 수 있을 때를 고대하는 선구자 같은 단체가 있다. 손이 닿지 않는 무한한 공간 저 너머로까지 뻗어있는 우주에 대한 호기심을 해소하고 우리 삶의 범위를 지구 밖으로 확장하기 위해 우주 개척에 앞장서는 곳, 바로 미국 항공우주국 NASA(National Aeronautics and Space Administration)의 이야기가 휴스턴 로케츠Houston Rockets의 2019-2020시즌 시티 에디션 유니폼에 담겼다.

NASA를 존경하는 마음을 담아 제작된 이 유니폼은 우주복 느낌을 내기 위해 디자인의 중심을 잡아줄 색상으로 하얀색을 선택했다. 상의 중앙에 있는 휴스턴의 애칭 'H-TOWN'과 그 아래 선수의 등번호는 NASA에서 사용하는 폰트로 새겼다. 상의 전면 나이키 스우시 로고 바로 밑에는 납작한 검은색 직사각형이 있고 그 안에 하얀 글씨로 'ROCKETS'가 적혀 있는데 이는 과거 우주 비행사들의 신분증에서 아이디어를 얻어 그와 유사하게 만들어졌다. NASA가 미국을 대표하는 기구인 만큼 국가에 대한 자부심을 나타내기 위해 하의 밴드 중앙 부분에는 미국 국기가 들어가 있다. 그리고 회색과 하얀색이 마치 체스판처럼 배열됐다가 회색 면이 하의까지 쭉 이어지는 유니폼 옆면은 NASA의 대표 우주 개발 프로젝트 중 하나인 제미니 프로젝트Project Gemini에 사용된 로켓의 외관에서 영감을 받았다. 하의에 있는 굵은 회색 줄무늬를 따라 'ROCKETS'가 세로로 한 글자씩 쓰여 있는 점도 제미니 로켓 밖에 미국을 의미하는 'UNITED STATES'가 표기된 방식을 그대로 가져온 것이다. 여기에 구단과 역사를 함께한 색깔인 빨간색을 목과 소매 라인에 넣었고 상의 측면에는 팀 로고를 배치해 휴스턴 로케츠라는 팀의 전통도 잊지 않고 표현했다.

NASA의 본부는 휴스턴이 아니라 수도인 워싱턴 D.C.에 있고 실제 우주선 발사는 우주로 가는 거리를 1cm라도 줄여 연료를 한 방울이라도 아끼기 위해 미국 영토에서 적도와 가장 가까운 플로리다 동부의 케이프 커내버럴Cape Canaveral에서 진행된다. 그런데 왜 휴스턴에서 NASA의 이야기를 담아 유니폼을 제작했을까? 바로 우주선과의 통신을 통해 실시간으로 상황을 보고받는 관제소인 존슨 우주 센터Johnson Space Center가 바로 휴스턴에 있기 때문이다. 'Houston, We Have a Problem(휴스턴, 문제가 생겼습니다)'라는 대사로 유명한 <아폴로 13>을 비롯해 <그래비티>나 <인터스텔라> 등 각종 우주 관련 영화에서 등장인물들이 목 놓아 외치는 '휴스턴'이 바로 이 존슨 우주 센터를 가리키는 말이다.

휴스턴과 NASA는 운명처럼 만났다. 1960년 아폴로 프로젝트 Project Apollo가 발표된 시점으로부터 1년이 지난 1961년 당시 NASA의 국장이었던 제임스 웹James Webb은 달 탐사 계획을 본격적으로 준비하기 위해 여러 기술을 개발하고 실험을 진행할 기반 시설을 지을 장소를 물색하는 중이었다. 그런데 그 조건이 꽤 까다로웠다. 우선 1년 365일 야외에서 작업이 가능할 정도로 날씨가 좋아야 했다. 근처에 공항과 항구도 있어야 했다. 더불어 물과 전기, 통신망 사용이 원활하면서도 어느 정도 크기의 산업이 구축된 도시여야 했다.

휴스턴은 이 모든 조건에 부합하는 도시였다. 정유산업의 중심지이자 목화 수출 항구로 이름을 알린 휴스턴은 1900년대 초반 인구수가 급격하게 늘어나면서 각종 인프라가 갖춰지기 시작했다. 또한 제2차 세계대전 당시 전면적인 투자가 미국 남부에 위치한 도시들을 대상으로 이뤄지면서 물자 수송을 위한 공항은 물론 조선소와 군 비행기 훈련장 등 다양한 시설이 들어서는 등 도시의 규모가 계속 커졌다. 다각도에서 봐도 적합했던 휴스턴은 20개 넘는 후보들을 제친 끝에 최종 선택을 받았고 그렇게 들어온 유인 우주선 센터는 1973년부터 지금의 이름인 존슨 우주 센터로 불리게 됐다.

이제는 앞서 언급된 유니폼의 포인트에 가장 많은 영향을 줬다고 할 수 있는 제미니 프로젝트에 대해 알아볼 차례다. 제미니 프로젝트는 인간을 달에 보냈다가 무사히 귀환시키는 초대형 프로그램인 아폴로 프로젝트를 성공시키기 위해 1961년부터 1966년까지 우주 비행에 있어 필요한 기술 요소들을 개발하고 점검했던 계획이었다. 1961년 소련이 세계 최초로 우주 비행에 성공한 우주 비행사 유리 가가린 Yuri Gagarin을 배출한 일에 배가 아팠던 미국의 존 F. 케네디John F. Kennedy 대통령이 1960년대 안에 인간을 달에 보내겠다고 선언하면서 기간이 다소 촉박했던 이유로 우주 비행 숙련도를 높이는 제미니 프로젝트와 달 착륙에 적합한 3인승 로켓인 새턴 V 로켓Saturn V을 개발하는 아폴로 프로젝트를 동시에 진행했다. 그래도 프로젝트의 성격만 놓고 보면 아폴로 프로젝트를 준비하는 단계가 제미니 프로젝트였다고 말할 수 있다.

제미니 프로젝트의 주요 목표는 총 네 가지였다. 첫째는 우주 비행사와 각종 장비가 최소 8일에서 최대 14일의 우주 비행을 견딜 수 있다는 것을 증명하는 일. 둘째는 우주선끼리 지구 궤도 위에서 랑데부 및 도킹이 가능하다는 걸 보여주는 일. 셋째는 우주 비행 중에 우주선 밖으로 나와 활동하는 우주 유영 EVA(Extra-Vehicular Activity)를 포함한 우주 비행사의 임무 수행 능력을 평가하는 일. 마지막 넷째는 우주선의 대기권 재진입 및 지상 착륙 기술을 가다듬는 일이었다. 총 12개의 로켓을 발사하면서 네 가지 목표를 꼼꼼히 점검한 제미니 프로젝트 덕분에 미국은 아폴로 프로젝트를 통해 한 인간의 작은 발걸음으로 인류의 큰 도약을 만들어낼 수 있었다. 또한 제미니 프로젝트는 아폴로 11호에 탑승해 달 탐사를 위한 여정을 마치고 성공적으로 귀환한 세 명의 우주 비행사에게 우주라는 새로운 세계를 처음으로 보여주기도 했다. 훗날 달에 첫 발자국을 남긴 아폴로 11호의 캡틴 닐 암스트롱Neil Armstrong은 물론 사령선 컬럼비아Command Module Columbia의 조종을 맡은 마이클 콜린스Michael Collins와 달 착륙선 이글Lunar Module Eagle의 조종을 담당한 버즈 올드린Buzz Aldrin까지 세 명 모두 제미니 프로젝트를 통해 우주에 나갔었다. 암스트롱이 세 명 중 가장 먼저 제미니 8호를 타고 지구 밖 세상을 경험했고 그의 뒤를 이어 콜린스와 올드린도 각각 제미니 10호와 제미니 12호를 타고 우주에 다녀왔다.

본격적인 달 탐사 계획에 앞서 우주 비행이라는 희귀한 경험을 할 수 있었다는 것 자체만으로도 제미니 프로젝트의 의의는 상당히 특별하다. 하지만 세 명 중에서도 특히 암스트롱에게는 그의 미래를 바꾸는 중요한 터닝 포인트가 됐다. 암스트롱이 탄 제미니 8호의 주된 목표는 세계 최초의 도킹Docking 성공이었다. 도킹이란 두 개의 우주선을 물리적으로 연결하는 작업으로, 본체에서 분리되어 달 탐사 임무를 직접적으로 수행할 달 착륙선이 지구로 돌아오기 위해서는 사령선과의 도킹이 꼭 선행되어야 했기 때문에 도킹을 할 수 없다는 사실은 곧 아폴로 프로젝트를 실현할 수 없다는 것과 마찬가지였다. 다시 말해 암스트롱은 달 탐사 성공의 열쇠를 쥐고 우주로 향했다. 미국보다 유인 우주 비행에 먼저 성공한 소련조차 한계에 부딪혀 성공하지 못했던 도킹이었지만 제미니 8호를 타고 우주로 나간 암스트롱이 로켓보다 먼저 발사된 아제나 표적 위성Agena Target Vehicle과 도킹에 성공하면서 마침내 미국이 소련을 우주 경쟁에서 앞지르는 가시적인 성과물이 탄생했다. 그리고 이때 암스트롱이 보여준 위기 대처 능력도 그가 아폴로 11호의 사령관이 되는 결정적인 계기로 작용했다. 당시 도킹에 성공한 우주선은 선체가 안정적인 비행 자세를 유지하도록 돕는 자세 제어 로켓Attitude Control Rocket의 고장으로 인해 빠른 속도로 회전하면서 스핀 상태에 빠지는 위기에 봉착했다. 본부와의 통신 상태와 원활하지 않았을뿐더러 1초에 한 바퀴씩 도는 극한의 가속도 때문에 정확한 고장 요인을 판단하기조차 어려운 극한의 상황 속에서도 암스트롱은 침착하게 대응해 스핀을 멈추고 곧바로 우주선 비상 귀환 절차를 밟아 무사히 지구로 돌아와 목숨을 건졌다. 만약 이때 암스트롱이 지구로 무사히 돌아오지 못했다면 처음으로 달에 발자국을 남긴 사람이 달라졌을지도, 아니 아폴로 프로젝트 성공 여부가 달라졌을지도 모른다.

인류가 처음으로 달에 도착한 1969년 이후 반세기가 더 흐른 지금도 NASA는 우주 비행사 훈련은 물론 각종 유인 우주 임무를 계획, 지휘, 감독한다. 얼음이 발견된 달의 남극을 탐사하기 위해서 마치 그리스 신화에 나오는 태양의 신 아폴론과 달의 여신 아르테미스 쌍둥이처럼 한 쌍의 남녀 우주 비행사를 다시 한번 달에 보내겠다는 목표를 향해 나아가는 아르테미스 프로젝트와 2033년까지 유인 화성 탐사에 성공하기 위해 해당 임무에 투입될 새로운 유인 우주선인 오리온 우주선을 개발하는 일이 현재진행형이다.

이렇게 굵직한 장기 플랜들 사이에서도 빛을 발하는 NASA의 따끈따끈한 새 업적이 있다. 바로 '인류의 눈'이라고 불리는 제임스 웹 우주 망원경James Webb Space Telescope이 촬영한 신비롭고 몽환적인 색채의 우주 심연 사진이다. 제미니 프로젝트와 아폴로 프로젝트가 진행될 때 NASA의 국장이었던 제임스 웹의 이름을 그대로 가져온 제임스 웹 우주 망원경은 광활한 우주가 탄생했다고 여겨지는 시점인 약 138억 년 전과 큰 차이가 없는 최대 135억 년 전 빛까지 관측할 수 있는 놀라운 성능을 지녔다. 이는 1990년에 우주로 나가 30년 넘게 흐른 지금까지도 지구 밖을 돌며 수많은 우주 사진을 찍는 허블 망원경보다도 약 100배가량 뛰어난 수준이다. 지난 2021년 크리스마스에 우주로 출발해 약 한 달 후인 2022년 1월 궤도에 안착한 제임스 웹 우주 망원경은 지난 2022년 7월에 공개된 사진들을 시작으로 앞으로 최대 20년간 우주의 모습을 선명하게 지구로 전달하는 임무를 수행할 예정이다. 머지않아 긴 임무를 마치고 지구로 내려올 허블 망원경Hubble Space Telescope의 후계자인 셈이다. 빌 넬슨Bill Nelson NASA 국장을 대신해 이례적으로 조 바이든Joe Biden 미국 대통령이 직접 나서 발표한 이 사진들은 제임스 웹 우주 망원경의 첫 관측 목표였던 용골자리 성운과 남쪽고리 성운부터 지금까지 포착된 우주 중 가장 먼 곳인 무려 40억 광년 떨어진 SMACS 0723 은하까지 지금껏 우리가 보지 못했던 우주의 깊은 곳을 담아냈다. 첨단 기술의 집합체인 제임스 웹 우주 망원경의 성능을 만천하에 알리는 성공적인 출발이었다. 적외선으로 열을 감지해 우주 먼지를 뚫고 최대한 멀리 내다볼 수 있도록 제작된 이 제임스 웹 우주 망원경을 만들기 위해 미국은 100억 달러 가까운 천문학적인 금액을 투입했다. 일각에서는 그렇게 중요해 보이지도 않는 일에 너무 많은 돈을 투자한다며 제임스 웹 우주 망원경을 '세금 블랙홀'이라 깎아내리고 프로젝트 중단을 요청했다. 하지만 NASA는 포기하지 않았고 결국 끝없는 노력 끝에 현존하는 가장 강력한 우주 관측 장비를 탄생시켜 천문학의 한계를 갱신했다. NASA의 비전은 이들이 그렇게 많은 돈을 들이면서까지 우주 관측에 매달리는 이유를 잘 설명해 준다.

'Exploring the secrets of the universe for the benefit of all'

인류의 이익을 위해 우주의 비밀을 탐구하는 것. 이 목적을 품에 안고 미지의 하늘과 우주를 탐험해 새로운 발견으로 전 세계에 영감을 주는 NASA는 오늘도 인류가 또 다른 한 걸음을 내디딜 수 있도록 생각하고 또 깊이 꿈꾼다.

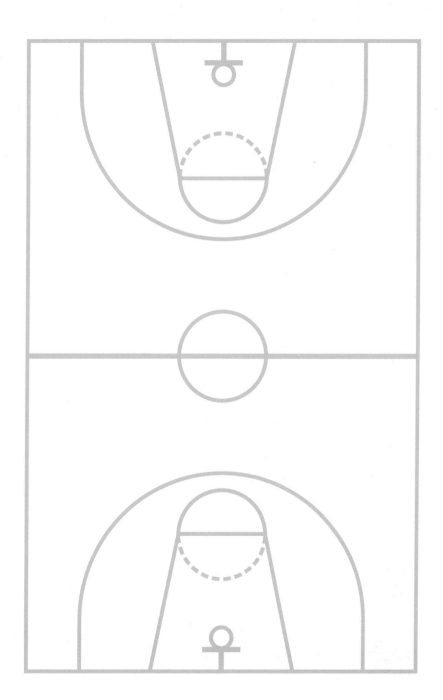

2017-2018 & 2018-2019
골든스테이트 워리어스 시티 에디션

나는 어렸을 때 개선문이 지구상에 하나인 줄 알았다. 프랑스 파리에 있는 에투알 개선문Arc de Triomphe을 간단히 개선문이라 줄여 부르는 줄 알았던 것이다. 물론 지금은 개선문이 이 세상에 단 하나만 존재하는 특정한 대상을 위한 고유명사가 아니라 다른 보통명사와 마찬가지로 어디까지나 하나의 총칭일 뿐이었다는 사실을 잘 안다. 만약 에투알 개선문이 어떻게 지어졌는지를 조금만 더 일찍 찾아봤어도 그게 유일한 개선문이라 착각할 일은 없었을 것이다.

로마 제국 시절에 지어져 지금까지도 이탈리아 로마의 개선문 중 가장 오래된 개선문으로 남아 있는 티투스Titus 개선문에서 영감을 받아 제작된 에투알 개선문은 나폴레옹이 1805년 아우스터리츠 전투Battle of Austerlitz에서 오스트리아와 러시아의 동맹군을 상대로 승전고를 울려 영국-오스트리아-러시아의 제3차 대프랑스 동맹을 무너뜨린 후 이듬해인 1806년 프랑스의 승리를 기념하는 뜻에서 건설을 지시한 지 30년이 흐른 1836년에야 완성됐다. 이후 파리를 상징하는 랜드마크가 된 에투알 개선문은 '에펠탑이 파리의 여성미를 나타내는 건축물이라면, 파리의 남성미를 가장 잘 보여주는 건축물은 개선문이다'라는 말이 있을 정도로 지금도 샤를 드골 광장 중앙에서 그 웅장한 크기로 모두를 압도한다.

'개선문'은 전쟁에서 이기고 돌아온 황제인 개선군을 위해 세워진 문을 뜻하는 말이다. 그동안 수많은 전쟁이 있었던 만큼 당연히 개선군도 역사상 단 한 명일 리 없기에 개선문이 여러 개인 건 자명한 사실이다. 앞서 나온 내용처럼 1836년 에투알 개선문이 샤를 드골 광장 한가운데에 온전한 모습을 드러내기 훨씬 전부터 이탈리아에 우뚝 서 있었던 티투스 개선문을 포함해 로마 제국 시절에는 무려 30개가 넘는 개선문이 만들어졌다고 한다.

그렇다면 에투알 개선문은 어떻게 많고 많은 개선문 중 사람들이 일반적으로 가장 먼저 떠올리는 으뜸이 됐을까? 이 질문에 대한 답은 간단하다. 무언가를 대표하는 우두머리가 되려면 가장 우월한 존재임을 나타내는 증거가 있어야 한다. 이를테면 사자 무리 안에서 가장 강한 수사자가 암사자들을 거느리는 대장이 되는 것처럼 말이다. 건물의 세계에서 가장 보편적인 비교 기준 중 크기와 시간이다. 그 높이와 길이가 각각 50m와 44.8m에 달하는 에투알 개선문은 완공 후 꽤 오랫동안 '세계에서 가장 큰 개선문'이라는 타이틀을 가지고 있었다. 지금은 그 수식어를 1982년에 세워진 평양 개선문에 넘겨줬지만 시간이 빚은 그 명성까지 한순간에 물거품으로 변하지는 않는 법. 여전히 사람들은 에투알 개선문을 지구상에서 가장 거대한 개선문이라 여긴다. 이는 북한 남녀 축구 국가대표팀 경기가 열리는 능라도 5월 1일 경기장이 최대 114,000명을 수용할 수 있어 세계에서 가장 큰 축구 경기장으로 기네스북에 등재됐지만 '가장 큰 축구 경기장'으로 사람들은 스페인 바르셀로나에 있는 총 99,354석의 캄 노우Camp Nou를 떠올리는 것과 비슷한 맥락이다.

재밌는 건 내가 개선문처럼 총칭을 고유명사로 잘못 알았던 존재가 하나 더 있다는 점이다. 처음에는 인천에만 있는 줄 알았는데 알고 보니 세계 곳곳에 퍼져 있었던 것, 심지어 인천에 있는 건 그리 큰 편도 아니었던 것, 바로 이번 이야기의 주제인 차이나타운이다. 신대륙에 정착한 동양인들이 이방인으로서 느끼는 향수를 극복하기 위해

타지에 만든 고향인 차이나타운, 그중에서도 이번에는 미국의 가장 오래된 차이나타운인 샌프란시스코 차이나타운 덕분에 탄생한 유니폼에 대해 알아보려 한다.

　2017-2018시즌을 앞두고 발표된 골든스테이트 워리어스의 첫 시티 에디션 유니폼은 샌프란시스코에 넓게 퍼진 중화권 문화에 보내는 하나의 선물이다. 우선 구단을 상징하는 색깔인 노란색이 배경으로 뒤덮인 이 유니폼 중앙부에는 원이 하나 그려져 있고 그 안에는 샌프란시스코를 상징하는 다리인 금문교Golden Gate Bridge가 보인다. 그 위로는 마치 금문교를 당장이라도 집어삼킬 듯한 기세로 입을 쩍 벌린 해태 한 마리의 모습을 확인할 수 있다.

　금문교는 샌프란시스코의 골든게이트 해협 위를 가로지르는 약 2.74km 길이의 거대한 다리로 1937년 완공된 이후 지금까지도 샌프란시스코의 랜드마크로 잘 알려져 있다. 샌프란시스코가 연고지인 골든스테이트 워리어스의 팀 로고에도 금문교가 들어가 있어 샌프란시스코하면 금문교, 금문교하면 샌프란시스코가 자동으로 떠오르는 수준이다. 골든게이트 해협과 금문교, 골든스테이트까지 샌프란시스코와 관련된 지명에 황금빛을 뜻하는 'Golden'이 들어간 가장 큰 이유인 눈부신 석양을 바라볼 수 있는 곳으로도 유명한 이 다리는 삼면이 바다로 둘러싸인 반도 형태인 샌프란시스코의 도시 특성상 육로를 통해 골든게이트 해협 너머 마린 카운티로 진입하기 어려웠던 사람들의 고민을 단번에 해결했다. 하지만 금문교가 이름을 알린 계기는 이게 다가 아니다. 바로 완공됐을 때까지만 해도 세계에서 총길이가 가장 긴 다리이자 중앙 경간이 가장 긴 현수교Suspension Bridge로 역사에 남았을 만큼 다리 건설의 역사에서 빼놓을 수 없는 중요한 위치를 차지했기 때문이다. 현수교는 다리를 따라 길게 늘어진 케이블과 일정한 간격을 두고 높이 솟아 그 케이블을 지지하는 주탑, 그리고 다리 양쪽 끝에서 케이블의 장력을 받아내는 앵커리지 등을 사용하는 교량의 형식을 말하며 1km 이상의 긴 다리에서 일반적으로 적용된다. 현수교의 형태로 만들어진 다리는 보통 다리의 전체 길이보다는 케이블을 잡아주는 탑 사이의 중앙 경간으로 다리가 얼마나 긴지를 측정하는데 금문교의 중앙 경간은 무려 1.28km에 달한다. 지금은 전 세계에서 19번째, 미국에서는 뉴욕의 베라자노-내로스교 Verrazzano-Narrows Bridge에 이어 두 번째로 길지만 어쨌든 한때 길이로는 이 지구에서 으뜸이었던 다리다. 이런 샌프란시스코의 상징과도 같은 금문교와 해태를 유니폼 가운데에 같이 둔 건 말 그대로 동서양의 융합이라고 볼 수 있는 장면이다. 해태는 중국 신화에 등장하는 상상동물로 선악을 가려낼 줄 알고 재앙을 물리치는 정의로운 존재다. 각종 동식물에 관한 내용이 담긴 옛 중국 문헌 '이물지(異物志)'에서도 해태를 '잘못을 저지른 사람을 보면 머리에 난 뿔로 받아버린다'고 설명한다. 그래서 조선 시대 관리들의 비행을 따져 물었던 기관인 사헌부의 수장 대사헌이 입는 관복에 해치를 새겼고 지금도 광화문과 국회의사당, 대검찰청 앞 등 서울 곳곳에 해태상이 있어 중국뿐만 아니라 우리에게도 제법 익숙한 영물이다.

　　유니폼의 윤곽을 따라 이어진 파란색과 빨간색의 굵은 선 두 개도 주목해야 한다. 사실 파란색은 골든스테이트의 팀 로고에서도 쉽게 찾아볼 수 있는 색상이지만 빨간색은 이 구단과는 친분이 많지 않은 컬러다. 그런데도 역사적인 첫 시티 에디션 유니폼에 빨간색이 들어간 이유는 붉은색이 중국에서 가장 환영받는 색깔이라서다. 예로부터 황제가 입던 옷에 주로 사용됐던 것부터 중국 국기는 물론 건물까지 다양한 용도로 사용되는 붉은색은 중국에서 부와 행운을 상징하는 색으로 유니폼 속 해태의 입과 금문교 사이에 있는 선수들의 등번호, 유니폼 하단에 '번영'이라는 뜻의 'Prosperity'가 붉은색인 이유도

다 중국인의 기호에 부합하기 위함이다.

마찬가지로 2018-2019시즌에 맞춰 공개한 골든스테이트 워리어스의 두 번째 시티 에디션 유니폼에서도 우리 같은 동양인들에게는 익숙하지만 서양인들에게는 낯설고 이국적으로 다가오는 몇 가지 포인트를 확인할 수 있다. 가장 먼저 보이는 건 남색 유니폼 중앙에 있는 팔각형이다. 공교롭게도 '돈을 벌다'라는 뜻의 단어와 발음이 유사해 중국인들이 가장 좋아하는 숫자인 8과 관련이 있는 이 도형은 고대 중국 시대부터 동전과 거울 등 다양한 물건에서 사용됐다. 중국이 팔각형을 여기저기에 사용하게 된 유래는 대부분 팔괘에서 출발한다. 팔괘는 중국의 대표적인 유교 경전 5개 중 하나인 '역경(易經)'의 기본 베이스가 되는 개념이다. 기본적으로 양의 기호를 상징하는 직선과 음의 기호를 상징하는 끊어진 선으로 만들어지는데 이 두 가지를 세 겹으로 쌓아 올려 생겨나는 경우의 수에 따라 각각 다른 모양의 괘가 8개 만들어진다. 이렇게 생겨난 팔괘를 다시 겹친 64괘를 통해 만물의 근원을 마치 음과 양의 이진법처럼 설명한 책이 바로 역경이다. 우리 생활에서 손쉽게 팔괘의 모습을 찾아볼 수 있는 예시가 있다. 바로 대한민국의 국기 태극기다. 팔괘 중 절반인 네 개의 괘가 바로 태극 문양을 네 방향에서 감싸는 건(하늘), 곤(땅), 감(물), 이(불)다. 원래는 태(늪), 진(천둥), 손(바람), 간(산)까지 팔괘가 전부 태극기에 들어 있었으나 국기를 그리는 과정이 너무 복잡해진다는 이유로 지금의 네 괘만 남게 됐다. 팔각형 내부에 그려진 동그라미도 짚고 넘어갈 필요가 있다. 마치 집에 하나쯤은 있었던 병풍에서 볼 법한 구름이 떠다니는 배경은 동양적인 향기가 물씬 나는 디자인이고 그 위에는 앞에서도 나온 금문교가 당당히 서 있다. 그리고 두 주탑 사이에 한자로 '워리어스'를 뜻하는 '용사(勇士)'라는 말이 적혀 있다. 여기에 울퉁불퉁하게 직각으로 꺾이며 아래로 뻗어 있어 중국을 상징하는 건축물인 만리장성과 닮은 측면의 노란색 선까지 곳곳에서 동양의 색채를 느낄 수 있는 희귀한 유니폼이다.

중국 시장을 겨냥해 한자를 넣어 만든 골든스테이트 워리어스의 유니폼은 2018-2019시즌 시티 에디션이 처음이 아니다. 이들은 2015-2016시즌과 2016-2017시즌에도 이미 음력 새해를 기념하는 차원에서 유니폼에 '용사'가 한자로 들어간 반팔 유니폼을 출시한 바 있다. 잠깐 다른 얘기를 하자면 그렇다고 유니폼에 한자를 넣은 시도가 골든스테이트 워리어스만의 전유물은 아니다. 오히려 골든스테이트보다 먼저 유니폼 중앙에 한자를 박아 넣은 팀이 있다. 바로 휴스턴 로케츠다. 구단을 대표하는 색깔부터 중국인들의 최애 컬러인 붉은색인 이 팀은 2014-2015시즌부터 2016-2017시즌까지 로켓을 뜻하는 중국어 '화전(火箭)'이 들어간 버전의 유니폼을 출시했다. 샌프란시스코처럼 중국인들이 많이 거주하는 지역을 연고지로 삼지 않는데도 이러한 유니폼을 출시한 이유는 휴스턴 로케츠가 중국의 농구 전설 야오밍Yao Ming이 과거에 활약했던 팀이라 NBA에서 가장 많은 중국 팬을 보유하고 있기 때문이다. 229cm의 큰 키를 바탕으로 압도적인 골밑 장악력을 발휘했던 야오밍은 2002년부터 2011년까지 휴스턴 유니폼을 입고 코트를 누비며 올스타에 8번, 올-NBA 팀에 5번 뽑히는 성공적인 커리어를 완성해 지금까지도 NBA에서 가장 많은 족적을 남긴 아시아 선수로 남아 있다. 지금 우리나라 축구팬 중 손흥민이 활약하는 토트넘Tottenham Hotspur 팬들이 가장 많은 것과 결이 비슷하다고 보면 되겠다.

이제 유니폼은 다 훑어봤으니 차이나타운에 대해 조금 더 알아볼 차례다. 차이나타운은 해외로 이주한 중국인들이 다른 나라에서 이방인으로 살아가며 생기는 외로움을 달래고 어려움을 해결하기 위해 모여 살기 시작하면서 생겨난 마을이다. 얼마 전 '세계에서 인구가 가장 많은 나라'라는 수식어를 인도에 내줬지만 2023년 통계청에서 발표한 자료 기준 약 14억 2,560만 명으로 여전히 어마어마한 인구수를 자랑하는 중국은 자기 나라를 떠나 외국에서 삶을 꾸린 이민자도 많은 나라다. 태국, 싱가포르, 말레이시아, 인도네시아 등 동남아시아 지역부터 가까운 한국과 일본, 저 멀리 태평양 넘어 북아메리카 대륙은 물론 대서양마저 건너 유럽까지 약 5천만 명 이상의 사람들이 중국 밖에 거주하는 것으로 추정되어 중국인 없는 나라를 찾아보기가 힘들 정도다. 그래서 차이나타운도 지구 곳곳에서 어렵지 않게 찾아볼 수 있다. 오늘날 차이나타운은 단순히 중국 사람들이 많이 거주하는 지역을 넘어 살아 숨 쉬는 아시아 문화를 느낄 수 있는 관광지로 커졌다. 가장 유명한 차이나타운으로는 태국 방콕, 영국 런던, 호주 멜버른, 미국 뉴욕, 캐나다 토론토, 일본 요코하마의 차이나타운이 있다.

미국에서 가장 먼저 생겨난 차이나타운인 샌프란시스코 차이나타운도 매년 관광객들로 북적이는 이름난 차이나타운이다. 북미에서 가장 오래된 차이나타운인 이곳은 뉴욕 차이나타운과 더불어 미국 내에서 중화권 문화가 가장 깊게 뿌리내린 지역으로 거리의 모습만 보면 여기가 미국인지 중국인지 구별하기가 어려울 만큼 중국인이 일하는 각종 인프라 시설이 잘 갖춰져 있다. 영어를 할 줄 모르는 중국인이 당장 이민을 와도 남은 일생을 보내기에 아무런 문제가 없을 정도다. 그렇다면 왜 하필 샌프란시스코에 대형 차이나타운이 생겨났을까? 그 이유를 알아보기 위해서는 중국인들이 미국으로 처음 건너오기 시작한 19세기 중반으로 돌아가야 한다. 당시 세계는 금에 미쳐 있었다. 1848년 1월 아메리칸 강American River에서 처음으로 금이 발견됐다는 소식이 들려온 이후 캘리포니아로 가면 일확천금을 확보할 수 있다는 소문이 미국을 넘어 세계로 퍼졌다. 캘리포니아 골드러시California Gold Rush의 시작이었다. 이를 듣고 중국을 비롯해 지구 각지에서 수만 명의 이민자가 금광을 찾아 기회의 땅 미국으로 몰려들었다. 특히 1849년부터 급증한 캘리포니아 이주민들은 '포티나이너스49ers'라는 별명까지 얻었다. 샌프란시스코를 연고로 하는 미식축구팀의 이름이 '샌프란시스코 포티나이너스San Francisco 49ers'인 이유도 이 때문이다. 이때 중국인들이 배를 타고 태평양을 가로질러 미국 영토에 도착했을 때 가장 먼저 밟은 땅이 샌프란시스코였다. 샌프란시스코를 중국에서 부르는 말이 구금산, 즉 '금이 나오는 옛날 산'이라는 것만 봐도 당시 중국 사람들이 얼마나 골드러시에 진심이었는지를 알 수 있다. (여담으로 구금산 얘기가 나와서 하는 말인데 중국은 대체로 외국 도시 이름을 비슷한 발음으로 부르는 경향이 있다. 그러나 그 예외에 해당하는 도시가 두 군데 있다. 하나가 샌프란시스코, 다른 하나는 신금산이라 불리는 호주의 주요 도시 멜버른이다. 이 두 곳은 금광이 발견되어 중국인들이 금을 찾아 떠난 지역에서 생겨난 도시라는 공통점이 있다. 또한 멜버른의 차이나타운이 가장 유명한 차이나타운 중 하나인 이유도 샌프란시스코 차이나타운처럼 오래전에 생겨나 그 역사와 전통을 자랑하기 때문이다)

하지만 신대륙에서 중국인들이 마주한 현실은 냉혹했다. 이미 금광을 장악한 백인들 아래에서 중노동에 시달리는 하루는 그들이 꿈꾸던 성공 가도와는 거리가 멀었다. 하지만 이런 고난에도 중국인들은 아메리칸드림을 이루기 위해 계속 미국으로 건너왔다. 불어나는 이민자 수를 조절하기 위해 20세기 초반 미국이 중국인의 이민을 제한하는 정책을 폈음에도 미국에 정착하는 중국인은 갈수록 늘어났고 이는 훗날 샌프란시스코가 이민지와 함께 발전하는 계기가 됐다. 2023년 4월 CNN의 한 기사에 따르면, 현재 미국에는 전체 인구의 약 13.6%에 해당하는 약 4,500만 명의 이민자가 있다. 약 1,070만 명으로 압도적 1위를 달리고 있는 멕시코, 약 270만 명으로 이민자 수가 빠른 속도로 늘어나고 있는 인도에 이어 중국은 세 번째로 많은 약 238만 명이 미국에 새로운 터를 잡았다. 특히 샌프란시스코는 물론 그와 인접한 오클랜드, 산호세 같은 캘리포니아주의 도시들은 지금도 미국 내에서 중국인을 비롯한 아시아인이 가장 많이 사는 지역이다. 또한 샌프란시스코가 위치한 캘리포니아주는 뉴욕과 뉴저지 플로리다를 제치고 미국에서 이민자 수가 가장 많은 주인데 주 인구의 무려 26.6%가 미국인이 아닌 사람들이니 길을 지나가다 만나는 캘리포니아 사람 4명 중 1명꼴로 비미국인을 만나는 셈이다. 언젠가 미국에 갈 기회가 생긴다면 문짝이 없는 대문 위로 지붕이 여러 겹 쌓인 형태의 중국 건축물인 패방의 형태를 띠는 샌프란시스코 차이나타운의 남쪽 출입구 드래곤 게이트Dragon Gate 너머 작은 중국을 방문하는 것도 좋을 듯하다.

2017-2018 & 2018-2019 & 2022-2023
뉴올리언스 펠리컨스 시티 에디션

기름진 화요일

    우리의 소중한 일상을 빼앗은 코로나19 때문에 열리지 못했던 축제들이 2022년 들어 우리 곁으로 돌아오기 시작했다. 사회적 거리두기가 해제되고 실외 마스크 착용 의무가 완화되면서 크고 작은 축제들이 문을 열자 마음껏 놀지 못해 한이 쌓일 대로 쌓였던 사람들은 오랜만에 가벼운 발걸음으로 집을 나섰다. 다양한 축제 현장을 찾은 사람들은 우리가 흥에 살고 흥에 죽는 민족이라는 걸 증명이라도 하듯이 춤을 추고 소리를 지르며 억눌린 스트레스를 날려버렸다. 팬들의 사랑과 환희를 먹고 사는 가수들도 오랜만에 듣는 떼창에 그만 눈시울을 붉히는 등 오랜만에 사람 사는 냄새가 전국을 덮었다.

    이렇게 세로토닌과 아드레날린, 도파민까지 온갖 호르몬 버프를 두르게 만드는 축제는 사람들이 특정 장소를 찾거나 여행하게 만드는 이유가 되기도 한다. 리우 카니발을 보기 위해 브라질에 가거나 옥토버페스트가 열리는 때에 맞춰 독일을 찾는 사람들은 여전히 많다. 동아시아 겨울의 백미를 느낄 수 있는 삿포로 눈 축제와 하얼빈 빙설제도 항상 관광객들로 문전성시를 이룬다. 내 버킷리스트에도 멕시코에 가서 죽은 자의 날 축제 속에 빠지는 일이 적혀 있다. 이번 유니폼의 주제도 이렇게 누군가의 소중한 꿈이 될 가치가 있는 특별한 축제에 관한 이야기다. 바로 매년 2~3월에 뉴올리언스에서 열리는 마디그라Mardi Gras 축제다.

    2017-2018시즌 뉴올리언스 펠리컨스의 시티 에디션 유니폼은 마

디그라 축제 기간의 생동감 넘치는 모습을 담았다. 이 디자인의 핵심은 마디그라와 떼려야 뗄 수 없는 세 가지 색깔이다. 상의 측면에 하얀색을 사이에 놓고 줄무늬 형식으로 뻗은 초록색과 황금색, 그리고 유니폼의 배경이 되는 보라색이 바로 마디그라 축제를 대표하는 세 가지 색상이다. 1872년에 개최한 퍼레이드에서 러시아의 알렉세이 알렉산드로비치 대공이 뉴올리언스를 방문한 걸 기념하기 위해 그의 가문을 상징하는 색깔들을 처음 사용한 것이 오늘날까지 전통으로 내려왔는데 이 세 가지 색깔은 그로부터 20년 후인 1892년 축제에서 특별한 의미를 부여받아 각각 보라색은 정의, 초록색은 신념, 황금색은 권력을 상징한다. 유니폼의 전체적인 틀을 잡아주는 이 세 가지 색깔은 마디그라 축제의 전통적인 장식들에서 영감을 받아 목 라인 안쪽을 따라서도 한데 어우러져 활기찬 느낌을 준다. 유니폼 중앙에는 '루이지애나주 뉴올리언스시(New Orleans, Louisiana)'의 줄임말인 'NOLA'가 적혀 있다. 그 아래에는 선수 등번호가 나란히 놓이는 대신 오른쪽 숫자가 왼쪽 숫자보다 살짝 내려가 있는데 이렇게 비대칭적으로 배치한 이유는 숫자들이 마치 움직이는 듯한 느낌을 주면서 마디그라 축제가 열릴 때 뉴올리언스라는 도시를 감싸는 밝은 에너지를 나타내기 위함이라고 한다. 그리고 유니폼 우측 하단에는 프랑스어로 'Laissez Les Bons Temps Rouler'라는 문구가 적혀 있다. 프랑스어를 사용하는 다른 국가에서는 쓰지 않는 표현이지만 과거 프랑스의 지배를 받았던 루이지애나주에서만 활용된다고 알려진 이 말은 영어로 번역하면 'Let the good times roll', 다시 말해 좋은 시간을 계속 즐기자는 뜻 정도로 해석하면 되겠다.

사실 뉴올리언스 펠리컨스가 유니폼에 마디그라 축제를 녹여낸 건 2017-2018시즌이 처음도 아니고 마지막도 아니다. 2013-2014시즌부터 뉴올리언스 펠리컨스라는 명칭을 사용하는 이들은 이전 명칭인 뉴올리언스 호네츠New Orleans Hornets를 쓰던 시절에 2010년부터 2013년까지 마디그라 느낌이 물씬 풍기는 유니폼을 입고 코트로 나선 적이 있다. 당시에도 마디그라 축제를 상징하는 세 가지 색깔이 모두 사용됐다. 보라색은 유니폼 앞면에, 초록색은 유니폼 뒷면에, 그리고 황금색은 화려한 패턴과 함께 유니폼 측면에 들어가 상당히 독특한 멋을 냈다. 시선을 강탈하는 파격적인 시도는 2015-2016시즌에도 계속됐다. 당시 NBA 유니폼 제작사인 아디다스가 밀던 반팔 형식으로 제작된 이 유니폼은 전처럼 앞뒤 색깔이 다르지는 않았지만 어깨 부분에 초록색 띠가 둘러 있어 멀리서 보면 마치 선수들이 책가방을 메고 경기를 소화하는 것 같았다. 유니폼 색깔도 알록달록했던 나머지 상대 팀 팬들이 뉴올리언스 선수들을 유치원생 같다고 놀린 적도 있었다. 호불호가 갈리는 특이한 포인트가 있기는 해도 보라색과 초록색, 그리고 황금색을 주로 사용해 제작한 이 마디그라 버전 유니폼들은 축제 분위기를 돋우기에 부족함이 없었다. 실제로 뉴올리언스 펠리컨스는 딱 축제 기간에만 이 유니폼을 입고 공식 경기를 소화하면서 도시와 하나가 되는 모습을 보여줬다. 여기서 끝이 아니었다. 2018-2019시즌을 앞두고 공개한 시티 에디션 유니폼에서도 하얀색 상의 중앙에 가로로 보라색과 초록색, 황금색을 순서대로 배치해 전보다는 심플한 방법으로 마디그라 축제를 상징하는 세 색깔이 한꺼번에 눈에 확 들어오는 느낌을 주며 도시를 대표하는 축제에 대한 애정을 드러낸 뉴올리언스 펠리컨스는 2019-2020시즌에도 직전 시즌 시티 에디션 유니폼과 거의 똑같은 버전을, 2022-2023시즌에는 전에 사용했던 디자인을 그대로 가져온 뒤 배경색만 하얀색에서 짙은 보라색으로 바꾼 버전을 출시해 코트 위에서 자신들만의 마디그라 축제를 열었다.

재즈의 본고장이자 느긋하고 낙천적인 사람들의 도시인 뉴올리언스에서는 1857년부터 마디그라 축제가 시작됐다. 18세기 초 미국에 정착한 프랑스 사람들이 즐기면서 미국에 전파된 마디그라 문화는 훗날 프랑스가 깊이 스며들어 있는 뉴올리언스에서 조금씩 발전해 지금의 형태를 갖추게 됐다. 마디그라는 화요일을 의미하는 'Mardi'와 기름지다는 뜻의 'Gras'가 만나 생겨난 합성어다. 직역하면 '기름진 화요일' 정도라고 보면 되겠다. 지금은 성 소수자들을 위한 축제로 유명해진 호주 시드니의 마디그라 축제를 비롯해 캐나다의 퀘벡과 브라질의 리우데자네이루 등 여러 곳에서 마디그라 축제가 열리지만 그래도 첫 마디그라 축제가 열린 원조 맛집은 뉴올리언스다.

마디그라 축제의 대표적인 얼굴은 뭐니 뭐니 해도 화려한 퍼레이드다. 도시 곳곳에서 크고 작은 퍼레이드가 열리는데 특히 뉴올리언스의 중심부를 가로지르는 버번 스트리트는 해마다 마디그라 축제 기간이 되면 퍼레이드를 보기 위해 모인 사람들로 인산인해를 이룬다. 거리 양 끝에 사람들이 자리를 잡으면 그 사이로 오랜 역사와 전통을 지닌 80개 이상의 마디그라 크루Krewe가 준비한 퍼레이드 행렬이 끝없이 이어지는데 크루에 따라 준비한 컨셉이 천차만별이라 보는 재미가 쏠쏠하다. 악기를 연주하는 사람들이 있는가 하면 춤추고 노래하는 사람들도 있고 사람 키를 훌쩍 넘기는 커다란 조형물도 눈길을 사로잡는다. 이렇게 다양한 컨셉에 맞춰 만국의 문화가 한 거리에 흩뿌려지는 퍼레이드 현장은 우리가 지금껏 경험하지 못한 다양한 세계를 한눈에 담을 수 있는 흔치 않은 기회다.

축제가 열리는 날 마디그라 크루는 대체 어디서 구했을지 도저히 가늠이 안 가는 의상을 입는다. 몇몇 크루는 직접 퍼레이드 의상을 제작하기도 한다. 여기에 각 컨셉의 화룡점정을 찍는 가발과 모자, 가면과 페이스 페인팅까지 모두 갖추고 퍼레이드 차량에 탑승한다. 그런데 명색이 지구상 최고의 축제 중 하나인데 퍼레이드가 진행되는 동안 크루원들이 몸을 맡길 이 차량이 단순하고 밋밋할 리가 있나? 휘황찬란한 장식들로 외관이 꾸며진 퍼레이드 차량은 각 크루가 나타내고 싶어 하는 세계관을 비주얼적으로 함축해 직관적으로 사람들에게 보여준다. 크루가 고른 테마가 바다와 관련이 있다면 차량 외관에서는 파도가 치고 당장이라도 뛰어내려 공연을 할 것만 같은 사람들이 타 있다면 콘서트홀의 커튼을 떠올리게 하는 장식이 퍼레이드 차량에 붙어 있는 점들이 좋은 예시가 될 수 있겠다. 이렇게 한껏 꾸민 크루원들과 나름의 배경 역할을 하는 퍼레이드 차량이 만났을 때 마디그라 크루가 하나부터 열까지 심혈을 기울인 진정한 예술품이 완성된다.

그리고 마디그라 크루는 단순히 인사를 건네는 것을 넘어 또 다른 방식으로 축제 현장을 찾은 사람들에게 추억을 선사한다. 바로 퍼레이드 차량 위에 올라타 도시를 누비면서 거리를 가득 메운 사람들을 향해 사전에 준비한 기념품을 던지면서 말이다. 현지에서 던지기 Throw라고 부르는 이 전통은 대형 퍼레이드와 함께 마디그라 축제를 가장 잘 나타내는 풍습으로 무려 150년 넘게 전해 내려온다. 축제 기간에 가장 쉽게 볼 수 있는 기념품은 보라색과 초록색, 황금색이 주를 이루는 플라스틱 구슬 목걸이다. 여기에 마디그라 크루가 준비한 컨셉에 따라 금화나 인형, 사탕과 컵 같은 각양각색의 기념품이 축제를 빛낸다. 꼭 퍼레이드 차량에 탄 사람이 아니어도 테라스에서 거리를 향해 기념품을 던져주는 사람들도 있다. 그래서 축제 기간에는 하늘을 향해 손을 뻗은 채 위를 바라보는 사람들이 거리에 넘쳐난다. 이렇게 기념품을 달라고 소리치거나 기념품을 손에 넣기 위해 여기저기 매달리는 것 역시 마디그라 축제의 전통이다. 그래서 축제 기간에 뉴올리언스 거리를 돌아다니면 구슬 목걸이를 수십 개씩 목에 걸고 다니거나 여기저기서 모은 다양한 기념품을 가방에 가득 담은 관광객을 어렵지 않게 찾아볼 수 있다.

마디그라 축제는 보통 2월이나 3월에 열린다. 그런데 2월은 유난히 '카니발Carnival'이라는 이름이 붙는 축제가 많이 열리는 때다. 신기하게도 카니발로 유명한 도시인 프랑스 니스, 이탈리아 베네치아, 브라질 리우데자네이루 등이 축제 열기로 광란에 휩싸이는 시기는 항상 마디그라 축제 기간과 엇비슷하다. 그런데 이건 단순한 우연이 아니다. 방금 언급된 축제들이 모두 유럽 기독교인들의 전통이라는 하나의 나무에 뿌리를 두고 파생된 나뭇가지들이기 때문이다. 마디그라 축제를 영어로 표기하면 'Festival'이라는 단어 대신 'Carnival'을 사용하는 점도 이 때문이다.

카니발 기간을 말로 풀어 설명하면 성탄절 이후 12번째 날이자 예수가 세례를 받은 날인 주현절Epiphany부터 사순절Lent 시작 전까지다. 보통 2월 말에서 3월 초 사이에 사순절의 서막을 알리는 마디그라 축제 역시 그 일정이 항상 이 카니발 기간 안에 포함되어있다. 사순절은 예수의 부활을 기념하는 가톨릭 문화권 최대의 명절인 부활절Easter 전 주일 제외 40일을 일컫는 말이다. 사순절은 부활절이 오기 전까지 쾌락을 멀리하고 고기를 먹지 않는 생활을 하며 평소보다 더 경건한 마음으로 보내는 기간이다. 한 달이 넘는 시간 동안 기도와 금욕, 단식으로 마음을 다잡으며 부활절을 맞이할 준비를 해야 하는 만큼 사순절 시작 전에 남은 술과 고기를 모두 먹어 치우며 제대로 놀기 위해 축제를 여는 것이 카니발의 목적이다. 카니발이라는 단어도 여기서 만들어졌다. 라틴어로 고기를 뜻하는 'Carne'와 없앤다는 의미를 가지는 'Levare'가 만나 탄생한 단어가 바로 'Carnival'인데, 금욕기간 전 고기를 실컷 먹고 즐기는 잔치에 지금의 카니발이 기원을 둔다는 사실을 이 명칭이 확실하게 보여준다.

이러한 이유로 사람들은 카니발 기간에 숨겨왔던 소중한 마음을 모두 공개한다. 마음속 깊이 자리한 근심과 걱정을 모두 털어내고 내면 깊은 곳에 있는 욕망을 가감 없이 드러내는 것이 마디그라 축제의 이념이자 혼이다. 이는 욕망이나 쾌락을 죄악으로 여기지 않는 카니발의 정신과 상당히 흡사하다. 가면을 쓰거나 기상천외한 코스튬을 입고 거리로 나와 축제를 즐기는 점도 자신의 진짜 모습은 숨긴 채 갇혀 있던 욕구를 표출하는 행위라고 볼 수 있다. 사순절 기간은 부활절 날짜에 따라 매년 달라지지만 부활절이 항상 일요일이라 사순절은 항상 수요일에 시작해 토요일에 끝난다는 특징을 가졌다. 그래서 사순절이 시작되는 수요일인 재의 수요일Ash Wednesday 전날이 바로 마음껏 놀 수 있는 기름지고 풍성한 화요일, 마디그라다.

몇백 년 전에 생겨나 지금까지 전해 내려오는 카니발 문화는 지금 우리의 삶과 크게 다르지 않다. 보관하던 고기를 한 조각도 남기지 않고 싹쓸이하며 내일이 없는 것처럼 놀다가도 사순절 동안에는 들뜬 마음을 가라앉히며 신앙의 의미를 되새기다가 마침내 부활절이 오면 다시 축제를 여는 것처럼 인생은 끝없는 축복과 인내의 연속이다. 더 나은 일상을 살기 위해 쉬는 날에는 걱정 없이 놀면서 에너지를 재충전하고 눈을 뜨면 다음 약속을 기약하며 또 일상을 보내는 우리의 삶과 데칼코마니다. 항상 좋은 일만 가득할 수는 없지만 그렇다고 항상 나쁜 일만 있는 것도 아닌, 희로애락이 적절히 섞인 시간은 조용해도 쉬지 않고 바퀴를 굴려 삶의 선순환을 만들어낸다. 할 땐 하더라도 쉴 땐 제대로 쉴 수 있는 삶의 방식을 지키자는 마음은 그렇게 여러 축제의 모습으로 우리 곁에 남아 있다. 이는 가까이에서는 평범해 보일지 몰라도 한 걸음 뒤에서 되새겨 보면 그 어떤 것과도 바꿀 수 없는 특별한 기억을 만드는 힘을 가진 채 영원히 빛날 것이다.

지은이의 말

　미세 조정 우주론이라는 게 있다. 물리학의 발달 이후 우리가 살아가는 우주를 이해하기 위해 물리학자들이 끝없이 탐구하던 중 나온 이론 중 하나인 미세 조정 우주론은 마치 이 우주가 안정적인 상태를 유지해서 인간을 포함한 모든 생명체를 탄생시키겠다고 미리 계획이라도 한 것처럼 아주 작은 것들까지 세밀하게 조정해놓은 것처럼 보인다고 주장한다. 중력 가속도 G나 진공 상태에서의 빛의 속도 C 등 왜 지금의 특정 값을 가지게 됐는지는 알 수 없지만 소수점 마지막 자리 숫자 하나만 달라져도 우리가 지금의 모습을 가질 수 없게 만드는 이 상수들이 그저 우연히 등장했다고 하기에는 너무나도 구체적으로 설정되어 있기 때문이었다.

　지금은 미세 조정 우주론보다 모든 가능성이 열려 있는 평행 우주 안에서 우리가 그저 셀 수 없이 많은 우주 중 하나에 살고 있다는 평행 우주론이 더 많은 신뢰를 얻는다. 하지만 '어떤 이론이 우주를 설명하는 데 더 적합한가'와는 관계없이 우주가 지금의 형태를 유지할 가능성은 계산 불가능한 수준으로 낮기에 우리의 삶과 존재를 마치 운명처럼, 계속되는 우연을 필연처럼 여기는 미세 조정 우주론이 내게는 평행 우주론보다 더 끌렸다. 여럿 중 하나보다는 유일하게 선택받은 하나가 더 소중해 보이니까.

　생각해 보면 이 책을 쓰게 된 과정도 마치 일련의 미세 조정을 거친 듯한 느낌이 든다. 어렸을 때부터 스포츠를 좋아했던 내가 그 많은 종목 중에서도 농구를 제일 좋아했던 것, 돌고 돌아 스포츠를 제대로 배울 수 있는 학과에 진학해 농구 기자 일을 시작하게 된 것, 좋은 기회를 얻어 내가 좋아하는 주제로 책을 쓸 기회를 얻게 된 것까지. 돌이켜 보니 마치 모든 게 전부터 정해져 있던 것처럼 톱니바퀴가 착착 들어맞는 기분이었다.

글을 쓸수록 확실하게 느낀 한 가지는 '가리지 않고 최대한 많은 경험을 해야 그만큼 좋은 글이 나온다'는 사실이었다. 피아노와 음계가 뭔지도 모르는 사람이 갑자기 베토벤과 어깨를 나란히 할 소나타를 작곡할 수 없는 것처럼 일과 흥미라는 연으로 농구와 이렇게 오랜 시간을 함께 보내지 못했다면 지금 이 책도 탄생할 수 없었을 것이다. 농구 이외의 것들도 마찬가지다. 언제, 어디서, 누구와 보고 듣고 느꼈을 그 무언가가 이 책에 한 문장 또는 한 글자의 형태로 스며들었을 테니 어떻게 보면 내가 지금껏 살아온 순간들이 모두 이 책의 탄생을 위해 미세 조정되고 있었던 셈이다.

그래서 책을 집필하는 동안 '다양한 이야기를 통해 경험의 범주를 넓히는 것만큼 흥미로운 일은 없다'라는 생각을 전달하겠다는 마음으로 온 힘을 다했다. 농구와 NBA를 좋아해서 이 책을 읽고 있을 누군가에게는 농구와 전혀 관련 없어 보이는 새로운 세상마저 농구를 통해 알 수 있음을, 다양한 분야의 내용이 담긴 책을 찾다가 이 페이지를 보고 있는 누군가에게는 농구라는 새로운 세계가 재밌는 이야기를 이렇게나 많이 담고 있음을 보여주고 싶었다. 마치 다른 경로로 알게 된 나의 가장 친한 친구들을 한자리에 모아 서로 소개해주는 기분으로 말이다.

이 책을 통해 내가 가진 이야기보따리 일부를 공개할 수 있어 영광스럽고 뿌듯했다. 앞으로도 더 좋은 이야기꾼을 꿈꾸며 발전할 테니 이 책을 덮는 모두에게 평안과 행복이 함께 하기를 바란다.